Couvertures supérieure et inférieure manquantes

Réd. n° 34.172

Histoire du bienheureur Charles le Bon, Comte de Flandre.

LX² 3486

Histoire du bienheureux Charles le Bon, Comte de Flandre, par Edward Le Glay.

Bibliothèque des Familles. — Histoire.

Société de Saint-Augustin,
DESCLÉE, DE BROUWER & Cie,
Imprimeurs des Facultés Catholiques de Lille.
mdccclxxxiv.

TOUS DROITS RÉSERVÉS.

AVANT-PROPOS.

'ÉGLISE vient de consacrer solennellement le culte du bienheureux Charles le Bon, comte de Flandre.

La légende de ce héros chrétien a été souvent racontée ; mais, il faut le dire, d'une façon toujours incomplète.

La reconnaissante vénération des fidèles réclame aujourd'hui une œuvre qui réponde à leurs aspirations et qui soit digne, à tous égards, de l'auguste martyr qui en doit être l'objet.

Il importe surtout d'attacher à ce témoignage de la piété publique le caractère rigoureusement historique, qui peut seul ajouter une sérieuse autorité à toute l'admiration qu'inspire déjà la légende elle-même.

La tâche n'était pas sans difficultés pour la première phase de la vie du Bienheureux, lequel, dans les événements qui ont précédé son élévation au comté de Flandre, n'a rempli qu'un rôle secondaire, en raison de son jeune âge, bien qu'il y ait révélé déjà les éminentes vertus qui devaient le sanctifier un jour.

Mais par un privilège rarement accordé aux scrutateurs d'un passé déjà lointain, et par conséquent obscur, il s'est trouvé deux hommes du douzième siècle, le chanoine Gualter et le syndic ou notaire *public de Bruges, Galbert, qui, dès l'avènement de Charles le Bon au comté de Flandre, témoins de son admirable existence, de son martyre et des conséquences de cet abominable sacrilège, ont pour nous pris le soin pieux de nous en rappeler le souvenir, et de retracer, sous les couleurs les plus sincères et les plus vraies au point de vue de leur temps et du milieu où ils vivaient, un tableau d'un incomparable intérêt* [1].

Leurs récits sont, en effet, de véritables mémoires où la vivacité des expressions et la multiplicité des plus curieux détails, constituent, dans leur ensemble, non seulement une peinture saisissante de la société flamande, il y a sept cents ans, peinture qu'on ne trouverait nulle part ailleurs, mais encore et surtout une biographie empreinte de la plus précieuse véracité.

Cette biographie d'un si puissant attrait, nous l'avons étudiée avec un soin scrupuleux, en la contrôlant par tout ce que les annales du passé pouvaient nous offrir pour la compléter à tous les points de vue.

Le but que nous nous sommes proposé serait atteint, si nous avions pu, dans ces pages destinées à rappeler

---

1. Le chanoine de Thérouane Gualter n'était point à Bruges au moment même de l'attentat de Saint-Donat, et ce n'est que, deux mois après, sur l'ordre de son évêque, qu'il en écrivit le récit détaillé d'après les témoignages les plus autorisés. La partie de notre histoire concernant le martyre de Charles le Bon et ses conséquences sociales et politiques, a été basée sur la concordance de cette double et précieuse relation.

un grand et lamentable drame religieux, faire revivre, pour la postérité, le souvenir fidèle de la sainte victime dont la figure rayonne avec tant d'éclat dans l'histoire de l'Église comme dans le martyrologe flamand.

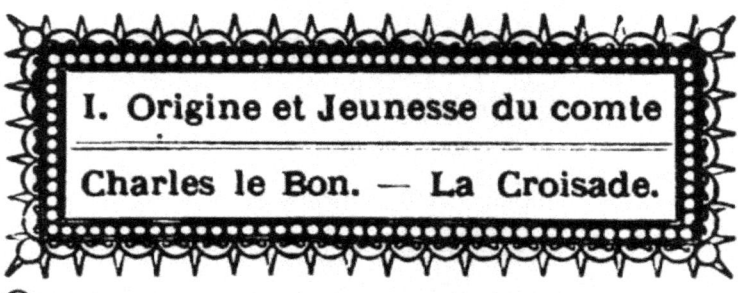

I. Origine et Jeunesse du comte Charles le Bon. — La Croisade.

LA Providence a, pour l'accomplissement de ses desseins, de mystérieux décrets. — Il n'existe point, en effet, d'analogie plus saisissante que celle qui se révèle entre l'existence du saint roi de Danemark, Kanut, quatrième du nom, et la vie de son fils le comte de Flandre, Charles le Bon.

Voués aux mêmes vicissitudes politiques durant leur passage sur la terre et victimes expiatoires des passions barbares de leur temps, ils succombèrent, l'un et l'autre, dans les mêmes circonstances, martyrs tous deux d'un sacrilège attentat au pied des autels.

Il y a là une prédestination manifeste, mais dont il ne nous est pas donné de pénétrer tout le mystère.

Bornons-nous à rappeler sommairement la vie et la mort du saint roi Kanut, comme formant le prologue surnaturel, on peut le dire, de la vie et de la mort de son fils.

Le roi de Danemark avait trouvé, en montant sur le trône en 1080, un pays livré à une complète anarchie par suite de la faiblesse de ses prédécesseurs. Doué des plus éclatantes vertus et animé de ce profond amour de la justice qui devait également inspirer son fils, il s'appliqua, au début de son règne, à faire rentrer dans l'obéissance une noblesse barbare, livrée sans frein aux instincts les plus sanguinaires, et qui, jusque-là, avait toujours considéré l'impunité comme le premier de ses privilèges [1].

La sévérité des châtiments devait être proportionnée à l'énormité des désordres qu'il importait de réprimer. Le prince les infligea, avec une juste rigueur, sans acception de personnes, et promulgua toutes les lois pénales propres à rétablir l'ordre si violemment troublé. Il ne craignit même pas de déposséder ses propres frères du gouvernement des provinces qu'il leur avait confiées et où ils avaient exercé une autorité tyrannique et arbitraire.

Ces réformes énergiques devaient soulever contre le souverain assez courageux pour les appliquer des haines profondes. Elles ne tardèrent pas à éclater et à se traduire par des révoltes à main armée sur différents points du Danemark et notamment dans le Wend-Syssel, presqu'île située au nord du Jutland. La perception d'un impôt en avait été le prétexte. Plusieurs officiers du roi furent massacrés ; lui-même, qui se trouvait dans le voisinage,

---

1. V. *Knytlinga Saga*, cc. 28 et 29.

fut obligé de se réfugier d'abord en Fionie, puis en Zélande.

Il s'y trouvait en sûreté ; mais cédant aux perfides suggestions d'un traître nommé Black [1], qui lui avait promis qu'en se présentant à ses sujets révoltés il en obtiendrait facilement la soumission, il se rendit sans défiance au milieu d'eux à Odensée. Ses discours empreints de bienveillance, mais en même temps d'une sage fermeté, avaient laissé dans les cœurs le ressentiment et la crainte. Profitant de ces dispositions, un groupe de conjurés, dont Black était l'âme, résolut de porter un coup aussi prompt que décisif. La mort du roi était décidée.

Le prince, cependant, avait reçu la promesse d'une soumission en échange de laquelle il avait accordé amnistie complète et juré l'oubli du passé. Afin d'invoquer l'intervention divine en faveur de la concorde et de la paix, but constant de ses efforts, il était entré dans l'église de Saint-Alban avec ses deux frères, les princes Benoît et Erick, et quelques-uns de ses officiers.

Bientôt le sanctuaire est investi ; les régicides dirigés par Black y pénètrent l'épée à la main. Le roi, ses frères et les officiers de sa suite essayent vainement de résister à la foule des assaillants. Le prince Benoît succombe le premier en défendant son

---

1. ELNOTH, *Vita S. Kanuti* — *Knytlin. Saga*, ut supra.

frère. Dix-sept des serviteurs du monarque sont également massacrés. Kanut alors, jugeant toute lutte inutile, se prosterne devant l'autel, recommande son âme à Dieu et reçoit la mort avec l'héroïque résignation du martyre [1].

Tel devait être le sort que Dieu réservait au jeune enfant qu'il avait jugé digne de partager la gloire paternelle, sinon pour le siècle, du moins pour l'éternité. — Suivons donc ce prince prédestiné dans le cours de sa mortelle existence.

Le roi de Danemark avait épousé la princesse Alaïs ou Adèle, fille du comte de Flandre, Robert le Frison. Deux de leurs filles, les princesses Ingerte et Cécilie, étaient déjà mariées en Suède, et un fils, tout jeune encore, appelé Charles, restait auprès de sa mère infortunée. Lorsque le malheur affreux qui frappait la reine l'eut rendue veuve, et que la révolution et l'anarchie qui, plus que jamais, sévissaient dans les contrées scandinaves, l'obligèrent à fuir une terre devenue pour elle inhospitalière et dangereuse, elle se réfugia, avec l'enfant qui lui restait, à la cour du comte de Flandre, son père.

C'est là, au château de Winendale, que fut élevé

---

1. ELNOTH, *Vit. S. Kanuti.* — Uwitfeld a joint à cette vie celle de Charles le Bon par un moine inconnu. Le P. Lelong pense que cette vie pourrait avoir été écrite par Christian Landersen à qui Lyschander l'attribue aussi. — Voir encore sur saint Kanut, LANGEBEK, *Scriptores rerum danicarum*, et WEGENER, *Om Carl Daneskes greve of Flandern*, passim.

dans des sentiments de résignation et de piété, que ravivaient des souvenirs qui devaient influer sur une âme naturellement généreuse et droite, un prince auquel la Providence réservait, avec une existence toute remplie de grandes et nobles actions, une fin non moins tragique que celle de son père.

Charles de Danemark arriva en Flandre en l'année 1088, au moment où Robert le Frison, son aïeul, préludant aux exploits par lesquels ses successeurs devaient s'illustrer un jour en Orient, accomplissait un pèlerinage en Palestine, accompagné d'un grand nombre de chevaliers flamands.

Le gouvernement du pays avait été dévolu, en son absence, à son fils aîné, Robert II, qui bientôt devait immortaliser son nom en Orient. Revenu dans ses États, le comte Robert le Frison finit ses jours en 1093.

Deux ans s'étaient à peine écoulés depuis l'avènement de Robert II, lorsque la publication de la première croisade vint soulever l'enthousiasme religieux et guerrier de la chrétienté et notamment celui des populations de l'ancienne Gaule-Belgique.

La première phase de la vie du prince dont nous allons retracer l'histoire, coïncide avec cet immense ébranlement des esprits, et fut particulièrement instructive et lumineuse ; car elle éclaire les préludes d'une existence que les palmes du martyre devaient un jour couronner. Il importe donc de la décrire dans ses parties essentielles et de démontrer la part que prit Charles le Bon à l'un des plus merveilleux événements des annales religieuses et politiques du monde et dans lequel l'héroïsme de la race flamande, aux destinées de laquelle il devait bientôt présider lui-même, joua un tel rôle qu'on ne saurait trop en faire revivre la mémoire.

Aux confins de la Flandre et de l'Artois, dans le comté d'Amiens, futur apanage du comte Charles le Bon, et au petit village d'Achères, était né, à la fin du onzième siècle, un de ces hommes prédestinés, appelés à révolutionner leur époque en y ranimant, avec la foi, l'amour des entreprises qui la pouvaient seules faire éclater dans toute sa ferveur.

Cet homme, nommé Pierre l'Ermite, appartenait à une noble famille franke du Nord. En l'année même où mourait Robert le Frison, Pierre l'Ermite, qui peut-être avait accompagné l'illustre aïeul de Charles le Bon dans son pèlerinage, visitait de nouveau la Terre Sainte. Il y vit avec une profonde douleur les profanations auxquelles était exposé le tombeau du CHRIST et les misères réservées aux courageux pèlerins qui y venaient prier.

Chapitre premier.

Aussi, lorsque le patriarche de Jérusalem, Siméon, lui eut retracé, en termes émus, le lugubre tableau d'une situation qui, de jour en jour, devenait plus intolérable, Pierre, dévoré déjà du zèle ardent dont son âme débordait, lui jura que des légions allaient bientôt accourir au secours des malheureux chrétiens d'Orient et à la conquête du divin tombeau. Il ne présumait pas trop de ce pouvoir de la foi qui soulève les montagnes, car l'Europe entière allait s'armer à sa voix. Elle était d'une suprême éloquence, et la puissance de cette parole inspirée tenait tout à la fois de l'apôtre et du tribun populaire ; elle avait le saint et fougueux élan qui pouvait seul émouvoir et entraîner les masses. C'était d'ailleurs à la société chrétienne tout entière qu'elle s'adressait, et le feu sacré qu'elle savait allumer dans les âmes était universel ainsi que l'événement le prouva.

Lorsque précédé par l'éclatante renommée de ses vertus et de ses prédications, Pierre l'Ermite arriva à Rome pour y implorer le concours de la papauté, Urbain II l'accueillit avec une émotion profonde et résolut d'ajouter l'autorité de la parole pontificale à l'appel dont la chrétienté retentissait déjà.

En 1095, le pontife convoqua ce fameux concile de Clermont, en Auvergne, qui eut un si puissant écho en Europe, et prêcha, lui aussi, la croisade avec une éloquence qui, par toute la France, souleva cet enthousiasme religieux que résumait d'ailleurs d'une si émouvante façon la clameur unanime de *Dieu le veut* [1] !

Ce cri sublime ne tarda pas à retentir jusque dans les plus lointaines contrées et surtout dans les provinces Belgiques, où l'entraînement fut alors aussi impétueux qu'irréfléchi, il faut le dire.

Et en effet, avant même que les princes eussent pu rassembler leur chevalerie, convoquer et armer leurs vassaux, des milliers de pèlerins, dont la plupart étaient flamands [2], marchant à la suite de Pierre l'Ermite, se précipitèrent, comme une trombe, dans la direction de l'Orient, par le Rhin, l'Allemagne et le Danube, affrontant tous les périls et toutes les misères pour atteindre le divin Calvaire où tendaient tous leurs vœux.

Rien n'était plus touchant que le départ des premiers croisés flamands appartenant à toutes les classes et qui, devançant leur seigneur, s'étaient précipités à la suite de Pierre l'Ermite. Il en arrivait même des provinces lointaines et qui, ne pouvant toujours se faire comprendre, mettaient leurs doigts l'un sur l'autre en forme de croix, pour désigner qu'ils voulaient s'associer à la guerre sainte.

---

1. *Diex li volt !* dans le langage du temps.
2. *E regno Flandriæ, gens copiosa et innumerabilis.* ALBERT D'AIX, ap. Bongars, p. 194.

Les femmes, les enfants, les vieillards accompagnaient souvent leurs époux, leurs pères, leurs fils, et l'on entendait quelquefois les plus petits, du haut des chariots rustiques que traînaient ou des chevaux ou des bœufs, s'écrier, dès qu'ils apercevaient quelque ville ou quelque château à l'horizon : « N'est-ce pas là Jérusalem ? [1] »

Les nobles et les vilains se trouvaient d'ailleurs tous confondus dans ce merveilleux entraînement, et, parmi les premiers, on comptait nombre de jouvenceaux jaloux de faire leurs premières armes sous les yeux de leurs parents, ainsi que nous verrons bientôt le prince Charles de Danemark lui-même escortant ses oncles dans la grande expédition armée qui se préparait.

En effet, aussitôt que la croisade eut été résolue au concile de Clermont, le comte Robert de Flandre nomma un Conseil de régence, convoqua le ban des barons du pays, ses feudataires, et appela sous son étendard les suzerains de la vieille Belgique, jaloux de le suivre à la conquête des lieux saints. C'est ainsi que le comte Eustache de Boulogne préféra s'attacher à la fortune du comte de Flandre, dont il était d'ailleurs le parent, qu'à celle de son propre frère, l'illustre Godefroid de Bouillon.

---

1. GUIBERT DE NOGENT, *Chronic. Belli Hieros.* S. J.
2. Les historiens des Croisades, *passim*.

Ce dernier, cependant, n'était pas le moins ardent de tous ceux qui prenaient la croix; il allait recueillir en Palestine une gloire immortelle et s'asseoir sur le trône de Jérusalem. Aucun sacrifice ne lui avait coûté pour conquérir cette haute fortune. Afin de pouvoir soudoyer et entretenir un plus grand nombre d'hommes, il engageait sa principauté de Stenay et celle de Bouillon, que le nom de ses ancêtres et surtout le sien devaient à jamais illustrer.

La plupart des croisés d'ailleurs imitèrent cet exemple, et c'est avec la plus chevaleresque imprévoyance, ou plutôt la plus religieuse abnégation, qu'ils abandonnaient leurs foyers et tout ce qui leur était cher, laissant même souvent leur fortune à des églises, à des monastères, à des parents, à des amis, assurés qu'ils étaient de gagner d'autres richesses, ou, à défaut de celles-ci, les biens plus précieux encore du royaume céleste.

Tels étaient les sentiments qui agitaient les cœurs et dont l'impression avait profondément pénétré celui du jeune Charles de Danemark, initié déjà à tous les nobles exercices dans lesquels excellaient les princes de sa race, animé d'ailleurs, nous l'avons dit, d'une foi profonde et d'une ardente piété. Il ne pouvait rester étranger à l'universel élan de la chrétienté vers le divin Calvaire, ni aux grandes et touchantes scènes dont il était le témoin.

Chapitre premier.

Aux environs de Douai, sur les bords de la Scarpe, dans un lieu nommé Anchin, s'élevait un monastère fondé jadis par deux nobles hommes, Sohier de Loos et Gautier de Montigny, lesquels, longtemps ennemis, avaient, en se réconciliant, et dans un de ces mouvements de ferveur si fréquents aux temps où la foi n'était pas encore ébranlée, fait vœu tous les deux de se vouer exclusivement au service de Dieu.

C'est là que, convoqués par Anselme de Ribemont, seigneur d'Ostrevant et bienfaiteur de l'abbaye d'Anchin, les chevaliers flamands vinrent en foule s'enrôler sous l'étendard national dans un tournoi, prélude de la croisade, et qui est resté fameux par les souvenirs qu'il rappelle.

L'histoire ne mentionne pas les noms des guerriers chrétiens qui assistèrent à cette religieuse passe d'armes, mais il est probable que Charles de Danemark y figura des premiers en tête des seigneurs de la Cour du comte de Flandre, son oncle.

Il pouvait avoir alors quinze ans au moins [1], mais il était d'une maturité de corps et d'esprit bien au-dessus de son âge. Plein d'une noble et vive ardeur pour le bien, Dieu l'avait doué de toutes les qualités

---

1. La date exacte du mariage de la princesse Adèle de Flandre avec le roi de Danemark Kanut, ainsi que celle de la naissance du prince royal leur fils, sont tout à fait inconnues. Mais de l'ensemble des documents contemporains on peut sûrement conjecturer que Charles le Bon était né vers l'an 1080.

qui en devaient faire le chevalier chrétien, sans peur et sans reproche, dans toute l'acception du mot, avant qu'il devînt le souverain exemplaire et saint, aux vertus duquel était réservée la plus glorieuse des couronnes.

Le prince Charles, aux jours de son enfance, avait souvent, dans la salle d'armes du château de Winendale, entendu narrer par son illustre aïeul et les chevaliers de sa cour le récit émouvant des péripéties et des aventures diverses du grand pèlerinage qu'ils avaient fait en Palestine. Ces récits avaient dû fortement l'impressionner, en lui inspirant l'ardent désir de participer à ces expéditions guerrières qui excitaient tant d'édifiante admiration dans les esprits et dans les cœurs. Il avait dû vivement aussi solliciter l'honneur de participer, malgré son jeune âge, à cette croisade qui faisait alors l'objet de l'universel élan de la chrétienté.

La croisade tient donc la première place dans les débuts de la vie de Charles le Bon, qu'elle inaugure, pour ainsi dire, et à laquelle, par conséquent, elle s'identifie intimement [1].

Il importe d'en retracer les scènes principales, aux-

---

1. La participation de Charles de Danemark à la première croisade est attestée par tous les historiens et entre autres par son contemporain Gualter, qui s'exprime ainsi : « *Hierusalem sanctam, Sepulchrum dominicum visitaturus*, IBIQUE ADVERSUM PAGANOS FIDÆI NOSTRÆ INIMICOS STRENUE MILITAVIT ; *sacrum primitias laborum et actuum dedicavit*. » (*Vita B. Caroli*, pars 1ª.)

quelles se trouvent mêlés les premiers souvenirs qui se rattachent au héros chrétien et au futur martyr dont se glorifient les annales Belgiques.

A l'insigne bonheur de pouvoir combattre sous l'étendard de la croix aux côtés de son oncle, le comte Robert de Flandre, venait se joindre encore chez Charles de Danemark un sentiment de piété filiale et l'espoir de pouvoir embrasser la reine Alaïs, sa mère, remariée au duc de Pouille et de Calabre, Roger Bursa. En effet, l'armée chrétienne et surtout les Flamands devaient longer les côtes d'Italie et de la Campanie, pour se diriger d'abord sur Constantinople.

Ce fut à l'automne de l'an 1096 que le souverain flamand, accompagné de son frère Philippe, de son neveu Charles de Danemark et de toute sa chevalerie, s'embarqua dans les ports de ses États. La première partie de la traversée, faite à l'équinoxe, fut pénible.

Arrivés en Italie, les nobles croisés visitèrent d'abord le pape Urbain II, alors à Lucques, puis allèrent saluer à Rome les merveilleux monuments de la Ville Éternelle et prier au tombeau de saint Pierre, où Charles de Danemark put retremper son âme ouverte déjà aux plus religieuses aspirations.

En quittant Rome, les croisés traversèrent la Campanie, puis la Pouille qui en faisait partie et où Charles de Danemark eut le bonheur d'embrasser sa mère, dont il avait été le consolateur dans les jours d'infortune et dont il vivait depuis lors éloigné. Le duc Roger, son beau-père, devait d'ailleurs se joindre lui-même à l'expédition avec toute sa chevalerie. Embarqués à Bari, les Flamands et leurs alliés poursuivirent leur navigation jusqu'à Constantinople.

L'empereur Alexis Comnène réservait au comte Robert de Flandre et à ses vaillants compagnons d'armes l'accueil qu'il avait fait naguère à son père, Robert le Frison, et les combla d'honneurs ; mais la formidable armée des croisés, que toutes les milices chrétiennes avaient rejointe, n'entra point cette fois à Byzance et s'arrêta aux portes de la cité de Constantin, où sa présence avait inquiété le pouvoir impérial. Au mois de mai 1097, elle descendit dans les plaines de la Bithynie et s'avança vers Nicée.

Le siège et la prise de Nicée signalèrent la première période de la croisade. Soliman, chef des Turcs Seljoucides, était accouru avec des forces immenses au secours des assiégés. Une grande bataille s'était engagée, dans laquelle les guerriers des provinces Belgiques surtout firent des prodiges de valeur. Soliman, vaincu et obligé de fuir, laissa aux mains des chrétiens sa femme et ses deux fils, qui furent envoyés à Constantinople.

La lutte avait été terrible et bien des croisés y avaient succombé, entre autres Bauduin de Gand et Gallon de Lille ; mais les princes étaient restés sains et saufs. Bientôt après, trois cent mille musulmans s'étaient rués sur la phalange chrétienne, commandée alors par Robert de Flandre et Godefroi de Bouillon réunis.

Une formidable action s'engagea alors près de Dorylée, où périrent quarante mille barbares. Rien, au dire des historiens du temps, n'égala la valeur déployée par les Flamands ; et cette lutte épique resta fameuse dans les fastes des Croisades.

« Robert de Flandre, également redoutable par sa hache et par son épée, s'écrie le poète historien Raoul de Caen, s'élance avec ardeur parmi les combattants. Le premier entre tous, il veut que le sang arrose la plaine. Partout où il voit les rangs épais des infidèles lancer leurs traits et résister, il y vole et s'élance intrépide au plus fort de la mêlée. Enflammés d'un courage égal à celui de leur souverain, les guerriers de Flandre se précipitent sur ses traces, poussant de grands cris et multipliant le carnage autour d'eux. Les païens fuient à leur approche. O Ciel! quelle terreur répandait l'éclatante vaillance des guerriers de Flandre! [1] »

---

1. *Papæ! quem genuit flandrensis flamma tremorem!* Raoul de Caen, p. 151.

Quand l'armée victorieuse parvint en Syrie, s'avançant vers Antioche, de terribles combats s'engagèrent encore avant qu'elle put investir cette ville importante, dont la prise pouvait seule assurer celle de Jérusalem, but sacré de la croisade.

Enfin le 20 octobre on put dresser les tentes sous les murs mêmes d'Antioche, c'est-à-dire de l'antique cité qui, dans les premières annales du christianisme, avait joué un rôle si célèbre. C'était, en effet, dans ses murs que, pour la première fois, les disciples de Jésus-Christ avaient pris le titre de chrétiens ; là aussi, l'apôtre Pierre avait été désigné comme le premier pasteur de l'Église naissante. Aucune ville d'Orient ne comptait un plus grand nombre de martyrs et de saints et Antioche était considérée comme la fille aînée de Sion.

Les pèlerins la visitaient avec presque autant de vénération que Jérusalem, et les croisés attachaient la plus grande importance à la possession de cette immense cité, renfermant de magnifiques édifices religieux, assise au milieu d'un pays riant et fertile, mais que défendaient un double mur d'enceinte et les plus formidables fortifications, couronnées de trois cent soixante tours, et qu'entouraient les eaux du fleuve Oronte coulant au pied des remparts.

Le siège d'Antioche présentait donc beaucoup

d'obstacles et de dangers, et ce ne fut qu'avec d'extrêmes difficultés qu'on put le tenter.

Le comte de Flandre avait établi son camp à l'orient de la ville, ayant auprès de lui Godefroid de Bouillon, Bohémond, prince de Tarente, et Robert de Normandie, son frère Philippe et son neveu Charles de Danemark.

L'investissement dura tout l'hiver. C'étaient de continuels combats contre les assiégés et les troupes auxiliaires, lesquelles venaient sans cesse au secours des Turcs qui se défendaient avec un fanatisme acharné.

Pour comble de misères, des pluies torrentielles ne cessèrent de tomber durant cette triste saison. Au mois de février, la disette était telle que beaucoup de croisés moururent de faim. Quand les racines et les herbages manquaient, on se nourrissait de la chair des chevaux; et quand la chair des chevaux fut épuisée, on en vint à dévorer les cadavres des ennemis qui avaient succombé [1]!

Godefroid de Bouillon, au dire de témoins oculaires, donna quinze marcs d'argent pour la chair d'un mauvais chameau et trois marcs pour une maigre chèvre. Quant au comte Robert de Flandre, ce prince si puissant et si riche, son frère Philippe et son

---

1. « Et si sarracenum noviter interfectum invenerant, illius carnes, ac si essent pecudes, avidissime devorabant. » *Gesta Francorum et pugnantium Hieros.* Cap. XI, p. 565.

neveu Charles de Danemarck, ils furent obligés de recourir à la générosité de leurs compagnons d'armes pour ne pas mourir de faim. « L'illustre prince des Flamands, ajoute Raoul de Caen, eut même manqué de coursier si les aumônes des croisés ne lui en eussent procuré un [1]. »

Après mille combats, au milieu des souffrances qui les accablaient, mais qui n'avaient pu ébranler ni leur courage ni leur foi dans la grandeur de l'œuvre qu'ils accomplissaient, après mille épreuves et des sacrifices surhumains, les croisés pénétrèrent enfin dans Antioche, le 9 juin 1098. Soixante chevaliers y étaient entrés les premiers. A leur tête était Robert de Flandre ayant toujours à ses côtés son frère et son intrépide et jeune neveu.

Les croisés trouvèrent dans Antioche un immense butin, des objets d'un grand prix et d'incalculables richesses ; mais les vivres, absorbés par la longueur du siège, y manquaient et il restait à peine cinq cents chevaux pour nourrir l'armée. Une partie des Turcs s'étaient réfugiés dans la citadelle, les autres périrent sous le glaive des croisés au nombre d'environ dix mille.

Bientôt cependant la lutte recommença, car les vainqueurs d'Antioche se virent, à leur tour, assiégés

---

1. Principi tanto deesset equus nisi succurrere vicatim mendicatur. R. de C., p. 149.

par une multitude de Turcs et de Persans ayant à leur tête le fameux Kerboghâ. Des sorties successives faites par Godefroid de Bouillon et par Robert de Flandre, lequel pendant toute une journée, depuis le lever du soleil jusqu'à la nuit sombre, défendit pied à pied avec ses intrépides compagnons d'armes une forteresse construite naguère par eux pour le siège, ne purent chasser l'ennemi.

Les Latins, étroitement serrés dans les murs d'Antioche, sans vivres, sans moyens de secours ou de résistance, étaient frappés de terreur. Pour eux c'en était fait de la guerre sacrée si Dieu ne leur venait en aide. « Mais Dieu qui veillait sur nous, dit le chroniqueur Albert d'Aix, ne voulut pas que l'idolâtrie pût triompher ainsi de la ferveur chrétienne [1]. »

Il survint alors un événement dont les effets vraiment miraculeux ranimèrent les courages abattus en provoquant un redoublement de zèle et d'enthousiasme.

Un prêtre du diocèse de Marseille, nommé Pierre Barthélemi, annonce que, pendant la nuit, l'apôtre saint André lui est apparu et lui a révélé que la lance, dont le centurion Longin avait percé le flanc du Sauveur, était cachée à Antioche, dans la basilique de Saint-Pierre. Il lui avait été prophétisé, en outre, que cette lance serait le salut des chrétiens. On écoute le

1. *Hist. Hierosolym. expeditionis*, II.

prêtre inspiré, on suit ses indications et la lance sacrée est découverte à l'endroit désigné!

Il est impossible d'exprimer l'émotion causée par ce prodige. Bien qu'affaiblie déjà par les privations, l'armée cependant s'astreignit, durant trois jours, à un jeûne rigoureux, puis animée d'une confiance sans bornes, elle fit une sortie en masse, ayant à sa tête le légat du saint siège tenant en main le glaive miraculeux.

La fougue impétueuse des croisés ne connut plus alors d'obstacles, et c'est avec une sorte d'aveugle fureur qu'ils se ruèrent sur les barbares. Les historiens du temps assurent que cent mille païens tombèrent sous les coups de l'armée chrétienne ; qu'on prit quinze mille chameaux chargés de toutes sortes de vivres, une multitude de chevaux et de tentes remplies du plus riche butin. Dans cette journée glorieuse les croisés n'avaient perdu que quatre mille hommes qui furent mis au rang des martyrs [1].

A ce bonheur inespéré succéda une calamité immense, car la Providence n'avait pas encore épuisé la série des épreuves par lesquelles les croisés devaient passer pour payer le triomphe qui leur était réservé.

La peste dévora cinquante mille des soldats du

---

1. ALB. D'AIX, *Hist. Hier. exped.* ll. II. IV.—GUILLAUME DE TYR, lib. V. — ROBERT LE MOINE, *Hist. Hieros.* ll. V. et VI.

CHRIST. Parmi les plus illustres on eut à déplorer la mort du saint et vénérable Adhémar, évêque de Puy et légat du Souverain Pontife. De nombreux Flamands succombèrent également au fléau, mais la Providence avait encore une fois épargné les jours du jeune prince qu'attendait une autre destinée.

La prise d'Antioche et la défaite des Turcs ne mettaient pas fin aux travaux de la croisade. Il restait à combattre les hordes venues de l'Egypte et qui, sous prétexte d'alliance avec les Latins et avant leur arrivée, s'étaient emparées de Jérusalem et de plusieurs villes de Syrie, d'où elles avaient chassé les Turcs. On laissa à Antioche Bohémond de Tarente, tandis que les autres chefs, et notamment Robert de Flandre, se portaient sur Jérusalem. Ils durent dans ce périlleux trajet assiéger encore plusieurs villes, dont la plus importante était Maarath, située entre Hamat et Alep, et dont la prise retint longtemps les croisés et leur coûta de grandes pertes. Les assiégés, dans leur sauvage fureur, allaient jusqu'à lancer du haut des remparts, sur les assaillants, de la chaux vive et des ruches remplies d'abeilles [1].

Encore une fois la famine ravagea l'armée, et elle fut si effroyable, que les malheureux guerriers chrétiens, comme au siège d'Antioche, en étaient réduits à

---

1. GUILL. DE TYR, liv. VII, c. IX.

dévorer non seulement des bêtes immondes, mais encore les cadavres des Turcs et des Sarrazins [1].

Ce fut pendant cette marche de l'armée sur Jérusalem que Robert de Flandre écrivit à la comtesse Clémence, sa femme, pour l'inviter à élever un monastère en l'honneur de saint André qui avait révélé à Pierre de Marseille l'existence de la lance du Calvaire. La princesse s'empressa de se concerter avec l'évêque de Tournai Baudru, l'archidiacre Lambert et Régnier, puissant seigneur flamand resté au pays, et, avec leur concours, fit ériger aux environs de Bruges, dans le lieu appelé Betferkerke, un couvent de bénédictins, consacré à l'apôtre saint André et qui, plus tard, devint le but des pèlerinages de Charles le Bon et l'objet de sa vénération particulière.

Ce fut seulement dans les premiers jours du printemps qui suivit la prise d'Antioche, que les croisés saluèrent les cimes du Liban. Beyrouth et Sarepte tombèrent en leur pouvoir, et Robert de Flandre, le premier, planta sa bannière sur la ville de Ramla, qui n'était plus qu'à dix lieues de Jérusalem [2].

Enfin, le 10 juin, au lever de l'aurore, les croisés, du haut des collines d'Emmaüs, eurent l'immense joie d'apercevoir à l'horizon la ville sainte, but de leurs héroïques efforts et de toutes leurs aspirations. Alors eut lieu un touchant spectacle. L'armée tout

---

1. ALBERT D'AIX, l. V, c. XXIX. — 2. GUILLAUME DE TYR, p. 742.

entière se prosterna le visage contre terre, et couvrit d'un baiser d'adoration ce sol arrosé du sang divin.

Qui pourrait dire les émotions dont se remplit à cette heure solennelle l'âme de notre jeune héros chrétien ? Elles allaient bientôt s'y raviver encore et y laisser une ineffaçable empreinte pour le reste de sa vie.

Jérusalem, que David appelait « la plus glorieuse et la plus illustre des villes de l'Orient », que Jérémie nommait « ville admirable » à cause de sa beauté, ne le cédait, dès la plus haute antiquité, à aucune des villes de l'Asie par sa magnificence. On sait qu'après avoir subi de nombreuses révolutions, elle fut saccagée de fond en comble par Titus, et que, selon les menaces des prophètes, elle ne présenta plus qu'une horrible confusion de ruines. Lorsque le divin sacrifice de la croix y eut été consommé pour la rédemption du genre humain, ces ruines mêmes de la ville, alors maudite, furent détruites par l'empereur Adrien qui, sous le nom d'*Ælia capitolina* y érigea une cité nouvelle d'où les juifs et les chrétiens furent bannis, et dans laquelle le paganisme romain éleva des autels à Jupiter et à Vénus sur le tombeau même du Sauveur !

Le souvenir de la ville de David subsistait à peine au milieu de tant de vicissitudes et de profanations, lorsque Constantin, rendant son nom à Jérusalem, en fit une cité chrétienne où affluèrent les fidèles du monde entier. Mais conquise ensuite par les Perses, reprise par les Grecs, tombée enfin entre les mains des Musulmans, elle n'était plus qu'un lieu de désolation troublé sans cesse par le double fléau de la guerre et de la persécution.

Les fastes de l'histoire n'offrent pas de plus émouvant récit que celui du siège et de la prise de Jérusalem par les héros de la première croisade. Il a été admirablement retracé par un grand écrivain et par un noble esprit. Empruntons-lui ces lignes éloquentes qu'on ne peut relire sans un religieux attendrissement. Il permet de pressentir celui que devait éprouver le jeune et pieux témoin d'un si prodigieux spectacle.

« Dès le lendemain de leur arrivée, les croisés se mirent en devoir de former le siège de la place. Les Flamands étaient occupés vers le septentrion, avec les hommes d'armes du duc de Normandie et les Italiens de Tancrède, autour de Jérusalem.

« Chaque pas que faisaient les pèlerins leur rappelait des souvenirs, chers à la religion. Le territoire révéré des chrétiens n'avait point de vallée, point de rocher qui n'eût un nom dans l'histoire sacrée. — Tout ce qu'ils voyaient réveillait ou réchauffait leur enthousiasme. Ils ne pouvaient surtout détacher leurs regards de la ville sainte, et gémissaient sur l'état d'abaissement où elle était tombée. Cette cité, jadis si superbe, semblait ensevelie dans ses propres ruines, et l'on pouvait alors, pour nous servir de l'expression de Josèphe, se demander dans Jérusalem même où était Jérusalem !

« Avec ses maisons carrées, sans fenêtres, et surmontées d'une terrasse plate, elle offrait aux yeux des croisés comme une masse énorme de pierres entassées entre les rochers On n'apercevait çà et là, dans son enceinte, que quelques cyprès et des bosquets d'aloès et de térébinthes, parmi lesquels s'élevaient des clochers dans le quartier des chrétiens et des mosquées dans celui des infidèles. Dans les vallées et les campagnes voisines de la ville, que les antiques traditions représentaient comme couvertes de jardins et d'ombrages, croissaient à peine des oliviers épars et l'arbuste épineux du rhamnus.

« L'aspect de ces campagnes stériles et des montagnes brûlées par un soleil ardent, présentait partout aux pèlerins des images de deuil et mêlait une sombre tristesse à leurs sentiments religieux. Il leur semblait entendre la voix des prophètes qui avaient annoncé la punition et les malheurs de la cité de Dieu, et dans l'excès de leur dévotion, ils croyaient être appelés à lui rendre son éclat et sa splendeur.

« ... Au premier signal, l'armée chrétienne s'avança en bon ordre contre les remparts. Les uns réunis en bataillons serrés, se couvraient de leurs boucliers qui formaient sur leurs têtes une voûte impénétrable ; ils s'efforçaient d'ébranler les murailles à coups de piques et de marteaux, tandis que les autres, rangés en longues files, restaient à quelque distance et se servaient de la fronde et de l'arbalète. L'huile et la poix bouillante, de grosses pierres, d'énormes poutres, tombaient sur les premiers rangs des chrétiens. Rien ne pouvait intimider l'audace des assaillants... »

Mais cette audace ne put ce jour-là triompher de la résistance fanatique des Sarrasins. La lutte devait se poursuivre au milieu de douloureuses vicissitudes.

« Les plus grandes chaleurs de l'été avaient commencé au moment où les pèlerins étaient arrivés devant Jérusalem. Un soleil dévorant et les vents du midi chargés de la poussière du désert, embrasaient l'horizon. Le torrent de Cédron était desséché ; toutes les citernes du voisinage avaient été comblées ou empoisonnées. La fontaine de Siloë qui coulait par intervalle, ne pouvait suffire à la multitude des pèlerins ; sous un ciel de feu, au milieu d'une campagne aride, l'armée chrétienne se trouva bientôt en proie à toutes les horreurs de la soif.

« ... Chaque jour ajoutait aux maux que souffraient les croisés ; chaque jour les feux du midi devenaient plus ardents ; l'aurore n'avait plus de rosée, la nuit plus de fraîcheur ; les plus robustes des guerriers languissaient immobiles dans leurs tentes implorant la pluie des orages, ou les miracles par lesquels le Dieu d'Israël avait fait jaillir une eau rafraîchissante des rochers du désert.

« Tous maudissaient ce ciel étranger, dont le premier aspect les avait remplis de joie, et qui, depuis le commencement du siège, semblait verser sur eux toutes les flammes de l'enfer; les plus fervents s'étonnaient surtout de souffrir ainsi à l'aspect de la ville du salut; mais ne perdant rien de leur enthousiasme, et ne cherchant plus que la mort, on les voyait quelquefois se précipiter vers les remparts de la cité de Dieu, et baiser avec transport des pierres insensibles, en s'écriant d'une voix entrecoupée par les sanglots : « O Jérusalem, reçois nos derniers soupirs; que tes murailles tombent sur nous, et que la sainte poussière qui t'environne, recouvre nos ossements [1] ! »

Cependant, malgré cette horrible calamité de la soif, l'arrivée d'un secours apporté à Joppé par la flotte génoise, les exhortations des chefs de l'armée et l'espoir d'un secours divin qui viendrait finir les maux qui les accablaient, leur donnaient la force nécessaire pour les supporter et tenter de suprêmes efforts. — L'enthousiasme religieux s'était réveillé en eux plus ardent que jamais.

« .... Après trois jours d'un jeûne rigoureux, les croisés sortirent en armes de leurs quartiers et mar-

---

1. ALBERT D'AIX. *Bibl. des Croisades*, t. I.

chèrent, les pieds nus et la tête découverte, autour des murailles de la cité sainte. Ils étaient devancés par leurs prêtres vêtus de blanc, qui portaient les images des saints et chantaient des psaumes et des cantiques. Les enseignes étaient déployées; le bruit des timbales et des trompettes retentissait au loin. C'est ainsi que les Hébreux avaient fait autrefois le tour de Jéricho dont les murailles s'étaient écroulées au son d'une musique belliqueuse.

« Les croisés partirent de la vallée de Rephraïm qui se trouve en face du Calvaire. Ils s'avancèrent vers le nord et saluèrent en entrant dans la vallée de Josaphat, les tombeaux de Marie, de saint Étienne et des « premiers élus de Dieu ». En continuant leur marche vers la Montagne des Olives, ils contemplèrent avec respect la grotte où JÉSUS-CHRIST répandit une sueur de sang, et le lieu où le Sauveur du monde pleura sur Jérusalem.

« Lorsqu'ils furent arrivés sur le sommet de la montagne, le plus imposant spectacle se découvrit à leurs yeux. A l'orient, ils voyaient les plaines de Jéricho, les rivages de la Mer morte et du Jourdain; à l'occident, ils voyaient à leurs pieds la ville sainte et son territoire couvert de ruines sacrées. Assemblés sur le lieu même où JÉSUS-CHRIST monta au ciel et sur lequel ils croyaient voir encore les vestiges de ses pas, ils entendirent les cantiques des prêtres et des évêques.

« Le 14 juillet 1099, dès que le jour parut, les

clairons retentirent dans le camp des chrétiens; tous les croisés volèrent aux armes, toutes les machines s'ébranlèrent à la fois; des pierriers et des mangonneaux vomissaient contre l'ennemi une grêle de cailloux, tandis qu'à l'aide des toitures et des galeries couvertes, les béliers s'approchaient du pied des murailles.

« Les archers et les arbalétriers dirigeaient leurs traits contre les Sarrasins qui quittaient les murs et les tours; des guerriers intrépides, couverts de leurs boucliers, plantaient des échelles dans les lieux où la place paraissait offrir moins de résistance. Au midi, à l'orient et au nord de la ville, les tours roulantes s'avançaient vers le rempart au milieu du tumulte et parmi les cris des ouvriers et des soldats. Godefroid paraissait sur la plus haute plate-forme de sa forteresse de bois, accompagné de son frère Eustache de Boulogne et de Bauduin du Bourg. Il animait les siens par son exemple. Tous les javelots qu'il lançait, disent les historiens du temps, portaient la mort parmi les Sarrasins. Raymond, Tancrède, le duc de Normandie, le comte Robert de Flandre, combattaient au milieu de leurs soldats....

« Rien ne put égaler la fureur du premier choc des chrétiens; mais ils trouvèrent partout une résistance opiniâtre... Ils rentrèrent dans leur camp en frémissant de rage; les chefs et surtout les deux

Robert (le duc de Normandie et le comte de Flandre) ne pouvaient se consoler de ce que Dieu ne les avait point encore jugés dignes d'entrer dans la ville sainte et d'adorer le tombeau de son Fils [1] ! »

Cependant les chefs cherchaient par leurs discours à relever le courage des croisés. Les prêtres et les évêques parcouraient les tentes des soldats en leur annonçant les secours du ciel. L'armée chrétienne, pleine d'une nouvelle confiance dans la victoire, parut sous les armes et s'avança en silence vers les lieux d'attaque, tandis que le clergé marchait en procession autour de la ville.

Le premier choc fut impétueux et terrible. Les chrétiens, indignés de la résistance qu'ils avaient trouvée la veille, combattaient avec fureur.

« Les assiégés, qui avaient appris l'arrivée d'une armée égyptienne, étaient animés par l'espoir de la victoire ; des machines formidables couvraient leurs remparts. On entendait de tous côtés siffler les javelots ; les pierres, les poutres, lancées par les chrétiens et les infidèles, s'entrechoquaient dans l'air avec un bruit épouvantable et retombaient sur les assaillants. Du haut de leurs tours, les Musulmans ne cessaient de lancer des torches enflammées et des pots à feu. Les forteresses de bois des chrétiens s'approchaient des murailles au milieu d'un incendie qui s'allumait de

---

1. GUIBERT, *Chron.* l. VII, c. 6.

toutes parts. Vers le nord, Tancrède et les deux Robert, immobiles sur leurs tours roulantes, se montraient impatients de se servir de la lance et de l'épée. Déjà, sur plusieurs points, leurs béliers avaient ébranlé les murailles derrière lesquelles les Sarrasins pressaient leurs rangs, et s'offraient, comme un dernier rempart, à l'attaque des croisés...

« Cependant le combat avait duré la moitié de la journée sans que les croisés eussent encore aucun espoir de pénétrer dans la place. Toutes leurs machines étaient en feu; ils manquaient d'eau et surtout de vinaigre qui seul pouvait éteindre l'espèce de feu lancé par les assiégés. En vain les plus braves s'exposaient aux plus grands dangers pour prévenir la ruine des tours de bois et des béliers; ils tombaient ensevelis sous les débris, et la flamme dévorait jusqu'à leurs boucliers et leurs vêtements. Plusieurs des guerriers les plus intrépides avaient trouvé la mort au pied des remparts; un grand nombre de ceux qui étaient montés sur les tours roulantes avaient été mis hors du combat; les autres, couverts de sueur et de poussière, accablés sous le poids des armes et de la chaleur, commençaient à perdre le courage.

« Les Sarrasins, qui s'en aperçurent, jetèrent de grands cris de joie. Dans leurs blasphèmes, ils reprochaient aux chrétiens d'adorer un Dieu qui ne pouvait les défendre. Les assaillants déploraient leur sort et, se croyant abandonnés par Jésus-Christ, restaient immobiles sur le champ de bataille.

« Mais le combat allait bientôt changer de face. Tout à coup les croisés voient paraître sur le Mont des Oliviers un cavalier agitant un bouclier [1] et donnant à l'armée chrétienne un signal pour entrer dans la ville. Godefroid et Raymond qui s'en aperçoivent des premiers, s'écrient que saint Georges vient au secours des chrétiens. Le tumulte du combat n'admet ni réflexion ni examen, et la vue du cavalier céleste embrase les assiégeants d'une nouvelle ardeur; ils reviennent à la charge. Les femmes mêmes, les enfants, les malades, accourent dans la mêlée, apportent de l'eau, des vivres, des armes, réunissent leurs efforts à ceux des soldats pour approcher des remparts les tours roulantes, effroi des ennemis.

« Celle de Godefroid s'avance au milieu d'une terrible décharge de pierres, de traits, de feu grégeois, et laisse tomber son pont-levis sur la muraille. Des dards enflammés volent en même temps contre les machines des assiégés, contre les sacs de paille et de foin et les ballots de laine qui recouvraient les anciens murs de la ville. Le vent allume l'incendie et pousse la flamme sur les Sarrasins. Ceux-ci enveloppés de tourbillons de feu et de fumée, reculent à l'aspect des lances et des épées des chrétiens. Godefroid, précédé des deux

---

1. Ce trait est rapporté par Guillaume de Tyr et quelques autres.

frères Lethalde et Englebert de Tournai, suivi de Bauduin du Bourg, d'Eustache de Boulogne, de Raimbaud Creton [1], de Guicher, de Bernard de Saint-Vallier, d'Armenjeu, d'Albret, enfonce les ennemis, les poursuit et s'élance sur leurs traces dans Jérusalem. Tous les braves qui combattaient sur la plate-forme de sa tour suivent leur intrépide chef, pénètrent avec lui dans les rues, et massacrent tout ce qu'ils rencontrent sur leur passage. »

Bientôt après, le comte Robert de Flandre, son frère Philippe et son neveu Charles de Danemark, à la tête des chevaliers et hommes d'armes flamands, auxquels s'étaient joints les soldats de Robert de Normandie et de Tancrède, pénétraient, l'épée ou la lance à la main, dans la première enceinte de Jérusalem: les uns par une brèche à demi-ouverte, les autres en escaladant les murs avec des échelles, d'autres enfin en s'élançant du haut des tours de bois.

Les Musulmans épouvantés de l'impétuosité de cette attaque fuient de toutes parts. On les poursuit aux cris répétés de *Dieu le veut !* La porte Saint-Étienne est enfoncée à coups de hache, et la foule des croisés se précipite à travers la ville, où bientôt toute l'armée victorieuse se trouve réunie.

---

1. La famille Creton d'Estournel en Cambrésis a conservé pour devise ces mots: VAILLANT SUR LA CRÊTE d'où leur nom patronymique de Creton. (*Note de l'auteur.*)

Le triomphe était complet; mais Dieu voulait encore qu'une grande immolation le cimentât et ce n'était plus cette fois le sang chrétien qui devait couler. La justice humaine allait devenir l'instrument de la justice divine.

A l'entrée des chrétiens dans la ville sainte il se produisit, en effet, des représailles terribles et des scènes de carnage qu'expliquent les abominables cruautés commises par les Musulmans, la résistance fanatique et acharnée qu'ils avaient opposée à la chevaleresque bravoure des croisés, les lamentables souffrances enfin des chrétiens de Jérusalem qui criaient également vengeance.

Le massacre dura toute la semaine; plus de soixante-dix mille infidèles furent égorgés, et, dans la mosquée d'Omar, remplie de monceaux de cadavres, les chevaux avaient du sang jusqu'au poitrail.

Ces hécatombes n'étaient pas terminées que les croisés, qu'un premier moment de fureur avait aveuglés, se rappelèrent qu'ils étaient venus non seulement pour venger le Christ, mais encore et surtout pour adorer son divin tombeau.

Godefroid de Bouillon, qui avait tout fait pour arrêter le carnage sans y parvenir, se rendit suivi de trois serviteurs, Stabulon, son maître d'hôtel et deux autres officiers nommés Adalbéron et Balderic, tous les quatre sans armes et les pieds nus, dans l'église du

Saint-Sépulcre pour y remercier Dieu et y implorer sa miséricorde.

« Bientôt la nouvelle de cet acte si touchant de dévotion au milieu de l'ivresse de la victoire se répand dans l'armée chrétienne; aussitôt toutes les vengeances, toutes les fureurs s'apaisent; les croisés se dépouillent de leurs habits sanglants, font retentir Jérusalem de leurs gémissements, de leurs sanglots, et conduits par le clergé, marchent ensemble, les pieds nus et la tête découverte, vers l'église de la Résurrection.

Lorsque l'armée chrétienne fut ainsi réunie sur le Calvaire, la nuit commençait à tomber: le silence régnait sur les places publiques et autour des remparts; on n'entendait plus dans la ville sainte que les cantiques de la pénitence et les paroles d'Isaïe: « Vous qui aimez Jérusalem, réjouissez-vous avec elle! » Les croisés montrèrent alors une dévotion si vive et si tendre qu'on eût dit, selon la remarque d'un historien moderne [1], que ces hommes qui venaient de prendre une ville d'assaut et de faire un horrible carnage, sortaient d'une longue retraite et d'une profonde méditation de nos mystères [2]. »

Telles étaient les scènes sublimes qui, au début de sa carrière, devaient s'offrir à la pieuse admiration du

---

1. Le P. MAINBOURG, auteur d'une *Histoire des Croisades*.
2. MICHAUD, *Histoire des Croisades*, t. IV, passim.

jeune prince de Danemark pour lui laisser un profond et inaltérable enseignement.

Jérusalem et le Saint-Sépulcre étaient donc au pouvoir des chrétiens. Il ne s'agissait plus que d'assurer la conservation d'une conquête acquise au prix de tant de labeurs et de sang, de sacrifices enfin proportionnés à la grandeur de l'entreprise. Le choix du prince chargé de la défense du divin tombeau devait être la principale préoccupation des croisés. Le comte Robert de Flandre commença par décliner cet honneur en déclarant que le gouvernement de ses états le rappelait en Europe ; et c'est ainsi que, par une prédestination de plus en plus manifeste, Charles le Bon devait vivre, régner et mourir en Flandre !

Godefroid de Bouillon, dont l'héroïsme et la sainteté faisaient d'ailleurs l'admiration de toute l'armée, fut proclamé *Avoué* ou défenseur des lieux saints, et, en définitive, roi de Jérusalem. Mais donnant à tous les princes croisés un rare exemple de modération et d'humilité chrétienne, il refusa de ceindre la couronne d'or des rois dans les lieux où le Christ n'avait porté qu'une couronne d'épines.

Quant à Robert de Flandre, à défaut d'un sceptre royal, il avait conquis dans cette croisade, avec une immortelle célébrité, le nom glorieux de ROBERT DE JÉRUSALEM.

Son illustration devait rejaillir sur tous ces valeu-

Chapitre premier.

reux hommes d'armes, fidèles compagnons des bons et des mauvais jours, qui, dans les combats pour la plus sainte des causes, s'étaient serrés sous sa bannière au cri patriotique de *Flandre au lion* [1] !

En l'an 1100, après avoir visité de nouveau l'Empereur Alexis à Constantinople, et dans la Pouille sa sœur la reine Alaïs de Danemark, pour lui procurer encore le bonheur d'embrasser son jeune fils, le comte de Flandre rentra dans la vieille terre flamande où l'attendaient les acclamations des peuples. Il n'avait pas cru pouvoir rapporter un plus précieux trophée de ses victoires qu'un bras de saint Georges dont l'intercession avait décidé du sort de Jérusalem. Il fit don de cette glorieuse relique à Aimery, abbé de ce monastère d'Anchin, où, comme on l'a vu, la chevalerie flamande avait pris la croix et préludé, par de nobles exercices, aux exploits de la Terre Sainte.

La prodigieuse épopée de la première croisade était donc close. Le jeune et vertueux guerrier, qui devait s'appeler un jour Charles le Bon, n'y avait sans doute joué qu'un rôle secondaire en raison de son jeune âge ; aussi n'est-ce point pour donner à ce rôle

---

1. Quoiqu'on ne fasse généralement remonter l'origine des armes de Flandre, qui sont *de sable au lion d'or*, qu'à la croisade postérieure de Philippe d'Alsace, le lion de Flandre, dans les enseignes de notre pays, appartient à une plus haute antiquité. Cet emblème d'ailleurs se trouve chez tous les peuples du Nord.

une importance qu'il ne saurait historiquement comporter qu'a été tracé le récit qu'on vient de lire, mais uniquement, nous le redisons, pour faire ressortir les impressions que devait laisser dans un cœur généreux, le spectacle de tout ce que l'héroïsme chrétien pouvait offrir de plus émouvant, sur les lieux mêmes où s'était accompli le sublime mystère de la rédemption du genre humain. Ces impressions furent telles d'ailleurs que peu d'années après son retour, comme nous le verrons bientôt, notre futur saint voulut les raviver par un nouveau voyage en Palestine.

Mais sans anticiper sur les événements, suivons pas à pas Charles de Danemark dans les voies qui devaient le mener à la sanctification.

Quatre ans s'étaient écoulés depuis le départ des croisés flamands jusqu'à leur retour au sein de la mère patrie. Charles de Danemark devait avoir alors vingt ans environ. Les lointains et pénibles voyages sur mer et par terre, la rude vie des camps au milieu de périls et de misères sans nombre avaient, en fortifiant son corps, aguerri son âme ouverte déjà à toutes les généreuses aspirations, que l'expérience de la vie qu'il avait menée jusque là n'avait pu que fortifier.

Rentré à la cour de Flandre, il y vécut entouré de tout le prestige que déjà son illustration lui avait acquis, et surtout d'une admiration que lui conciliaient les vertus les plus précoces et les plus édifiantes. Il était devenu un homme dans la plus noble acception du mot, et toutes les espérances se concentraient dès lors en lui, car il se montrait en tout préparé aux destinées qui l'attendaient.

La confiante affection que le comte Robert de Flandre lui témoignait fut telle, qu'un an après le retour de la croisade, il l'associa à la guerre que, pour la sauvegarde de la nationalité flamande, il fut obligé de soutenir contre l'Empereur d'Allemagne, lequel, déjà au moment de partir pour la croisade, avait revendiqué, les armes à la main, la possession du comté d'Alost, des Quatre-Métiers et des îles de Zélande.

Les villes et les bourgs de ces contrées appartenaient à la Flandre, quoique étant sous la suzeraineté nominale de l'empire ; bien fortifiés et garnis de troupes, les impériaux n'avaient pu s'en emparer. D'ailleurs, à la publication de la guerre sainte, ils s'étaient généralement débandés pour s'enrôler sous la bannière des différents princes qui se disposaient à faire le voyage d'orient. Cette heureuse diversion avait servi à propos les intérêts du comte Robert de Jérusalem qui, désireux de se soustraire à de nouvelles agressions et à la domination impériale, reprit l'offensive que justifiaient en outre les événements.

L'empereur Henri IV, excommunié par le pape, s'obstinait à rester en lutte contre l'Église sur les droits de laquelle il ne cessait d'empiéter chaque fois qu'il en trouvait l'occasion. Ainsi il voulait imposer au siège épiscopal de Cambrai, un de ses favoris de race tudesque, nommé Gaucher, nonobstant la vive opposition des bourgeois qui, suivant les institutions canoniques, prétendaient avoir le droit d'élire leur évêque. Le comte Robert prit ouvertement parti pour la commune, désireux de soustraire ainsi Cambrai au pouvoir impérial. Il était encouragé, dans cette juste et légitime entreprise, par des lettres du pape Pascal II qui venait de succéder à Urbain II mort récemment. Le pontife, après l'avoir hautement félicité de ses triomphes en Palestine, l'exhortait à combattre de toutes ses forces l'empereur Henri, ennemi de Dieu et frappé des anathèmes de l'Église.

La guerre ne tarda pas à s'allumer. En 1102 l'empereur reparut en armes sur les frontières de la Flandre afin de rétablir d'abord son autorité sur la vieille cité épiscopale de Cambrai et sur le Cambrésis. Il prit successivement les châteaux forts de Marcoing, Paluel, Inchy, Bouchain et l'Écluse. Dans ce dernier bourg enlevé d'assaut et livré aux flammes, un grand nombre de Flamands furent tués et brûlés vifs. Le comte Robert, leur vaillant chef, n'était pas là pour protéger cette position d'une faible importance d'ailleurs. Il veillait à la garde de la Flandre elle-même à la tête de ses plus vaillants chevaliers.

Devant sa redoutable attitude les impériaux n'osèrent aller plus avant. Bientôt un armistice fut conclu à Liège. Mais l'année suivante, l'empereur se porta de nouveau sur Cambrai toujours en insurrection contre le pouvoir suzerain, et, avec des forces nombreuses, commença par assiéger Douai. Robert de Flandre, cette fois, s'était enfermé dans la ville pour la défendre, et c'est en vain qu'Henri IV lui livra de terribles assauts qui furent toujours victorieusement repoussés, à tel point, qu'après avoir essuyé des pertes sensibles et désespérant de pénétrer au cœur même de la Flandre, il ne poursuivit pas une lutte sans issue pour lui, et se contenta de se rabattre sur Cambrai où, par la terreur, il obtint cette fois et momentanément l'abolition des franchises communales dont cette ville jouissait depuis plus d'un siècle.

Ce fut après cette guerre et en 1105 que, pour le récompenser de la part qu'il y avait prise et des nouvelles preuves de valeur qu'il venait d'y donner, Robert de Jérusalem arma son neveu chevalier devant toute la noblesse de ses états.

Le jeune prince avait déjà rempli dans l'histoire de son pays d'adoption un rôle dont l'importance relative nous eût été certainement révélée d'une façon plus complète, si les documents qui nous restent de cette période de sa vie eussent été moins obscurs. Ce rôle, il ne devait pas cesser de le remplir dignement et avec des alternatives diverses jusqu'à ce qu'il fût arrivé lui-même au pouvoir souverain. Nous verrons alors resplendir dans tout son éclat une renommée dont nous ne pouvons que rappeler encore les heureux préludes.

Un intervalle de paix, qui malheureusement ne devait pas être de longue durée, lui permit de réaliser le vœu auquel nous avons fait allusion déjà, et qu'il nourrissait depuis son retour de ce voyage d'Orient, dont il avait rapporté tant de religieuses émotions.

En 1107 il s'était formé dans les contrées Scandinaves et Anglo-Saxonnes un de ces grands pèlerinages, comme Robert le Frison en avait naguère entrepris un avant même la conquête des Lieux Saints et qui, on l'a vu, avait été comme l'avant-guide de la première croisade. Ainsi qu'alors il ne s'agissait plus d'une grande entreprise guerrière, mais d'une pieuse expédition inspirée par la dévotion, par le culte des plus religieux souvenirs et le désir de revoir les lieux où s'étaient accomplis naguère encore de si mémorables événements.

A l'exemple de son aïeul, Charles de Danemark résolut de s'associer à ce nouveau pèlerinage et, se joignant aux hommes du Nord, ses anciens compatriotes, se dirigea vers l'Orient par l'Allemagne et les pays slaves.

L'histoire ne nous a pas conservé de détails sur ce voyage et les chroniqueurs qui nous en ont laissé de si précieux sur l'existence de Charles le Bon avant ou après son avènement au comté de Flandre, se bornent à nous dire que ce prince, après avoir traversé la mer Blanche et éprouvé bien des traverses, parvint à Jérusalem, qu'il y pria de nouveau sur le saint sépulcre, puis qu'il revint en Flandre.

Malgré le vague de ces indications, le pèlerinage n'en paraît pas moins certain [1], et il est probable qu'à l'aller et tout au moins au retour, l'amour filial de Charles le porta à revoir en Italie la reine sa mère dont la Providence l'avait si péniblement séparé depuis sa première enfance.

A peine rentré au château de Winendale, sa résidence habituelle en Flandre, Charles fut appelé à reprendre son armure pour seconder son oncle et seigneur, le comte Robert de Jérusalem, dans les belliqueux débats qui venaient de s'élever entre le roi de France, Louis le Gros, et le duc Henri de Normandie, devenu roi d'Angleterre.

Le prince flamand, un des grands vassaux du monarque français, avait dû répondre à l'appel de son suzerain, et il l'avait fait avec d'autant plus d'ardeur qu'il avait à venger sa propre injure aussi bien que celle du roi de France; car, lorsqu'il avait réclamé de Henri une rente de 700 marcs d'argent dont les princes normands étaient depuis longtemps

---

1. WEGENER, *Om Carl Danskes greve af Flandern*, passim.

redevables au comté de Flandre, le même Henri avait orgueilleusement répondu que le fils de Guillaume le Conquérant et le roi d'Angleterre ne sauraient être tributaires des Flamands.

Henri fut attaqué sur tous les points de la Normandie par le roi de France et ses alliés en tête desquels était Robert de Jérusalem. Il perdit plusieurs villes et châteaux forts; mais les ressources qu'il tenait de son royaume d'Angleterre l'aidaient à soutenir la lutte et ses richesses lui faisaient trouver des adhérents parmi tous les vassaux de la couronne de France, dont l'avidité prévalait trop souvent sur les devoirs de la fidélité féodale et les leur faisait oublier.

C'est ainsi que l'un d'eux, Thibaut IV, comte de Blois, de Troyes, de Meaux et de Brie, se rangea au parti du roi d'Angleterre qu'il secourut avec toutes les forces dont il disposait. Cette trahison irrita le roi des Français qui, une fois sa jonction opérée avec la valeureuse chevalerie flamande, fit irruption dans le pays de Meaux, en investit la capitale et en fit le siège. Une fatale catastrophe devait être la conséquence de cette déplorable guerre.

Tandis que la ville vigoureusement attaquée était sur le point de se rendre ou d'être prise d'assaut, les assiégés tentèrent une sortie. Ils furent repoussés avec une grande perte par Robert de Jérusalem, lequel, emporté par la bouillante ardeur qui caractérisait ce vaillant guerrier, poursuivit les fuyards l'épée dans les reins. Chargeant en tête de ses chevaliers et traversant le pont de Meaux, les solives trop peu fortes pour supporter tant de monde se rompirent avec fracas. Le comte, précipité dans la Marne, ainsi que tous les guerriers qui l'entouraient, y périt écrasé et noyé tout à la fois [1].

Charles de Danemark avait miraculeusement échappé à cet effroyable effondrement. S'il n'en était pas la victime, il en avait été le témoin, et son émotion dut être aussi profonde que douloureuse, car il avait vu périr, sous ses yeux, d'une horrible mort, le parent généreux qui avait élevé son enfance et auquel il devait cette éducation virile et forte acquise, grâce à lui, on l'a vu, par une participation à la plus grande épopée religieuse et guerrière du moyen âge.

Mais ce n'était point encore la dernière épreuve que dut subir le jeune prince. Il lui en était réservé d'autres avant son avènement au pouvoir et l'accomplissement final d'une prédestination qui se révélait de plus en plus dans les desseins de la Providence à son égard.

De son mariage avec la princesse Clémence, fille de Guillaume Tête-Hardie, duc de Bourgogne,

---

1. ORDERIC VITAL, 838. SUGER, *Vita Ludovici Grossi*, ap. Bouq. XII, 44.

Robert de Jérusalem avait eu trois fils, Guillaume et Philippe, morts en bas âge, et Bauduin qui succéda à son père et qui est connu, dans les annales flamandes sous le nom du Comte à la Hache (*Graaf Hapkin*) plutôt encore sans doute à cause de l'audacieux fait d'armes dont nous allons bientôt parler, que de son rigoureux amour de la justice dont il se plaisait à prononcer et même à exécuter quelquefois la sentence de ses propres mains [1].

Quoi qu'il en soit, les mœurs féodales ou privées, si barbares encore, et les attentats, trop souvent impunis, qui se produisaient alors rendaient nécessaires des répressions implacables proportionnées à l'énormité des forfaits qu'il fallait réprimer, sous peine de voir s'accroître l'anarchie sociale et périr, avec le principe d'autorité, ceux qui en étaient dépositaires, ainsi que nous en verrons bientôt le lamentable exemple.

Le roi de France, aussitôt après la mort tragique du comte Robert de Jérusalem, présenta son fils aux barons et au peuple des grandes villes toujours consulté alors quand il s'agissait de la transmission du pouvoir souverain et le fit reconnaître en qualité de comte de Flandre.

Après cette cérémonie, Bauduin convoqua les

---

1. Herimanni Tornacensis chron. ap. Bouquet, XII, 380. — Balderici chron. édit. A. Le Glay, 378 et alias.

seigneurs flamands et les députés de toutes les cités wallonnes ou tudesques du comté pour leur faire solennellement jurer sur les évangiles et les reliques des saints la *Paix du pays* telle qu'elle avait été réglée jadis, en y ajoutant de nouvelles dispositions qui éclairent l'état social de cette époque et en font connaître les déplorables conditions.

— La violation du domicile d'autrui durant la nuit, l'incendie ou les menaces d'incendie sont punis de mort.

— Le port des armes est interdit sauf aux baillis, châtelains ou officiers du prince.

— Les blessures et les meurtres volontaires sont compensés par la peine du talion.

— Le cas de légitime défense doit se prouver par le duel judiciaire avec l'accusateur ou par l'épreuve du feu ou du fer rouge.

— Pour les délits simplement punissables par les amendes, les baillis ou officiers du comte paient double.

— Le noble ou le chevalier se justifie par le serment de douze de ses pairs; le non noble ou le vilain par le serment de douze hommes de sa condition et en outre par celui du seigneur dont il est le vassal.

Ces paix renouvelées fréquemment depuis l'origine de la féodalité, n'étaient qu'une confirmation des *Trèves de Dieu*, introduites en Flandre par plusieurs synodes d'évêques, notamment pendant le onzième siècle ; car toujours l'Église intervenait alors dans le gouvernement de la société qu'elle avait primitivement arrachée à une barbarie tant de fois séculaire pour la diriger dans les voies du progrès et de la civilisation.

Cet état de la législation pénale que nous venons de rappeler sommairement, est utile à connaître, car il permet d'apprécier les difficultés morales de la mission qui allait bientôt incomber à Charles le Bon, et qu'il devait accomplir, au prix de son sang, avec une constance inébranlable comme sa foi et son dévouement pour le salut des peuples confiés à sa garde tutélaire.

La rigueur avec laquelle Bauduin à la Hache maintenait son autorité sous l'empire des causes qui tendaient sans cesse à l'ébranler, ne tarda pas à lui susciter l'hostilité de voisins turbulents et avides, dont il importait d'arrêter les déprédations qu'ils exerçaient à main armée sur les marches du comté de Flandre. C'est ainsi qu'il fut contraint de combattre Gautier comte d'Hesdin et Hugues Champ-d'Avoine, comte de Saint-Pol. Dans cette lutte qui ne dura pas moins de deux ans et finit par réduire à l'impuissance les ennemis du comté de Flandre, Charles de Danemark avait, comme toujours, prêté le concours de son épée à son seigneur et cousin qui l'en récompensa par le don de la terre et du château d'Ancre enlevés par lui aux belligérants.

Charles acquérait donc chaque jour de nouveaux titres à la reconnaissante affection de ses illustres parents, et déjà leurs vues, qui concordaient d'ailleurs avec cette admiration universelle que lui conciliaient ses rares vertus, s'étaient portées sur lui en prévision d'une succession future au comté de Flandre.

Bauduin n'avait point eu d'enfants de sa première femme Agnès de Bretagne dont il avait été obligé par l'Église de se séparer pour cause de consanguinité; et comme il ne s'était pas remarié, Charles de Danemark devenait, par la loi fondamentale de l'hérédité, son légitime successeur. Il lui fit épouser la princesse Marguerite, fille de Renaud, comte de Clermont, l'une des plus riches héritières de l'époque et qui, entre autres, lui apporta le comté d'Amiens.

Cependant, tandis que la Flandre, grâce au courage et à l'habileté de ses deux derniers comtes, si puissamment secourus par leur jeune et valeureux parent, commençait à respirer après toutes les agitations qui avaient précédé et suivi le grand mouvement de la croisade, la lutte engagée entre l'Angleterre et la France se poursuivait avec des chances diverses.

Le comte de Flandre, en sa qualité de vassal du monarque français, lui devait sa foi et ses services au premier appel. Charles de Danemark, qui, lui aussi, était lié à son seigneur et parent, non seulement par la loi féodale, mais encore par les devoirs d'une reconnaissance que légitimaient tant de bienfaits, lui prêta de nouveau le concours de son heureuse et vaillante épée. Il l'accompagna en Normandie et l'aida à enlever aux Anglais les villes fortifiées du Gué-Nicaise et des Andelys.

Rentré en Flandre après cette première expédition pour y réunir de nouvelles forces, Bauduin à la Hache se trouvait avec Charles de Danemark au château de Winendale, lorsque lui parvint un message du roi d'Angleterre, le menaçant de le poursuivre jusque dans Bruges.

On était à la fin d'août 1118 lorsque cette insolente provocation vint surprendre le comte de Flandre et naturellement exciter en lui les sentiments d'une légitime et violente colère. Il manda aussitôt cinq cents des plus vaillants chevaliers de ses états et leurs hommes d'armes; puis, accompagné toujours de Charles de Danemark, il s'élança vers la Normandie. Arrivé devant Rouen il y trouva la porte fermée et se contenta d'y planter fièrement sa hache d'armes pour défier le monarque anglais en combat. Henri ne jugea pas à propos de relever ce cartel redoutable, et alors Bauduin alla, sans désemparer, mettre le siège devant la ville d'Eu.

Plein de cette fougue guerrière propre aux princes de sa race, le Comte à la Hache combattait de sa personne, et toujours aux premiers rangs de sa fière noblesse. Dans ces luttes corps à corps qu'il engageait souvent lui-même, un coup de lance porté par un seigneur Normand, appelé Hugues Botterel, l'atteignit à la tête. Il tomba sanglant entre les bras de son jeune parent qui, accablé de douleur et au péril de ses jours, l'arracha aux mains de son antagoniste.

Le comte était incapable de continuer la guerre ; Charles le ramena en Flandre, au château de Rosselaer où il languit pendant près de dix mois. Une paralysie générale finit par l'envahir tout entier sans lui ôter néanmoins le calme de l'esprit et la force d'âme qui ne l'avaient jamais abandonné. Il fit mander alors auprès de son lit les plus hauts barons du comté et les représentants des grandes villes et là, dans la plénitude de ses facultés morales, il désigna et fit reconnaître comme son successeur légitime le prince Charles de Danemark, propre fils d'une sœur de Robert de Jérusalem, comme on l'a vu, et mourut bientôt après, le 17 juin 1119, bénissant Dieu de lui avoir accordé, à défaut d'héritier direct, un successeur si digne à tous égards de présider aux destinées de son pays [1].

Non loin de Bruges, près de la ville de Thourout et au milieu de cette immense et mystérieuse forêt de Thor à laquelle se rattachent tant de fantastiques traditions, s'élevait l'imposant château de Winendale.

---

1. *Chronique d'Adrien de But.*

C'était, nous l'avons dit, le séjour favori, des anciens comtes de Flandre, qui, dans la belle saison, s'y reposaient des fatigues de la guerre pour se livrer, avec les seigneurs de leur cour, soit aux nobles exercices des tournois destinés à entretenir leur ardeur guerrière et leurs forces, soit aux émotions pacifiques de ces grandes chasses qui, dès les Mérovingiens, formaient le passe-temps ordinaire des nobles franks pour lesquels la lutte était l'élément habituel de leur rude existence.

Cette résidence fameuse était celle des illustres ancêtres de Charles le Bon et, à l'abri de ses murailles crénelées et de ses hautes tours, avaient passé la majeure partie de leur vie agitée Bauduin Bras de Fer le fondateur de la dynastie flamande, Bauduin le Chauve, Arnoul le Vieux, Bauduin troisième du nom, Arnoul le Jeune et Bauduin Belle Barbe, tous princes mêlés aux troubles qui signalèrent la formation du régime féodal et aux agitations violentes au milieu desquelles la nationalité belge eut tant de peine à se constituer.

Puis, après ces princes semi barbares encore, était apparu Bauduin de Lille, beau-père de Guillaume le Conquérant et qui, par la sagesse et l'habileté de son gouvernement comme par sa puissance, devint le régent du royaume de France sous la minorité de Philippe le Bel.

Vint ensuite Bauduin VI dont les rares vertus

offrirent, comme nous le verrons bientôt, un exemple dont Charles le Bon profita pour élever les siennes à un niveau supérieur encore.

Winendale enfin avait vu, dans les dernières années du siècle, Arnoul III victime aux champs de Cassel de la patriotique mais excessive ambition de la célèbre comtesse Richilde, sa mère : Robert le Frison enfin, aïeul, on le sait, de notre comte et que son merveilleux pèlerinage en Orient avait, on l'a vu, à jamais illustré.

C'est là, et au milieu de tous les grands souvenirs laissés par les princes de sa race, que Charles de Danemark était destiné à passer son enfance et sa jeunesse.

En dehors des exploits guerriers auxquels sa position, son religieux patriotisme et son dévouement le forcèrent à participer, l'histoire ne nous a laissé aucun éclaircissement précis sur cette première période d'une carrière que la première croisade devait glorieusement inaugurer, et nous ne pouvons qu'en concevoir une imparfaite idée. Il nous est cependant permis, par une induction logique naturelle, de préjuger que, dès son enfance, frappé d'un effroyable malheur, sa jeunesse s'accomplit dans les plus austères pratiques de la résignation chrétienne comme sous l'empire des plus nobles aspirations de la piété. Soit dans la rude vie des camps, soit dans les loisirs de la cour, il s'isolait souvent sans doute pour méditer sur les enseignements de l'Église comme sur ceux que lui avaient légués les plus exemplaires de ses ancêtres. Il est même permis de penser que ce remarquable récit du moine Tomellus, que nous allons reproduire, devint le fréquent objet de ses lectures et de ses méditations et frappa son esprit en influant sur toute sa conduite. On retrouve en effet dans sa vie, et sous un reflet plus éclatant encore, les vertus chrétiennes du comte Bauduin VI que nous fait si bien connaître le récit du pieux personnage, qui avait été son contemporain et avait vécu dans son intimité.

« Puisque l'occasion nous amène, dit Tomellus, à Bauduin, le sixième du nom depuis Bauduin Bras de Fer, et que notre âge a mérité de voir, il convient d'exposer les qualités dont il est suffisamment orné pour servir d'exemple aux bons princes. Parmi tant de grandes vertus, nous en choisirons quelques-unes comme les astrologues représentent la terre en petit.

« A partir de l'âge où commence l'éducation, il fut élevé à la cour de l'empereur Henri. Il surpassait en dignité tous ceux de son âge qui étaient alors à cette cour, mais par son affabilité il devenait leur égal.

« Lorsque plus tard il eut atteint l'âge de la force, il envahit le comté des Nerviens, non sans offenser la majesté de l'empereur et se montra dans la guerre aussi redoutable aux ennemis que bienfaisant dans la paix envers ses peuples. Il était le père des pauvres, des orphelins et des veuves. Aux moines il offrait un modèle de dévotion, aux affligés un bouclier secourable. C'était merveille de voir dans le même homme et sous l'habit séculier, dominer un prince du monde et s'humilier un pauvre de Jésus-Christ. Pendant la célébration de la sainte Messe, il se tenait immobile et considérait Dieu sans relâche, comme s'il l'eût vu de ses yeux. Durant la prière et la messe, il était environné de pauvres qui priaient pour lui ; et quand le prêtre avait reçu l'offrande, il leur distribuait des aumônes en vue de Jésus-Christ dans la personne des pauvres. Je puis l'attester comme témoin, ô lecteur, qui que tu sois, si toutefois tu ne révoques pas en doute un témoignage si faible. Admis familièrement à ses côtés, où souvent il daigna me souffrir, je l'ai vu maintes fois inviter les pauvres à assister en sa compagnie aux saints mystères de la messe. La messe achevée, si quelques pauvres avaient négligé de s'y trouver, il leur en faisait doucement des reproches lorsqu'ils venaient l'entourer. Non seulement alors, mais chaque fois qu'il était nécessaire, il s'appliquait à l'aumône, tantôt sous le voile du secret, tantôt en public, soit par lui-même, soit indirectement. Une grande famine étant venue, il distribua des aumônes plus abondantes encore et fit un devoir à tous les monastères du pays de ne point épargner leurs propres biens pour soulager plus efficacement les misères des pauvres[1]. »

En lisant ce remarquable récit de l'humble moine du onzième siècle, n'est-on pas frappé d'y retrouver l'exacte similitude d'existence et les témoignages de vertus dont Charles de Danemark devait offrir lui-même un si éclatant modèle? Il s'y préparait donc dès sa jeunesse, retrempé toujours et dans le souvenir de son auguste et malheureux père, et dans les impressions qu'il devait rapporter de la croisade. Tout d'ailleurs, dans le milieu où il vivait, ne pouvait que fortifier son âme et l'ouvrir aux sentiments les plus généreux et les plus nobles.

La Flandre conquise au christianisme par ses apôtres était, depuis les premiers siècles de l'Église, couverte de ces pieux asiles, qui avaient ouvert une voie à sa régénération et devaient l'élargir de plus en plus. Autour du jeune prince rayonnait un foyer lumineux de prière et de charité bien propre encore à raviver sa foi.

Tous ces monastères, dont l'énumération serait trop longue, lui offraient de merveilleux éléments d'édification. Près du domaine seigneurial qui l'abritait, Saint-André de Bruges, récemment fondé par son oncle Robert de Jérusalem en souvenir de l'heureux succès des croisés flamands en Palestine, lui rappelait des impressions chères à son cœur de soldat du Christ;

---

1. THOMELLUS *ap. Tes. Anecd.* de D. Martène III, 777 et suiv.

plus loin, à Saint-Amand, à Sithiu ou Saint-Omer, à Saint-Vaast d'Arras, à Saint-Pierre de Gand, à Saint-Bavon, dans maints autres sanctuaires, lui apparaissaient les grandes figures des Vaast, des Amand, des Eloi, des Bavon, des Omer, des Bertin et de tous les apôtres héroïques, qui avaient conquis la Gaule Belgique à l'évangile.

Et enfin, dans cette ville même de Bruges, si profondément chrétienne, dont Bauduin Bras de Fer avait fait le berceau de la nationalité flamande en la fortifiant, en l'entourant de murailles, et en érigeant, en l'honneur de saint Donat, dont il avait obtenu la précieuse relique, cette basilique, futur théâtre de son martyre, Charles ne devait-il pas puiser dans les profondeurs de son âme, le pressentiment prophétique de ce martyre auquel semblaient tendre ses vœux et à la gloire duquel il s'efforçait de s'élever pour accomplir ainsi la destinée providentielle que tout semblait devoir faire présager?

Mais bien des épreuves lui étaient encore réservées, et c'est à l'histoire elle-même qu'il faut recourir pour en suivre les péripéties diverses jusqu'à ce dénouement fatal écrit dans les mystérieux secrets de Dieu et qui devait couronner la plus rare et la plus admirable des existences. L'enchaînement des causes et des effets, montrera plus que jamais cette intervention divine qui, par une grâce particulière, a dirigé la vie du saint depuis sa naissance jusqu'à sa mort.

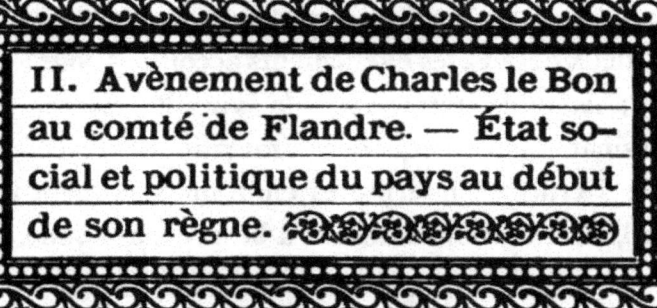
II. Avènement de Charles le Bon au comté de Flandre. — État social et politique du pays au début de son règne.

L'AVÈNEMENT de Charles le Bon au comté de Flandre inaugure, dans la vie de ce prince, une période nouvelle et que l'histoire éclairera désormais de cette lumière complète que ne nous ont pas toujours fournie les rares documents qui nous restent de cette lointaine époque.

Nous avons essayé jusqu'à présent de retracer les préludes d'une vie déjà si bien remplie, pour les relier à ce qui doit en expliquer le dénouement.

Maintenant, ce ne sont plus à des investigations historiques tirées de la tradition et plus ou moins vagues que nous aurons recours ; mais à des renseignements d'une authenticité telle que, dans toutes les annales du moyen âge, on n'en saurait trouver de plus sérieuse et de plus sûre, nous l'avons dit au début.

Deux hommes du douzième siècle, du caractère le plus sérieux, deux témoins oculaires les plus dignes de foi viendront bientôt, avec un incomparable accent de sincérité, nous raconter, jour par jour, et dans les plus

Chapitre deuxième.

minutieux détails, les événements accomplis sous leurs yeux ; ils nous retraceront la vie du comte, son assassinat, les conséquences dramatiques de ce parricide sacrilège ; interprètes enfin du sentiment universel, ils viendront attester, à la face du monde, les titres sacrés du martyr à l'auréole de sanctification que l'Église lui devait décerner.

Nous essaierons de rester le fidèle écho de ces récits précieux que la Providence semble avoir réservés pour la glorification de l'auguste personnage, qui, à tant de titres, mérite la vénération de la postérité.

Lorsque les obsèques solennelles de Baudouin à la Hache eurent été célébrées dans la basilique de Saint-Donat de Bruges, la proclamation du nouveau comte eut lieu, suivant le cérémonial usité, dans toutes les villes et bourgs du comté de Flandre, du haut des maisons échevinales, au cri des hérauts d'armes, au son de toutes les cloches et aux acclamations unanimes des populations.

Le nouveau comte avait alors environ quarante ans. Au dire des historiographes contemporains, il était d'une haute stature, d'une noble prestance et d'un aspect plein d'une imposante dignité ; mais aussi sévère pour les orgueilleux et les superbes que plein de douceur et d'encourageante aménité pour les malheureux et les pauvres, objets de sa prédilection particulière [1].

Les hauts barons du pays, et ceux qui avaient survécu à toutes les vicissitudes de la première croisade ou des dernières guerres, et ceux dont les récits paternels avaient entretenu la reconnaissance et l'admiration envers leur nouveau souverain, de même que les bourgeois, les gens des métiers et le menu peuple des villes et des campagnes applaudissaient également à un choix qui ouvrait pour eux une ère nouvelle de justice et de réparation sociale, après tant de pénibles agitations, et leur assurait par là le bien être, la prospérité et la paix.

Et cependant, avant que cette paix même pût être affermie, une nouvelle et triste cause vint encore en retarder l'avènement. Cette cause n'émanait certes pas de la volonté nationale si généralement manifestée, ni de compétitions violentes telles qu'il s'en révéla si souvent dans les annales flamandes, au milieu des conflits suscités par les abus du pouvoir féodal d'une part, et de l'autre, par les soulèvements plus ou moins motivés du pouvoir communal.

Mais l'élévation de Charles de Danemark au comté de Flandre avait provoqué le ressentiment jaloux de Clémence de Bourgogne, veuve de Robert

---

1. Frons reverendissima, superborum dejectrix, afflictorum erectrix. — GUALT. pars 1ª.

de Jérusalem et qui ambitionnait cette riche succession pour Guillaume de Loo, châtelain d'Ypres, époux d'une de ses nièces et fils illégitime de Philippe, second fils de Robert le Frison. Elle mit tout en œuvre pour disputer au nouveau comte l'héritage qui lui était à tant de titres si justement dévolu.

Afin de se créer un puissant auxiliaire dans une lutte que, depuis longtemps, elle regardait comme inévitable, à cause de la prédilection particulière que les deux comtes défunts portaient au parent qui leur avait toujours montré tant de dévouement, elle s'était remariée à Godefroid le Barbu, duc de la Basse Lorraine, et spéculant même sur la vieille rivalité existant entre les seigneurs de race gallo-romaine ou Wallons, et ceux d'origine tudesque ou Thiois, elle avait attiré dans son parti, outre le comte de Hainaut Bauduin, les comtes de Boulogne, de Saint-Pol, d'Hesdin et même de Coucy, dont les sentiments d'hostilité contre leurs voisins de race germano-belge étaient toujours vivaces au fond des cœurs.

Clémence avait débuté par s'emparer d'Audenarde qu'elle livra aux flammes après avoir fait mourir dans les supplices grand nombre de ses habitants. Le comte de Saint-Pol portait en même temps le fer et le feu aux environs de Bruges et sur les côtes de la West-Flandre occupées par les colonies saxonnes et les populations tudesques du comté.

A l'annonce de cette audacieuse agression, Charles, fort de ses droits, avait, en toute hâte, convoqué la chevalerie flamande à Saint-Omer. Elle accourut à son appel avec le patriotique élan qu'elle avait mis jadis à se ranger sous l'étendard du Frison aux champs de Cassel, et de terribles représailles ne tardèrent pas à se produire.

Le comte de Flandre assiégea et prit la ville de Saint-Pol, en rasa les murailles, s'empara, coup sur coup, des châtellenies qui formaient le douaire de Clémence, telles que Dixmude, Aire, Bergues, Saint-Venant et autres, et, après cette heureuse expédition, contraignit son orgueilleuse ennemie à solliciter humblement la paix. Il la traita d'ailleurs avec tous les égards dus à la veuve de Robert de Jérusalem.

De son côté le comte de Boulogne déposa bientôt les armes après avoir vu ses frontières ravagées et brûlées par les troupes flamandes. Enfin, Eustache, avoué de Thérouanne, fut contraint d'abattre une forteresse qu'il avait élevée contrairement aux franchises de la ville dont le comte avait juré le maintien et la protection, comme il l'avait fait d'ailleurs pour toutes les communes flamandes existant à l'époque de son avènement; car il n'ignorait pas que la liberté communale était un besoin de son temps et qu'elle seule pouvait imprimer à l'activité nationale cet essor qui devait, dans l'avenir, produire de si merveilleux effets.

Charles avait donc, avec autant de bravoure que de sage habileté, vaincu les ennemis extérieurs de son pouvoir, anéanti leur coalition, rétabli même son autorité dans les provinces walonnes de la Flandre et préparé la pacification complète du pays [1]. Il pouvait enfin déposer cette armure qu'il avait si vaillamment portée sur tant de champs de bataille, et qu'il n'avait sans doute reprise qu'à regret. Mais alors allait commencer pour lui la tâche la plus ardue et la plus périlleuse de sa mission sur la terre. Il devait la remplir avec le plus admirable dévouement et une incomparable sagesse.

Pour bien comprendre l'importance et l'étendue de cette tâche, il est utile de rappeler quelle était, au début du douzième siècle, la condition sociale de la Flandre telle que l'avaient faite les commotions qui suivirent, après la conquête franke, l'établissement définitif du régime féodal au milieu des éléments de dissolution créés par plusieurs siècles d'asservissement, de luttes et d'anarchie. Un regard rétrospectif est ici nécessaire.

---

1. Omnium enim ille bellorum circumfrementium strepitus, quanta suscitatus fuerat superbiæ feritate, tanta in brevi repressus est victoria celeritate. GUALTER, 337. — In conspectu ejus siluit terra... Id. 166. — « Comes propoteret Flandrensis », dit ailleurs Suger, *Vita Lud. Grossi*, p. 314.

La féodalité, dans son principe, était, on le sait, une association mutuelle de protection et de défense. Elle avait encore ce caractère au début de l'invasion franke. Chez tous les peuples d'origine germanique, les guerriers qui avaient suivi la fortune de quelque chef vaillant et heureux, devenaient ses compagnons ou *gazals*, dans les idiomes tudesques, d'où, plus tard, le mot *vassal*. Maîtres d'un territoire immense dans les Gaules, les Mérovingiens resserrèrent les liens qui les unissaient à leurs vassaux ou *leudes*, en leur donnant, à titre de bénéfice *(jure beneficii)*, des domaines grevés de diverses redevances, et surtout du service de guerre avec un nombre déterminé d'hommes.

Au-dessous de ces grands vassaux, vinrent prendre rang, plus tard, les hommes libres possédant des domaines trop peu considérables pour relever directement du prince et dépendant seulement de leur seigneur immédiat, comme feudataires ou arrière-vassaux.

Enfin, après ces deux premières classes de la hiérarchie sociale, paraissent, lorsque le christianisme eut aboli l'esclavage, les serfs ou colons ruraux, formant la masse de la population des terres conquises, attachés à la culture du sol ou aux travaux manuels et astreints, comme faisant partie du domaine, à toutes les charges de la condition servile.

L'élément indigène dominait dans cette classe inférieure où s'étaient conservées les vieilles traditions germaniques des *gildes* ou associations mutuelles de secours et de défense. Les serfs s'y affiliaient par serment, et on y recueillait le denier destiné à soulager les misères communes. Inspirées par un instinct très vivace de liberté et d'émancipation, les gildes ne tardèrent pas à porter ombrage aux souverains, et l'empereur Charlemagne les avait même sévèrement proscrites en 779. Ces associations subsistèrent néanmoins secrètement et se perpétuèrent de génération en génération, renfermant en elles, avec le germe des corporations des métiers qui prirent, en Flandre, un si vaste développement au moyen âge, le futur affranchissement des communes.

Par suite de l'organisation politique résultant de la conquête et de l'établissement définitif des Franks sur un sol dont on ne devait plus leur disputer la possession, les conditions de cette possession impliquaient toujours, comme par le passé, des droits et des devoirs respectifs et une véritable solidarité d'intérêts entre les seigneurs et les vassaux. Mais bientôt la force et l'intrigue détruisirent peu à peu le droit et finirent par dominer exclusivement dans toutes les relations sociales.

Une institution, qui avait eu sa raison d'être, eu égard au temps et aux circonstances qui l'avaient fait naître, se trouva dès lors tellement faussée qu'elle finit par engendrer de déplorables abus.

En Flandre, au douzième siècle, le mal était arrivé à son comble. Outre cette rivalité de race dont nous avons parlé, et qui était devenue une cause incessante de dissensions intestines et de guerre civile, il régnait dans le pays une véritable anarchie, causée par la confusion des castes, les insatiables convoitises d'une noblesse barbare et turbulente, ou de serfs rapaces que le négoce avait enrichis et dont l'insolent orgueil égalait, quand il ne le surpassait pas, celui des barons eux-mêmes.

Non seulement tous les liens sociaux étaient brisés, mais il s'était introduit dans l'état des personnes une confusion telle qu'on en était arrivé à ne plus discerner le rang que chacun devait occuper, et que des vassaux et des serfs, dont on avait perdu de vue l'origine, étaient plus puissants et plus dangereux que leurs propres seigneurs.

Si le mouvement des croisades avait momentanément opéré dans les mœurs mêmes cette diversion favorable dont nous avons parlé et apaisé bien des dissensions intestines, l'absence de tout pouvoir public, par suite de l'éloignement du souverain, n'avait pas peu contribué à ce relâchement de tout lien de hiérarchie sociale. C'est au point, qu'à l'avènement de Charles de Danemark, un simple serf, issu, ainsi que sa famille, des misérables colonies saxonnes déportées jadis sur les rivages de l'océan du Nord, mais devenu aussi opulent qu'audacieux, occupait la plus haute dignité de Flandre, celle de Prévôt de Saint-Donat de Bruges, et à ce titre, de Chancelier héréditaire du Comté. On verra bientôt ce qui advint de cette incroyable anomalie.

Ce seul fait suffit pour démontrer le degré de dissolution et d'anarchie où en était arrivée la société flamande, la profondeur du mal dont elle souffrait, et les difficultés d'y apporter un remède efficace.

Il convient d'ajouter que les Flamands d'alors, tout en conservant les rares qualités natives qui devaient en faire dans l'avenir une race privilégiée, n'avaient point encore dépouillé la rudesse des mœurs de leurs ancêtres les Ménapiens, et que le christianisme avait tenté vainement de les assouplir en s'efforçant de déraciner les vieilles superstitions scandinaves ou germaniques qui constituaient toujours pour eux, à côté des dogmes catholiques auxquels ils étaient convertis, une sorte de culte national et sacré. Il fallait toujours aussi compter avec eux sur des instincts empreints d'une barbarie trop souvent sanguinaire, tout au moins de la part d'une certaine classe d'hommes dont l'impunité avait accru l'audace et la perversité [1].

Le comte Charles se trouvait donc en présence de cette situation dangereuse, lorsqu'il revint à Bruges

---

1. Barbarorum... indomitam feritatem crudeliter fundere sanguinem. GUALTER, p. 168.

après avoir réduit ses ennemis extérieurs à l'impuissance.

Pénétré de la gravité de sa mission, il envisagea la tâche que la Providence lui imposait avec cette fermeté du juste que rien ne saurait ébranler. Sa résolution d'accomplir son devoir, sans passion comme sans faiblesse, était aussi ferme qu'immuable.

A l'exemple de ses prédécesseurs à leur avènement, il convoqua toute la chevalerie flamande et lui fit jurer solennellement sur les corps saints, ce qu'on appelait alors la *Paix du pays*.

Le comte rendit plusieurs autres ordonnances que la situation commandait, et agit avec tant de prudence et d'habileté que bientôt l'ordre matériel et la tranquillité la plus parfaite furent rétablis dans la contrée, à la grande satisfaction, disent les chroniques du temps, des bourgeois, marchands et artisans qui y trouvaient profit et joie [1].

Mais ce bien-être, depuis si longtemps inconnu, devait être bientôt troublé par des calamités qu'on redoutait d'autant moins qu'elles étaient en dehors des prévisions humaines. Elles furent annoncées aux populations superstitieuses par une éclipse de soleil dont les phénomènes sont relatés dans le récit d'un témoin oculaire, et qui eut lieu le 11 du mois d'août de l'année 1124, vers la neuvième heure du jour.

---

1. GUALTER, *Vita B. Caroli Boni*, p. 337.

« La partie orientale de cet astre, dit-il, fut obscurcie et, peu à peu, des taches qui lui étaient étrangères s'étendirent sur les autres parties, passant de l'orient à l'occident, mais sans sortir du disque du soleil [1]. »

Par une fatale coïncidence, l'hiver qui suivit cette éclipse fut très long et d'une rigueur extrême. Une multitude d'hommes et d'animaux périrent de froid. Les blés et autres grains confiés à la terre furent gelés et ne levèrent point. De là survint, dans le nord de la France et dans les provinces belgiques, la plus horrible famine qu'on eût éprouvée jusqu'alors.

Une effrayante mortalité décima les peuples, n'épargnant pas plus les nobles que les serfs. Le même contemporain raconte, comme une chose inouïe et pour donner une idée de la disette universelle, que les paysans des environs de Gand mangèrent de la viande, même durant le carême, privés qu'ils étaient de pain et de toute autre nourriture. « Chose affreuse à raconter, ajoute-t-il, la couleur naturelle au visage de l'homme, avait fait place à une lividité qui n'appartient qu'à la mort. Ceux-là mêmes qui ne souffraient pas de la faim étaient tellement émus qu'ils devenaient malades au spectacle de tant d'infortunes [2]. »

Profondément affligé de l'affreuse calamité qui frap-

---

1. *E Vita B. Caroli*, auctore Galberto notario, coævo, ap. Boll., mense martio, p. 180. — 2. *Ibid.*

pait ses peuples, le comte Charles déploya pour les soulager la plus touchante sollicitude. Il commença par réduire au plus strict nécessaire les dépenses de sa maison, et jusqu'aux mets de sa table, dont le superflu était distribué aux malheureux. Tous les fermiers furent exemptés de leurs redevances à la charge de nourrir chez eux les pauvres de leurs terres. A Bruges, il soutenait la vie de cent treize personnes en leur faisant distribuer du pain chaque jour. Il en était de même dans toutes les grandes villes du comté où des officiers, dépêchés par lui, délivraient sans cesse d'abondantes aumônes. Dans la seule ville d'Ypres 7,800 pains furent, par ses ordres, distribués en une seule journée. Des chemises, des tuniques, des fourrures, des bonnets, des chaussures étaient en outre donnés à tous ceux qui, dans leur détresse, avaient été obligés de se dépouiller pour assouvir leur faim.

Enfin il n'est pas d'ingénieux moyens que sa charité n'inventât pour alléger les souffrances publiques. C'est ainsi qu'il interdit la fabrication de la bière afin qu'on pût transformer en pains les grains destinés aux brasseries. Il disait à ce sujet qu'il « aimait mieux voir les riches boire de l'eau que les pauvres mourir de faim [1]. » Il enjoignit, par un autre édit, aux cultivateurs de semer la moitié de leurs terres en fèves

---

1. Dicens melius esse ut divites aquam biberent quam pauperes fame perirent. — *Narrat. de abbati Jarnac.*

et en pois, parce que la précocité de ces légumes fournirait au peuple un plus prompt aliment. Il frappa le vin, comme boisson de luxe, d'une taxe énorme ; enfin il réprima les accaparements avec la dernière rigueur.

Grâce à ces sages dispositions, les objets de nécessité première reparurent sur les marchés, la circulation de l'argent se rétablit et la récolte arrivant bientôt, la famine disparut avec les horreurs qu'elle entraîne à sa suite [1]. Le bien-être et la prospérité même ne tardèrent pas à renaître, grâce à des mesures économiques dont les bienfaits profitaient surtout à cette classe nécessiteuse qui, plus que toute autre, faisait l'objet de sa chrétienne prédilection [2].

---

1. *Ibid.*, p. 180.

2. Une chronique romane du temps, bien que reflétant celles de Galbert et de Gualter dont l'auteur s'est évidemment inspiré, trace des vertus de Charles le Bon un tableau d'une naïve et rare énergie, en rappelant même des faits peu connus.

... « En quelconkes vile, castiel, et chitié il fust, povre nonbraule couroient ensamble cascun jour à chelui, auxquels il departoit par ses propres mains, deniers et viestement, en tant ke li mémoire de eux ki furent présents démontre chelui avoir donné pour Dieu à Ypre en un jour vij^m viij^e pains. Il estoit amés ou crémus, en tel maniere ke aucuns fust à peine trouvés en si grant multitude de gent cruele liquels jugast leure chose aler en un petit contre les estatuts d'iche lui...... Il examinoit par argueche de soutivité esmervillante quiconkes besognes fussent à faire. Et ichieus reprendans iniquité et ensauchaus et deffendans équité, ensauchoit justice en tous liens selonc son povoir .

Com li hons nobles vausist mieus pour ches vertus et pour pluisieurs autres asqueles conter chose ke nous disions ne soufist mie, de combien se délitoient plus (les bons) des boines œvres d'ichelui, de tout estoient plus tourmentés li mauvais....

Anc. chron. de Flandre pub. par l'Acad. de Bruxelles, t. II, p. 59.

Si l'histoire d'un passé déjà lointain offre souvent de regrettables obscurités, il se révèle quelquefois, dans le cours des événements, des faits qui éclairent la situation d'une lumière imprévue. Sans doute dans la première période de sa vie, le comte Charles de Danemark n'avait rempli qu'un rôle secondaire, et nous l'avons dit, soit durant la première croisade, soit dans les circonstances diverses où il fut appelé, à raison de sa position, à concourir aux guerres qu'eurent à soutenir ses illustres parents Robert de Jérusalem et Bauduin à la Hache. On sait combien cette participation fut efficace et glorieuse. Et cependant la renommée du jeune prince avait grandi avec lui et ses contemporains la connaissant mieux que nous, elle s'accrut encore et devint bientôt universelle, on peut le dire, lorsqu'on sut avec quelle valeur et en même temps avec quelle sage habileté il avait régi ses états depuis son avènement au comté de Flandre.

C'est ici que se révèlent ces faits caractéristiques, dont nous avons parlé. Leur éloquence en dit plus que ne pourraient le faire tous les récits du chroniqueur. L'on en va juger.

L'empereur d'Allemagne, Henri V, étant mort à Utrecht en 1215 sans laisser d'enfant, la plupart des princes électeurs jetèrent les yeux sur le comte Charles de Flandre pour lui offrir le sceptre impérial, comme étant le plus digne de le tenir, moins encore par l'illustration de sa naissance que par la noblesse de son caractère et par ses vertus. A cet effet, ils lui envoyèrent en ambassade le chancelier de Cologne et le comte Godefroi de Namur. Charles prit conseil de ses barons, et ceux-ci qui l'affectionnaient d'un légitime et sincère amour, le supplièrent de ne pas abandonner un pays aux destinées duquel il avait jusqu'alors si bien présidé. Il se rendit à leurs instances et refusa, avec le titre glorieux de roi des Romains, la couronne qu'avait portée Charlemagne son glorieux ancêtre.

Bientôt après, Bauduin II, troisième roi de Jérusalem, ayant été fait prisonnier par les Turcs, les croisés, privés de leur chef, envoyèrent des lettres au comte de Flandre pour le prier d'accepter le trône. Le vertueux Charles repoussa ce nouvel honneur, préférant continuer l'œuvre que la Providence lui avait départie, et travailler à la paix et au bonheur de ses sujets; répétant d'ailleurs, après Godefroi de Bouillon, qu'il se croyait indigne de ceindre une couronne d'or là où le Christ n'avait porté qu'une couronne d'épines[1]. Ce fut donc avec une nouvelle ardeur qu'il poursuivit sa tâche.

L'on a vu qu'une des causes principales de l'ar archie dont souffrait la Flandre, provenait de la confusion des divers états de personnes. Le prince fit à ce sujet procéder à une minutieuse enquête. Elle avait pour

---

1. GALBERT, p. 180.

but de constater quels étaient les serfs de naissance, quelles étaient, d'un autre côté, les personnes de condition libre, ne devant hommage à autrui, afin de ramener chacun à son devoir, car il était arrivé que des serfs opulents, nous l'avons indiqué déjà, s'étaient affranchis de leur propre autorité ; ou que des hommes libres refusaient de prêter aide et concours aux serfs malheureux de leurs domaines que, d'après la loi féodale, ils étaient cependant tenus de secourir et protéger.

Aux discussions souvent sérieuses que soulevaient ces débats, le comte intervenait avec une religieuse sollicitude et rendait scrupuleusement justice à chacun. Mais ces réformes qu'exigeait la plus impérieuse nécessité, ne s'accomplissaient pas sans froisser certains grands personnages habitués jusqu'alors à toujours obtenir raison contre les opprimés, et il s'accumulait dans leurs cœurs des ressentiments d'un sinistre augure [1]. « Autant les hommes sages, dit un contemporain, applaudissaient à son zèle, autant les pervers le supportaient amèrement. Ils voyaient, en effet, que la justice, en protégeant l'existence de tous ceux qu'ils haïssaient, s'opposait à leurs criminelles tentatives. Il leur semblait qu'aussi longtemps qu'il ne leur serait plus permis d'exercer librement leurs fureurs, le salut du comte et leur propre salut ne pouvaient

---

1. Amabatur aut timebatur. GUALTER, p. 168.

point s'accorder ⁽¹⁾ ». Fatal présage et qui ne devait que trop tôt se vérifier !

La conduite du comte restait néanmoins, comme sa justice, inflexible. L'amour du devoir et une grande droiture d'esprit ne cessaient, en même temps, de diriger toutes ses actions et de dicter toutes ses paroles. Une chronique inédite de l'époque nous fournit à ce sujet une curieuse anecdote.

A un festin solennel donné aux fêtes de l'Épiphanie de l'année 1126, le comte vit tout à coup apparaître devant lui Jean, abbé de Saint-Bertin, bien qu'il ne fût pas convié. L'abbé venait se plaindre d'un chevalier nommé Lambert Knap, que nous reverrons bientôt en scène, et qui voulait ravir une terre que l'abbaye possédait depuis soixante ans et plus : « Sire abbé, lui dit le prince, qui donc chante aujourd'hui la messe à Saint-Bertin ? » L'abbé répondit qu'il y avait au couvent plus de cent moines pour remplir cette besogne. « Sire abbé, repartit Charles, dans un si grand jour, c'était à vous de célébrer l'office, de rester avec vos frères au réfectoire, de les accompagner la nuit aux matines. Quant à l'affaire qui vous amène, vous me la pouviez mander par un sergent, car s'il vous appartient de prier le Seigneur c'est à moi de rendre la justice ⁽²⁾. »

---

1. *Ejus sibi videbantur salute periclitari.* Id., ibid.
2. *Meum est defendere, vestrum pro me Deum exorare.* IPERIUS, p. 622. Voir aussi les chroniques du XIIᵉ et XIIIᵉ siècles publiées par *l'Ac. de Bruxelles*, t. I et II.

Alors il appela Lambert Knap, pour l'entendre ; et comme il ne put se justifier de la spoliation dont l'abbé se plaignait, le comte lui dit : « Taisez-vous, comme vos pères se sont tus! Si vous ne restituez sur l'heure le bien mal acquis, et si j'entends de nouvelles plaintes sur votre compte, rappelez-vous ce chevalier que Bauduin à la Hache fit jeter dans une chaudière d'eau bouillante pour avoir ravi les deux vaches d'une pauvre femme. » Le chevalier se le tint pour dit ; mais il en conserva un mortel ressentiment, comme on le verra bientôt.

Quand on reprochait à Charles de ne point assez favoriser les grands et de réserver toutes ses sympathies pour les malheureux, il répondait : « C'est que je sais combien les nobles ont d'orgueil et les pauvres de besoins [1]. » Admirable parole dans la bouche d'un prince du douzième siècle !

Il ne pouvait, en effet, supporter l'arrogance, et donnait lui-même en tout, malgré sa juste sévérité, l'exemple de la miséricorde et de l'humanité. Ses familiers cependant, connaissant toute la férocité de mœurs des hommes que ses mesures de réparation atteignaient, en témoignaient quelquefois de l'inquiétude. « Dieu me protégera, répondait-il, et si je dois succomber pour la cause de la justice, ma gloire sera plus grande encore que mon malheur. — « Si

---

1. GALBERT, c. V.

vous mouriez pour la vérité, disait-il un autre jour à ses chapelains, quelle mort serait plus honorable que la vôtre ? Qu'y a-t-il au-dessus des palmes du martyre [1]. »

Durant l'été de cette même année 1126, le comte de Flandre, à l'appel de son suzerain le roi Louis VI, dut, avec la chevalerie flamande, prendre part à une expédition dirigée contre le duc d'Aquitaine, et ne rentra dans ses États que l'hiver suivant.

Cette absence eut de fatales conséquences, en entravant les réformes commencées et en permettant à ceux qu'elles avaient si profondément irrités d'ourdir un complot dont l'audace devait égaler la perfidie. Un fatal concours de circonstances contribua d'ailleurs à susciter des haines qui, à cette époque, ne s'éteignaient jamais que dans le sang. Elles devaient, en effet, devenir implacables.

Mais, pour l'intelligence des événements qui vont suivre, il est utile de jeter un coup d'œil sur le théâtre où ils devaient s'accomplir, avant d'exposer les causes particulières et multiples qui les firent naître.

La ville de Bruges, comme toutes les autres

---

1. *Quid enim martyrio excellentius in gloria!* GALBERT, c. VI, et GUALTER, p. 171. — Voici une paraphrase bien remarquable de cette sainte parole par un chroniqueur contemporain :

« Lequel chose il n'eut mie dite sans faille sans doute, se il ne resplendésist pour l'amour du Martyr, — car il savoit son glorieus père, le roi des Danois, estre ochis des siens pour justiche et couronné en gloire et en ouneur, et conté au nombre des saints. »

villes principales de la Frandre, n'avait pas, au début du douzième siècle, pris le développement prodigieux qu'elle devait acquérir plus tard, grâce à l'industrieuse activité de sa bourgeoisie, dont la proverbiale opulence portait ombrage aux plus puissants souverains. Elle ne possédait point encore ces monuments religieux ou féodaux, tout remplis des merveilles de l'art flamand et qui devaient faire l'admiration de la postérité ; mais elle présentait déjà ce caractère original et propre qui la fit toujours distinguer parmi les cités rivales et voisines et qu'on admire encore aujourd'hui. Elle avait d'ailleurs un privilège dont elle pouvait se montrer fière. C'est dans ses murs que se trouvait le berceau de l'antique dynastie de ses comtes et le premier monument de la nationalité flamande : cette vénérable basilique de Saint-Donat, fondée par Bauduin Bras de Fer au neuvième siècle et renfermant les reliques d'un des premiers métropolitains de Reims, sous le vocable duquel elle avait été placée.

Durant les trois cents ans écoulés depuis lors, Bruges avait déjà subi une remarquable transformation. L'église de Saint-Donat ainsi que le vaste couvent qui y attenait, le palais des comtes de Flandre avec toutes les dépendances nécessitées par une cour nombreuse [1], se trouvaient enserrés dans un

---
1. La composition de cette cour au douzième siècle est trop curieuse

Chapitre deuxième.

vaste circuit de murailles crénelées et garnies de tours, percées de pont-levis, avec poternes, machicoulis, meurtrières, barbacanes et tout ce qui pouvait servir à la défense, constituant, dans leur ensemble, ce que l'on appelait le *bourg*.

Cette enceinte fortifiée avait été considérablement élargie et consolidée depuis les invasions normandes, et les derniers comtes y avaient encore ajouté d'importantes constructions.

Là se trouvaient aussi, au début du douzième siècle, les hôtels des grands officiers et des barons ayant charge en cour, et notamment le somptueux logis du prévôt de Saint-Donat, chancelier hérédi-

---

et trop ignorée pour que nous ne la fassions pas connaître, d'autant plus que divers officiers de cette cour prirent part à la conspiration tramée contre la vie de Charles le Bon, tandis que d'autres, restés fidèles, vengèrent sa mort avec le plus courageux dévouement.

En tête des grands officiers, paraît d'abord le Chancelier. Il garde les sceaux du comte, les porte toujours avec lui et suit son souverain partout où il lui plaît d'aller ; ses attributions sont fort étendues et lui rapportent beaucoup. Il a, entre autres, la maîtrise des notaires, des écrivains, des clercs et chapelains servant en cour, de tous les receveurs de Flandre qui tiennent de lui leurs offices. Il est enfin le chef du conseil, et, en l'absence du souverain, assemble et préside la chambre des comptes appelée en vieux flamand la chambre des *Renynghes*. Ses *droitures* ou émoluments se composent, par jour, de vingt coupons de chandelles, d'une quantité de cire d'un poids déterminé, de deux pots de vin du meilleur, de deux autres pots de moindre qualité et de douze sols de gage.

Après le Chancelier vient le Sénéchal ou Dépensier, remplissant des fonctions à peu près identiques à celles qu'occupaient les maréchaux du palais ou ministres de la maison du roi à la cour de France. Il a les mêmes émoluments en deniers et argent que le Chancelier, et, de plus, vingt-quatre aunes de drap à Noël, autant à la Pentecôte,

taire du comté, ainsi que les habitations d'une multitude de serviteurs, libres ou serfs, et les demeures des chanoines et des nombreux clercs attachés, soit à la maison du prince, soit à l'église de Saint-Donat.

Cette église, d'architecture romane, dominait le bourg de toute son imposante immensité, avec son dôme élevé, recouvert de tuiles émaillées de diverses couleurs, et flanquée, à sa partie occidentale, d'une haute et forte tour en briques que surmontaient deux flèches élancées. Un passage voûté conduisait du palais comtal à l'intérieur de l'église, où un escalier facilitait l'accès d'une vaste galerie ou tribune existant au-dessus du chœur, et où les princes flamands venaient prier et entendre la messe tous les jours.

deux fourrures de gros vair et une fourrure ordinaire de manteau. Il tient sous ses ordres un Sous-sénéchal, lequel reçoit trois sols de gage, l'avoine pour trois chevaux, etc.

Vient ensuite le Connétable dont les gages sont à peu près semblables à ceux du Sénéchal ; le Bouteiller ou Échanson aux mêmes émoluments que le Sénéchal, et deux autres Bouteillers héréditaires pour le service ordinaire, à huit deniers de gage, et l'avoine pour deux chevaux ; le Chambellan qui, pour remplir son office, doit être toujours accompagné de deux chevaliers parés de cottes et de manteaux. C'est lui qui présente à laver au comte dans un bassin d'argent. Il a les mêmes gages que le Sénéchal.

Enfin, au nombre des grands officiers, il y a encore deux Maréchaux et un Panetier ou Dépensier.

Les officiers héréditaires subalternes étaient peu nombreux. Il y avait entre autres les *huissiers*, le *bankman* ou chef des cuisines, le *saucier*, le *charpentier*, le *lavandier*, le *lilier*, le *lardier*, le *brise-celliers*, etc., etc., dont les attributions et les émoluments sont consignés dans un très curieux document reposant aux archives de Flandre à Lille, sous le nom de *Cartulaire oblong*, et que nous avons reproduit dans notre *Histoire des comtes de Flandre*.

Chapitre deuxième. 81

Aux alentours du bourg et de la place du marché, qui en était proche, rayonnaient en s'allongeant quantité de rues étroites, tortueuses et mal alignées, que bordaient des logis aux pignons en façade et aux massives proportions, habités par les bourgeois et les riches artisans libres ou affranchis, voués au commerce et à l'industrie.

Toutes ces rues aboutissaient aux fossés et aux murailles de la ville surmontées de tours crénelées. Autour de la place du Sablon, où se tenaient les assemblées populaires, s'élevaient la maison échevinale et les maisons syndicales des divers métiers dont les emblèmes sculptés sur la pierre se montraient aux frontons des portes d'entrée. Par intervalle on voyait, aux alentours des fossés et aux abords de la campagne, d'humbles masures recouvertes en chaume, abritant les misérables familles des serfs, presque tous d'origine saxonne, désignés sous la dénomination générique de *karls*, et astreints au travail manuel des métiers à tisser la laine appartenant à leurs maîtres, ou occupés à d'autres services infimes de domesticité.

Chaque quartier, chaque rue d'ailleurs, avaient leur corporation propre. Là étaient les tondeurs de laine, les foulons, les fileurs, les tisserands, les teinturiers ; puis les ouvriers en métaux, fèvres et orfèvres, armuriers, fabricants de hauberts et de heaumes, cottes de mailles, brassards et cuissards ; ailleurs les chaussetiers et bonnetiers, marchands de surcots, capuces, chapes et chaperons, fourrures de menu vair ou de petit gris destinées aux vêtements des gentilshommes et des riches bourgeois.

D'autre part, et aux alentours du marché et de la grand'place du Sablon, s'étalaient les bouchers et poissonniers, les vendeurs d'épices, les taverniers ou débitants de bière, de vin, d'hydromel, d'hypocras et d'eau-de-vie de genièvre ou schiedam.

Çà et là, sur les places ou dans les rues, des églises comme celles de Saint-Sauveur ou de Saint-Christophe ; des couvents, des cloîtres, des chapelles affectées aux diverses corporations et confréries. De ces pieux asiles l'on n'entendait que le son des cloches, les chants sacrés et les psalmodies, tandis que le reste de la cité retentissait du bruit des métiers et des chansons qui les accompagnaient joyeusement, et même, il faut le dire, des chœurs bachiques entonnés trop souvent par les *karls* avinés que la bière, l'hydromel ou le schiedam national avaient trop égayés.

Une grande animation régnait parmi cette population si active et si industrieuse, où dominait le sentiment d'une puissante confraternité et, surtout depuis l'avènement du comte Charles, le respect et la vénération, que commandaient les titres qu'il avait su acquérir à l'amour de sujets dont il était le véritable père.

Enfin, dans les riches et fertiles campagnes environnant la ville, s'élevaient les châteaux ou manoirs des barons ou des plus opulents citadins, tous fortifiés, bastionnés, enceints de douves ou de fossés, entourés de frais ombrages, de plantureux vergers et de prairies verdoyantes où paissaient les nombreux troupeaux de cette race bovine dont la renommée a toujours été célèbre en Flandre.

L'agglomération des bourgeois, manants ou serfs à l'intérieur de la ville était déjà considérable, mais bien moins encore que celle qui, deux cents ans plus tard, exigeait pour la loger les vingt-quatre mille maisons que l'on comptait alors à Bruges [1].

Dès l'année 1036, sous le comte Baudouin de Lille, la ville avait son administration communale libre, composée de douze échevins élus, qui, à leur tour, élisaient un d'entre eux pour remplir les fonctions de bourgmestre. Tous les métiers, réunis en corporation et affiliés aux *gildes* ou sociétés de secours mutuels, dont nous avons parlé, étaient régis par des doyens élus par le libre suffrage de la communauté, et, en

---

1. Sous le comte Louis de Male, à la fin du XIVe siècle, Bruges comptait donc 24,000 maisons. Il y en avait 75,000 à Gand, non compris les hospices et communautés religieuses ; Ypres ne renfermait pas moins de 80,000 habitants. Voir notre *Histoire des comtes de Flandre et des Flamands au moyen âge*, tome I.

attendant que les franchises municipales fussent plus nettement établies et confirmées, il n'en résultait pas moins un commencement d'organisation administrative fonctionnant avec une certaine régularité.

Elle était néanmoins troublée quelquefois par les rivalités de métiers à métiers, de familles à familles ; les vengeances particulières qui s'exerçaient souvent avec une férocité toute barbare, et les sanglantes querelles des karls, brutaux et ivrognes, que le bailli et les sergents du comte avaient grand'peine à maintenir dans le devoir.

Une vieille chanson satyrique flamande nous représente ces misérables serfs portant une longue barbe, des vêtements déchirés, des chaperons posés de travers sur leurs têtes ébouriffées et des chaussures en lambeaux : « Quand ils se montrent aux kermesses aussi fiers que des barons, ajoute-t-elle, et prêts à tout renverser avec leurs massues noueuses, ils s'abreuvent de boissons et, dans leur ivresse, ils s'imaginent que l'univers entier leur appartient [1]. » On verra bientôt le rôle que quelques-uns d'entre eux devaient jouer dans le sinistre drame de Saint-Donat.

L'activité industrielle et commerciale des Brugeois que stimulait une rare sagacité jointe à l'amour de l'épargne et du lucre, qualités innées chez les Fla-

---

1. Chanson citée et traduite par M. Kervyn de Lettenhove, dans les pièces justificatives de sa remarquable *Histoire de Flandre*, t. II, p. 539.

mands en général, ne se trouvait point paralysée par ces causes toutes superficielles d'agitations auxquelles on avait fini d'ailleurs par s'habituer. Elles n'affectaient sérieusement ni le crédit ni le mouvement des affaires. Les marchés des villes de Flandre et celui de Bruges, en particulier, en étaient la preuve.

Depuis les premières expéditions religieuses et guerrières d'Orient, on connaissait les côtes d'Espagne, d'Italie, d'Afrique, du Levant, et, de ces contrées lointaines arrivaient déjà une infinité de produits en échange des grains, des bestiaux et surtout des draps, des tapisseries et des riches étoffes de laine et de soie qu'on fabriquait dans les grandes villes de la Flandre wallonne ou thioise, à Bruges notamment, qui, située à proximité du port de Dam, devenait comme l'entrepôt général des contrées septentrionales de l'Europe pour l'importation et l'exportation.

A ses foires, déjà fameuses dans tout l'occident, affluaient les marchands des régions les plus éloignées qui venaient y vendre ou y échanger les productions et les denrées les plus diverses et les plus riches.

Mais c'était surtout aux bords de la Tamise que se tenait le grand comptoir du commerce flamand et que s'était établie cette *hanse* célèbre de Londres à laquelle la plupart des villes de l'ancienne Gaule Belgique étaient associées, et que gouvernait un bourgeois de Bruges sous le titre de Comte de la Hanse.

L'objet principal de ce comptoir était le commerce des laines, aliment essentiel de l'industrie flamande et source première de cette prospérité qui n'eut point d'égale en Europe au moyen âge.

C'était donc au milieu d'éléments de travail et de bien-être qui allaient toujours croissant que le sage et pieux comte de Flandre, après avoir assuré à son pays les bienfaits de la paix extérieure, tenait sa cour à Bruges, dans ce palais du Bourg où les opprimés et les pauvres trouvaient chaque jour protection et secours, où se pratiquaient, avec une incessante sollicitude, des œuvres de justice, de réparation et de concorde, mais autour duquel s'amoncelaient en même temps des orages et s'ourdissait, dans l'ombre, un des plus abominables complots dont l'histoire ait gardé le souvenir, en nous en dévoilant, jusque dans ses plus minutieux détails, la trame sanglante.

Un nouveau martyr allait ajouter son nom glorieux à tous ceux dont le martyrologe flamand était illustré depuis les premiers temps où la lumière évangélique avait lui sur une contrée qu'elle devait régénérer pour la rendre si féconde en grandes œuvres et en grands exemples.

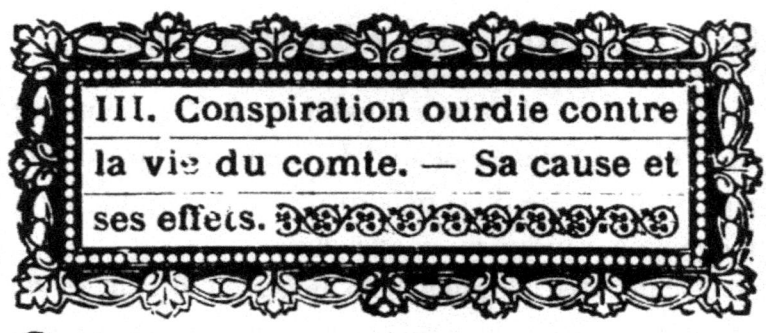

III. Conspiration ourdie contre la vie du comte. — Sa cause et ses effets.

AU commencement du douzième siècle, il existait à Bruges une famille dont la puissance et la richesse n'avaient pu effacer la tache originelle. Issue de la race saxonne dont les colonies occupaient, nous l'avons dit, la West-Flandre, depuis environ trois cents ans, elle était, par son origine, d'une condition sociale inférieure [1] et appartenait à la classe des serfs du domaine souverain.

Cependant Bertulphe, le chef de cette maison, était parvenu à s'emparer, par simonie et dans des circonstances provenant sans doute de l'anarchie sociale régnant en Flandre à cette époque, de la dignité de prévôt de Saint-Donat. Il se trouvait ainsi, en vertu de la constitution féodale, chancelier héréditaire du comté. Cette haute fortune était doublement scandaleuse, car non seulement Bertulphe était serf de naissance, et n'avait jamais été émancipé, mais il descendait encore d'une lignée dont la souche était impure et criminelle, ainsi qu'on va le voir.

En effet, sous le comte Bauduin de Lille, vivait

---

1. Genere humiles et de fæce conditionis serviles. (Ib.)

dans cette même ville de Bruges un châtelain, appelé Boldran, ayant pour épouse une femme, aussi belle que perverse, du nom de Dedda, et surnommée, ironiquement sans doute, *Duva* ou la *Colombe*. Un des serfs du comte, nommé Erembald et natif de Furnes [1] était attaché à la personne du châtelain Boldran en qualité d'homme d'armes ou d'écuyer. Dedda avait conjuré avec lui la perte de son légitime époux, lui promettant même sa main, et au moyen des richesses qu'elle lui devait apporter, de l'élever à la dignité de vicomte ou châtelain aussitôt que Boldran serait mort [2]. Erembald épiait donc toutes les occasions de tuer son maître et de combler ainsi les vœux les plus ardents de sa complice et les siens propres. L'événement ne tarda pas à faciliter le crime ourdi entre ce couple odieux.

Une expédition armée que devait diriger le châtelain Boldran au-delà du bas Escaut avait été décidée. Tandis que la troupe de chevaliers et d'hommes d'armes qui en faisaient partie traversait le fleuve, très large en cet endroit, la nuit survint. L'obscurité et le brouillard étaient tels qu'on fut obligé de jeter l'ancre au milieu du fleuve pour attendre le jour. Au sein des ténèbres, Boldran eut besoin de monter sur le pont. Erembald était aux aguets, et comme le châ-

---

1. Miles fuit Erembaldus de Furnis natus. GALBERT, p. 20.
2. Illamque..... promisisse..... vice comitatum si vir ejus cito moreretur. GUALTER, pars 1ª.

telain, toujours armé et cuirassé, se tenait sur le bord du navire, il s'approcha sans bruit derrière lui, et, le poussant violemment, le précipita dans la profondeur des eaux. Chacun était alors plongé dans le sommeil et, hormis le coupable, personne ne sut ce qu'était devenu Boldran.

On put cependant soupçonner bientôt quel avait été son sort. La misérable Dedda ne tarda pas à épouser le meurtrier de son mari et à dévoiler ainsi le mystère de cette scandaleuse alliance. Elle n'avait pas d'enfants, et toutes les richesses amassées par Boldran servirent à acheter la châtellenie de ce dernier au profit de celui qui lui avait donné la mort.

Quatre fils naquirent de cette union monstrueuse. Bertulphe qui devint Prévôt de Saint-Donat et chancelier héréditaire du comté de Flandre ; Disdir, surnommé, suivant la coutume des Saxons, *Hacket* ou le *Brochet*, poisson qui, chez les Germains, était le symbole de la ruse : par suite de l'influence de son frère et d'intrigues inconnues, il était devenu châtelain de Bruges ; Wilfrid et Lambert, qualifiés l'un et l'autre *Knop* ou *Knap*, terme qui n'a cessé d'avoir, dans certains districts flamands, une signification injurieuse.

Les historiens du temps, émus sans doute par l'horreur du forfait dont ils avaient été les témoins, nous dépeignent les membres de cette famille comme étant d'une stature élevée, d'un aspect féroce, d'un regard fauve et louche et tels qu'on ne pouvait les regarder sans frémir [1].

Serfs comme leur père, nonobstant les dignités dont les deux premiers étaient investis [2], les fils d'Erembald cherchaient, avec ardeur, tous les moyens de sortir d'une condition, qui, dans leur grande situation de fortune, les humiliait profondément. Le prévôt Bertulphe n'avait pas de postérité légitime; mais il élevait chez lui les filles de ses frères. Il conçut le projet de les marier à des personnes nobles, et la chose lui paraissait d'autant plus facile qu'il les pouvait richement doter. Il espérait ainsi faire sortir un jour sa famille de l'état de servitude héréditaire à laquelle elle était vouée.

Il donna donc une de ses nièces à Robert, sire de Raeskercke, aux environs de Dixmude. Mais, d'après la loi féodale du comté, basée sur les vieilles institutions germaniques et la loi salique elle-même, l'homme libre qui épousait une serve partageait sa condition en perdant la franchise après un an de mariage [3].

Or, il arriva que Robert appela devant le comte, en combat singulier, mais on ne sait pour quel motif,

---

1. Furibundissimi et ferocissimi vultu, grandes in statura et torvi et tales quos sine terrore aspicere nemo poterat. GALBERT, p. 185.
2. De comitis pertinentia erant conditione servili.(Ib., 181.)
3. Quicumque enim, secundum jus comitis, ancillam liber in uxorem duxisset, postquam annuatim eam obtinuisset, non erat liber. GALBERT, p. 182. Voyez aussi *Lex Salica*, XXVII, 3; *Lex Ripuar.*, LVIII, 15; *Lex Longob.*, II, IX, 2.

un autre chevalier qui par sa naissance était libre. Ce dernier répondit fièrement à l'appelant qu'il ne pouvait se battre avec un homme déchu de sa noblesse par son union avec une serve.

La cause fut portée devant le comte. Suivant la loi, douze témoins vinrent affirmer, sur la foi du serment et les reliques des saints, que la nièce de Bertulphe n'était pas libre, et que son époux avait lui-même perdu sa franchise. Robert de Raeskercke qui, paraît-il, avait été, comme tout le monde, trompé sur la position de la famille de Bertulphe, conçut contre ce dernier un vif ressentiment. Il éclata publiquement, et l'on sut bientôt que le prévôt et les siens, dont l'origine était d'ailleurs connue, n'avaient jamais été émancipés, comme on le croyait généralement.

Le comte, en effet, s'était toujours refusé à les affranchir, convaincu qu'il n'avait aucune raison légitime de le faire, et, de plus, au temps de la disette, il avait fait saisir, en leurs demeures, de grandes quantités de grains qu'ils avaient indignement accaparés au préjudice d'une population qui déjà se trouvait affamée.

On se rappelle enfin la menace proférée jadis par le comte contre Lambert Knap lors du différend de ce dernier avec l'abbé de Saint-Bertin. La famille de Bertulphe avait conçu de ces divers incidents une animosité profonde. D'autres griefs vinrent bientôt l'envenimer encore ; il importe de les rappeler.

Une vieille inimitié régnait entre cette famille odieuse et celle des Van der Straeten de Bruges dont le chef s'appelait Tangmar. Celui-ci s'était fortifié dans son manoir, car il redoutait à chaque instant les violences de Bertulphe et des siens. En effet, ils vinrent un jour l'attaquer à main armée, tuèrent plusieurs de ses gens, brisèrent les portes du logis, détruisirent tout ce qu'il renfermait, et coupèrent même les arbres fruitiers et les haies du verger. Le prévôt avait tout dirigé; mais il agit et parla comme s'il eût été étranger à l'affaire, disant hypocritement qu'il déplorait que ses parents se livrassent à de tels excès.

Il n'en continua pas moins sourdement ses menées. Par sa position et ses richesses, il avait une clientèle nombreuse; et bientôt plus de cinq cents hommes d'armes soudoyés par lui et une multitude de karls ivrognes, faméliques et enhardis par l'espoir du pillage, se mirent à courir la campagne, à rançonner les vilains, à enlever les troupeaux, les bêtes de somme et tout ce qui leur tombait sous la main.

Le comte était alors à Ypres. Les malheureux paysans, qui venaient d'être ainsi dépouillés, se rendirent secrètement, et la nuit, auprès de lui au nombre de plus de deux cents, et, se prosternant aux pieds de leur seigneur, implorèrent sa justice et sa pitié.

Charles, ému de ces plaintes, convoqua ses barons

pour se concerter avec eux sur les peines qu'on devait appliquer à des forfaits qu'il importait de châtier sans retard. Le chanoine Gualter, l'un des chroniqueurs auxquels nous devons les précieux détails de notre récit, assistait à cette réunion [1].

Il existait dans les vieilles coutumes germaniques, sous le nom de *Droit d'arsin* et *d'abattis de maisons*, une disposition établissant qu'on devait livrer aux flammes ou raser la demeure des violateurs de la paix publique [2]. Il fut décidé que le manoir de Burkhard, fils de Lambert Knap et le chef le plus acharné des pillards, serait brûlé. La sentence du prince fut exécutée sur l'heure [3].

Le 28 février, le comte Charles rentra à Bruges. Plusieurs personnes de son intimité, redoutant quelque complot tramé dans l'ombre, le conjurèrent de prendre des précautions. A chacun de ces prudents avis il fit cette réponse que nous avons déjà rapportée et qui témoigne d'une sublime résignation dans les décrets de la Providence, et de l'inébranlable résolution d'accomplir toujours son devoir quoi qu'il en dût arriver, et au péril même de sa vie [4].

---

1. Ubi et ego presens fui. GUALTER, p. 169.
2. V. à ce sujet *Notice sur le droit d'arsin et d'abattis de maisons*, par M. A. Le Glay, mon père.
3. Illi consilium dederunt ut sine dilatione domum Bordsiardi incendio destrueret. (Ibid.)
4. Burkhard avait l'audace de proférer publiquement ces paroles: « Si quelqu'un tue le comte, qui le vengera? » Voici l'admirable réponse que

Cependant le repas venait de finir, lorsque le camérier de service vint annoncer au prince que des parents et des amis du chancelier sollicitaient une audience : elle leur fut aussitôt accordée. Ils s'agenouillèrent devant leur seigneur, demandant grâce pour les méfaits qu'on leur imputait et témoignant d'un vif repentir. Charles, croyant à leur sincérité, les écouta avec toutes les émotions du cœur le plus généreux, et leur jura qu'il leur rendrait son amitié sans réserve s'ils ne commettaient plus à l'avenir les crimes qu'on avait si justement à leur reprocher. Il ajouta même, dans sa bonté, qu'il donnerait à Burkhard une maison d'égale valeur à celle qu'on avait brûlée selon la loi, mais qu'il ne pouvait permettre que les ruines de cette demeure fussent relevées, parce que trop voisine de celle de Tangmar, il en pourrait résulter de nouveaux malheurs.

Suivant le vieil usage germanique, religieusement conservé depuis par les Flamands, il n'y avait point de réunion de plaisirs ou d'affaires qui dût se terminer sans libations. Le comte ordonna de servir le *Vin du*

Charles fit à cette menace en jurant qu'il irait au devant de ces ennemis acharnés, et nous pensons que le chroniqueur a traduit fidèlement les propres paroles dont il s'est servi, dans le langage roman alors en usage et qu'il parlait concurremment avec l'idiome flamand : *Jou irai et irai seurs Dieu, deffendeur ! Car jou suis appareillé pour justice ; s'il plaist à Dieu, ne jou relaskerai mie moi de doiture et de justice pour peur de le mort. A quel lieu il aura avenu moi estre ochis, ciertes morir pour justice ne sera mie chose si périlleuse que glorieuse. Dieu pourverra de la vengeance !*

départ. Les bouteillers ou échansons firent remplir par les varlets servants les hanaps d'argent tout préparés dans la salle ; les coupes circulèrent incessamment vidées et remplies avec une telle profusion, que les émissaires du prévôt chancelaient en sortant du palais, et se retirèrent sous le prétexte d'aller dormir [1].

Tandis que cette scène avait lieu, Bertulphe se tenait en son logis, entouré de ses principaux parents et amis, parmi lesquels on cite Burkhard son neveu, Isaac de Reninghe, Ingelram d'Eessen, Guillaume de Werwick, le saxon Guelrik et autres karls voués corps et âme au prévôt [2].

Bientôt arrivèrent, toujours échauffés par le vin, les prétendus médiateurs envoyés au palais, et comme la leçon leur avait été faite à l'avance, ils déclarèrent qu'ils venaient de trouver le comte dans une fureur extrême et qu'il n'y avait à attendre de lui ni grâce ni merci : « Jamais il ne nous pardonnera, ajoutèrent-ils perfidement, à moins que nous ne reconnaissions que nous sommes ses serfs [3]. »

Alors Bertulphe, dont la colère concentrée ne se trahissait pas, ferma lui-même les portes, calme et impassible ; puis, sans qu'une parole fût prononcée dans l'assistance, les mains se joignirent silencieuse-

---

1. Quod cum ebibissent, sicut potores solent, rogabant semel sibi propinari et abundanter adhuc ut... quasi dormitum abirent. (Ibid.)
2. GUALTER, p. 169 ; GALBERT, p. 182.
3. Nisi servos ejus. GUALTER, p. 170.

ment en signe d'alliance suivant la coutume nationale [1]. La sentence était irrévocablement prononcée. Le comte devait mourir !

Parmi l'assemblée se trouvait un jeune homme nommé Robert, fils du châtelain Hacket, et neveu du prévôt. Doué d'une âme généreuse et d'un esprit droit, il voulut fuir quand il vit cette mystérieuse alliance. On courut vers lui et on le ramena dans la salle, où le prévôt, à force de caresses et de menaces, l'engagea à mettre la main dans la main des personnes présentes. Après l'avoir fait, il demanda quelle était le but de la conjuration : « Le comte Charles, lui répondit-on, a juré notre perte et prétend nous réduire tous en servitude... Nous voulons prévenir une telle trahison. »

A ces paroles, le jeune homme, épouvanté et fondant en larmes, s'écria que jamais il n'attenterait aux jours de son seigneur, du père de la patrie ; qu'il irait plutôt lui découvrir, ainsi qu'au monde entier, le pacte atroce formé contre sa personne.

Il essaya de fuir une seconde fois cette maison de malheur ; mais les conjurés, lui barrant le passage, l'empêchèrent de sortir : « Écoute, ami, lui dirent-ils, tout ceci n'est qu'un complot supposé pour voir si, dans une circonstance grave, l'on pourrait compter sur toi. Il ne s'agit pas du comte ; nous avons d'autres

---

1. Dederunt dextras in invicem. GALBERT, p. 183.

Chapitre troisième.

projets : nous te les découvrirons plus tard. Mais ta foi nous est toujours engagée : silence ou sinon !... »

Isaac de Reninghe, homme lige et camérier ou chambellan du comte, traitreusement affidé au parti de Bertulphe, était revenu en son logis aussitôt après le conciliabule tenu chez le prévôt. Dès que la nuit fut assez avancée pour qu'un silence complet régnât parmi les rues désertes, il rentra dans le Bourg et, appelant Bertulphe et les autres conjurés, ainsi qu'il avait été convenu, il les conduisit dans une maison écartée, appartenant au karl Walter, fils de Lambert de Rodenbourg. Là ils éteignirent soigneusement le feu et les lumières et, dans l'ombre, arrêtèrent leurs dernières dispositions, choisissant les karls de la maison de Burkhard [1], qui seraient chargés d'accomplir le crime. Tous ceux qui frapperaient le comte devaient recevoir quatre marcs d'argent ; ceux qui aideraient seulement à le tuer, n'auraient que la moitié de cette somme. Les chefs de la conspiration, ne se fiant pas au courage de ces assassins mercenaires, se proposaient d'ailleurs de porter les premiers coups. Il fut enfin décidé que, pour éviter toute trahison, l'exécution aurait lieu au lever de l'aurore [2]. Les habitudes du comte, parfaitement épiées et connues des conjurés, devaient la rendre facile. Tout conspirait donc pour favoriser l'accomplissement du plus épouvantable des forfaits.

---

1. Eligentes de familia Borsiardi *militibus* (sic) qui interficerent... GALBERT, p. 183. — 2. Circa crepusculum diei. GALBERT, p. 183.

IV. Le martyre de Charles le Bon. — Ses conséquences immédiates.

LE comte Charles, que l'on surnommait déjà le Bon, se levait dès l'aube, et sa première pensée, comme sa première œuvre, était pour les malheureux [1]. Quantité de vieillards, d'infirmes et d'enfants encombraient chaque jour les cours du palais, attendant le réveil du seigneur comte. Descendant au milieu de cette misérable foule agenouillée autour de lui, Charles puisait dans les aumônières que portaient les valets et tenait non seulement à remettre lui-même une pièce de monnaie dans chaque main tendue pour la recevoir, mais encore, par un sentiment de touchante humilité chrétienne, baisait cette main comme s'il eût été personnellement l'obligé [2].

Lorsqu'il ne restait plus, pour ce jour-là, d'affamés dans Bruges, le comte se rendait en l'église de Saint-Donat, par la galerie du palais qui y communiquait, et où se trouvait une chapelle particulière dédiée à la sainte Vierge, dans laquelle il avait l'habi-

---

1. Sic quippe vitam suam ordinaverat, ut omnibus diebus operum suorum initia domino dedicaret, ut, scilicet, antequam ad ecclesiam procederet, eleemosynam propriis manibus pauperibus dispensaret etc. GUALTER, p. 340. — 2. Ibid.

Chapitre quatrième. 99

tude de prier et d'entendre la messe qu'un de ses chapelains lui disait chaque matin.

La journée du 2 mars 1126 [1] se leva sombre et chargée de brouillards si épais qu'on n'y pouvait voir, dit la chronique, à la distance d'une pique, et que la ville de Bruges tout entière, avec ses édifices religieux, féodaux ou bourgeois, disparaissait dans une lugubre obscurité.

Le comte de Flandre, au dire de ses chapelains, avait dormi d'un sommeil très agité. On l'avait entendu se retourner souvent dans son lit, gémir et soupirer comme un homme que tourmentent de sinistres rêves. Fatigué de cette agitation, il resta couché un peu plus tard que de coutume, mais enfin, malgré la lassitude, il se leva pour aller secourir ses pauvres qui, transis dans la brume matinale, attendaient leur pain quotidien.

Cette œuvre miséricordieuse accomplie, le prince s'achemina vers la galerie suivi d'un petit nombre de serviteurs qui bientôt, selon sa volonté habituelle, le laissèrent seul pour s'en aller prier séparément aux diverses chapelles des nefs intérieures de l'église.

Prosterné devant l'autel, Charles le Bon, en attendant la messe et pour s'y préparer, ouvrit son psautier et commença les sept psaumes de la pénitence qu'il

---

1. 1127, si, comme le disent certains auteurs, l'année avait commencé à Noël.

avait coutume de chanter à haute voix, tandis que, de son côté, le chapelain psalmodiait également les heures afin d'être entendu des assistants [1].

En ce moment une pauvre femme s'approcha de lui. Le comte avait toujours treize deniers déposés sur la couverture d'un de ses livres. Il en prit un qu'il tendit à la femme laquelle se retira non loin de là pour ouïr la messe.

Cependant les conjurés, Burkhard en tête, levés avant le jour, s'étaient apostés aux environs de Saint-Donat. Enveloppés de leurs manteaux de fourrures sous lesquels ils cachaient de larges épées à deux tranchants, ils avaient épié toutes les démarches du comte.

Bientôt son arrivée dans la galerie est signalée. C'était le moment convenu. Des gardes avaient été placés aux portes extérieures de l'église. Burkhard, suivi de ses complices, gravit sans bruit les marches conduisant à la galerie et s'avança vers le prince, toujours en oraison.

Croyant à l'approche de quelques mendiants, Charles ne bougea pas et, la face inclinée, continua

---

1. Tandem pronum se in pavimento projecit, et septem pœnitentiales psalmos pro suorum ablatione peccatorum, libello suo apposito, supplex decantare incœpit. Interim autem clero, capellanis ejus videlicet, horas diei primam et tertiam more ecclesiastico canenti, cum oratione dominica jam dicta illi pius tertiæ et illi quinquagesimum psalmum et ipsum quartum pœnitentialem, tribus jam dictis recitaret, nam ita orare consueverat a circumstantibus audiri voluit... *Ibid.*

Chapitre quatrième.

ses prières. Il achevait à haute voix le verset du cinquantième psaume : « Vous m'aspergerez avec l'hysope et je serai purifié, vous me laverez et je deviendrai plus blanc que la neige, » lorsque Burkhard, arrivant par derrière et dégageant son épée d'un mouvement rapide, en toucha du plat la tête du comte pour la lui faire redresser.

Charles, en effet, sentant le froid du fer, relève le front. La pauvre femme à qui il venait de faire l'aumône crie à l'instant en idiome flamand de Bruges: « Sire comte, gardez-vous ! » Le prince avait à peine tourné la face vers Burkhard que l'épée de celui-ci s'abat d'abord sur son bras droit qu'il mutile avec la main tenant encore des pièces de monnaie destinées à l'aumône [1], puis, d'un second coup plus vigoureux, sur son crâne qu'il fend avec tant de violence que la cervelle en jaillit au loin.

La victime pousse un gémissement, et aussitôt tombe sur les dalles dans les convulsions de l'agonie.

Elle fut courte, car les meurtriers, Lambert Knap et Burkhard en tête, et avec eux un karl nommé Georges, s'étaient précipités sur le corps pour lui enlever son dernier souffle. Le martyr avait eu cependant la sublime résignation, avant de rendre

---

1. Et brachium ejus dextrum cum manu quæ eadem hora pauperi mulieri eleemosynam petenti nummos porrexerat... fere amputaverunt. *Ibid*.

l'âme, de lever ses mains sanglantes vers le ciel pour implorer la miséricorde divine et peut-être aussi le pardon de ses bourreaux [1] !

La mort du juste était accomplie ! Mais cette immolation parricide et sacrilège ne suffisait pas à la rage des assassins. Des victimes innocentes restaient pour assouvir cette rage infernale, et s'amonceler autour du corps inanimé du père de la patrie.

Ses membres palpitaient peut-être encore au milieu de la mare de sang où ils gisaient, que la fureur des monstres se tourne contre les malheureux officiers du prince disséminés dans l'église pour y faire leurs dévotions, en même temps que leur maître. Ils étaient tous désarmés et incapables de se défendre.

Aux premiers cris poussés dans la galerie haute et en présence de la horde d'égorgeurs qui, les épées et

---

1. Voici comment un ancien chroniqueur raconte la mort du comte Charles le Bon. Il donne quelques détails intimes qu'on ne trouve pas dans les récits de Galbert et de Gualter :

« Illa die feria quarta in capite jejunii, quæ erat secunda dies mensis Martii, pius ac devotus princeps, nudis pedibus, cilicio indutus, tunica longa usque ad terram cinctus, ac mastupium plenum nummis habens ad corrigiam, ad distribuendum pauperibus, diluculo solus sine familia ecclesiam rectorem et retro chorum Sancti Donatiani prostratus, devote missam audiens infra canonicos, singulari devotione ductus, quinquagesimum psalmum decantans : « Miserere mei Deus, » manum cum eleemosina retrorsus cuidam pauperculæ porrigens ab Inghelrammo de Lessine, Borcardo de Straten, ac fratribus suis manus absciditur, caput in plurimis locis mucronibus vulneratur, cerebrum suum super pavimentum spargitur...

Chron. de Flandre publiée par l'Ac. de Bruxeiles, I, 85.

les scharmsax dégainés, s'étaient précipités à travers les nefs, éperdus et terrifiés d'un forfait qu'ils avaient été impuissants à conjurer, ils s'étaient réfugiés derrière les autels, se cachant sous les tentures, les pupitres, les bancs, les branchages amassés pour la fête prochaine des Rameaux et jusque dans les orgues [1].

Aussitôt découvert, chacun de ces malheureux était percé de mille coups ; et alors les voûtes de la vieille et sombre basilique, au lieu de chants sacrés, ne retentissaient plus que des clameurs furieuses des meurtriers mêlées aux supplications, aux cris de douleur et d'angoisse de ces autres martyrs. Le sang coulait partout.

Dans la tribune même et auprès du cadavre du comte, fut égorgé Tancmar, châtelain de Bourbourg qui venait à l'instant même de communier ! Ses deux fils Gautier et Gislebert, sortant eux aussi du confessionnal, avaient réussi à s'échapper de l'église et poursuivis, atteints et frappés d'abord par un homme d'armes nommé Erick, ils tombèrent sous la hâche de Lambert dit Barakin, ou le Sanglier ; et c'est ainsi, dit la chronique, que « ces deux jeunes frères égaux en valeur et gagnant par leur aimable figure l'affection de tous ceux qui les voyaient, passèrent à la béatitude céleste ! »

Dans le chœur de l'église étaient en même temps

---
1. Ibid.

massacrés Baldwin, chapelain et prêtre, et Raoul clerc du comte, puis Gaultier Locre; dans la sacristie furent découverts le clerc Oger, Arnoul l'un des camériers du comte et Fromold le Jeune, syndic, auquel on laissa la vie pour lui arracher, par ordre du prévôt, les clefs du trésor seigneurial, celles du palais et de tous les coffres et meubles précieux qu'il renfermait, car ces égorgeurs étaient en même temps des voleurs. Burkhard, le châtelain Hacket et Gaultier fils, de Rodenbourg, restèrent dépositaires de ces clefs.

Après avoir rempli le lieu saint de cadavres, les scélérats, suivis de leur bande de karls enivrés par l'odeur du sang et par le vin, s'étaient rués dans le Bourg, sur le palais du comte, puis dans la ville même où s'accomplirent des actes de sauvagerie sanguinaire que peut seule expliquer la barbarie des mœurs jointe à une inextinguible soif de vengeance, de meurtre et de pillage.

La terreur en ce moment fut à son comble. L'on eût dit que la ville de Bruges tout entière, frappée de stupeur en présence d'un forfait dépassant en horreur tout ce qu'on pouvait concevoir, était glacée d'effroi et moralement paralysée.

Aucune résistance ne fut alors tentée : tous les Van der Straeten, leurs parents et leur clientèle, c'est-à-dire les principaux ennemis du chancelier Bertulphe et des siens, avaient fui pour échapper au

Chapitre quatrième.

massacre. Leurs logis furent mis à sac, tous leurs trésors et tous leurs biens pillés.

Auprès de Straeten la somptueuse résidence de Tancmar fut mise à sac et pillée. Les riches mobiliers, les armes, les troupeaux, tout fut enlevé, jusqu'aux habits des paysans du domaine. Tous les villages et toutes les fermes des environs avaient été abandonnés.

Bruges n'était plus qu'une malheureuse cité en proie au carnage, au vol, livrée sans merci à la férocité sanguinaire d'une horde de bandits.

Il n'y eut pas jusqu'à d'inoffensifs marchands se rendant à la foire d'Ypres pour y gagner leur vie, qui ne furent attendus sur les chemins et détroussés par ces misérables qu'on ne vit rentrer chez eux qu'à la nuit, ivres de sang, fatigués de brigandages, mais résolus à pousser jusqu'au bout l'œuvre infernale dont l'entier accomplissement leur semblait devoir être fatalement pour eux une question de vie ou de mort.

Tandis que s'accomplissaient impunément les scènes de cette effroyable et sanguinaire orgie, au milieu de l'épouvante et de la désolation générales, le corps du noble comte gisait toujours isolé dans la galerie de Saint-Donat, au pied de l'autel de la Vierge où il avait reçu le martyre. Le clergé, partageant la terreur générale, n'osait s'en approcher et y toucher;

on ne pouvait plus d'ailleurs célébrer les saints offices dans une église souillée par de si énormes sacrilèges.

En présence de cette grande et morne consternation, que faisait le monstre qui avait été l'âme de cette immense calamité déchaînée sur un pays dont il était après son seigneur le plus haut dignitaire? L'infâme Bertulphe, enfermé dans son palais, feignant le calme et l'ignorance, combinait avec ses neveux les moyens de tirer parti de l'événement et de se soustraire à ses conséquences. Une première pensée l'obsédait ainsi que ces complices: le cadavre de leur victime, le noble prince qu'ils venaient d'immoler, serait pour eux, si on ne le faisait disparaître, un sujet d'éternel opprobre, un aliment peut-être aux vengeances populaires dont ils devaient pressentir la prochaine explosion.

Bertulphe commença par autoriser Fromold, cet officier du comte qui, pour échapper à la mort, avait été obligé de livrer les clefs du trésor et du palais, à relever le corps de son seigneur et à lui rendre les derniers devoirs.

Fromold se rendit donc dans la galerie, enveloppa la noble dépouille, la transporta au centre du chœur de l'église, et la déposa sur une estrade autour de laquelle il alluma quatre cierges de cire.

Bientôt l'on vit quelques pauvres femmes en pleurs, de celles dont le comte ne cessait de soulager les misères, venir s'agenouiller autour de ces restes sanglants qu'avec le pieux Fromold elles veillèrent toute la nuit, offrant ainsi l'aumône de leurs prières à celui qui jusque là leur avait si largement prodigué la sienne. « Ainsi se termina ce jour de deuil et de misère, dit, avec une amère tristesse, le chroniqueur témoin des scènes affreuses que nous venons de rappeler d'après lui, ce jour origine de tous nos troubles et des maux peut-être plus grands encore qui nous sont réservés [1] ! »

En cette même lugubre nuit les assassins veillaient aussi, et à l'ivresse du carnage avait succédé chez eux l'épouvante et certainement aussi le remords. Ils se demandaient avec angoisse quelles seraient les conséquences de leur crime. Enfermés avec leur chef le chancelier Bertulphe, le châtelain Disdir Hacket et les principaux conjurés ils se concertaient sur la conduite qu'ils avaient à tenir.

Une première résolution fut prise dans ce sinistre conciliabule. Un courrier fut, avant le lever du jour, expédié à l'abbé de Saint-Pierre de Gand. Le prévôt de Saint-Donat, par un message, l'informait que « le très pieux comte de Flandre venait de succomber victime d'une sédition populaire !... » Il le priait de venir sur l'heure chercher le corps exposé à toutes les profanations dans l'église de Saint-Donat.

---

1. GUALTER. Ibid.

Au reçu de cette hypocrite invitation, l'abbé de Saint-Pierre, ne soupçonnant rien, s'empressa de s'y rendre. Bertulphe avait fait à l'avance construire une bière pour y déposer le mort qu'on devait transporter ensuite clandestinement vers Gand à dos de cheval. Quoique le projet eût été conçu très secrètement, le bruit en avait transpiré, et lorsqu'il s'agit de passer à l'exécution, c'est-à-dire à l'enlèvement du corps, une véritable tempête populaire éclata autour de l'église, du palais comtal, de l'hôtel du prévôt et du Bourg tout entier.

Les nobles non affiliés à la secte des meurtriers, les bourgeois, les manants, les serfs, toutes les pauvres gens enfin dont le comte Charles le Bon était la providence, proclamaient à grands cris que jamais son corps ne sortirait de Bruges. Le tocsin alors sonne à toutes les églises et bientôt mille bras s'élèvent en l'air brandissant les scharmsax, les godendags, les épieux et les bâtons à viroles, cette arme terrible des vieux Flamands, et des clameurs de vengeance se mêlaient au tumulte.

Un incident vint mettre le comble à l'émotion de cette multitude exaspérée. Tandis qu'on essayait de transporter le corps, un pauvre enfant perclus de tous ses membres, appelée Roegekin Tookman, connu de toute la ville et que les moines de Saint-André avaient, depuis huit ans, recueilli par charité en lui ayant fait

Chapitre quatrième.   109

même construire un appareil pour se mouvoir, rampa péniblement sous le cercueil qu'il embrassa en pleurant, puis, tout à coup se relevant plein de force et de vigueur, se mit à courir parmi la foule, s'écriant que les reliques du très pieux comte l'avaient guéri [1]. En présence de ce miracle, on n'entendait que sanglots et prières; chacun voulait essuyer les plaies saignantes du martyr; on allait jusqu'à gratter le marbre rougi de son sang. Tous les esprits étaient frappés d'une religieuse et sainte terreur [2].

Mais déjà il n'y avait plus à lutter contre les dispositions menaçantes du peuple Brugeois. Le prévôt, effrayé, le comprit et promit que le corps resterait à Bruges. Il ordonna aussitôt de le déposer dans la

---

1. Ce premier miracle de l'enfant perclus est attesté par le chanoine Gualter avec de tels caractères de véracité et des détails si précis qu'il importe de les reproduire textuellement.

Puer erat a cunabulis nervis claudus contractis, qui non solum non incedere, sed nec etiam ullo pacto a terra se valebat erigere. Persona ejusdem modica, sed occasione miseriæ suæ plurimis satis notus. Nam et in eleemosina monachorum S. Andreæ Brugensis circiter octo annis commoratus, et eorum fuerat benificiis sustentatus. Cui cum prior loci instrumentum quodam fecisset, quo adjutus non tam ambulare quam reptare valeret, qualitercumque se promovere paulatim cœpit, et Brugas usque hoc modo perveniens, in domo Reingeri telonio quo aliquamdiu mansit. Hic ergo cum illa hora juxta illud venerabile corpus adesset, et sub ejus feretro supplex... subito nervi illi diu contracti, virtute prorsus divina laxari, et membra illa debilia erigi et in usum ambulandi firmari et solidari cœperunt.... GUALT. *Chron.* I, 171.

Le bruit de ce miracle et des autres prodiges arrivés à la mort du comte s'était répandu dans toute la Flandre, le Brabant, la Zélande et, de toutes parts, attirait à Bruges des multitudes de malades de tout âge et de toute condition. — *Chron. de Fland.* p. 86.

2. GALBERT, p. 188 ; GUALTER, p. 172 ; — *Chron. de S. André de Bruges,* 24.

galerie supérieure de Saint-Donat et eut en outre le cynisme hypocrite de faire célébrer, le 4 du mois de mars, un service funèbre en l'église de Saint-Pierre, hors la ville, à l'intention du prince qu'il venait de faire égorger. On dit même que, dans son abominable hypocrisie, il y versa des larmes [1] !

Un calme momentané avait succédé dans Bruges à cette première agitation, présage des graves événements qui ne devaient pas tarder à se produire. Bertulphe, ses parents, ses principaux complices et toute la faction qui les soutenait commencèrent à réfléchir plus sérieusement que jamais aux inévitables conséquences de leur forfait.

Le sentiment de leur propre salut dominait chez eux sur toute autre préoccupation ; et, dans la crainte d'une agression imminente de la part du peuple Brugeois exaspéré ou de quelque ennemi extérieur, ils songèrent à s'assurer pour refuge l'église même de Saint-Donat, théâtre de leur crime. Le prévôt prit sans retard les dispositions nécessaires pour s'y retirer, quand besoin serait [2]. Il y amassa de grandes provisions de bouche, des armes et des munitions de toutes sortes, plaça à toutes les issues des sentinelles et des hommes d'armes affidés, puis attendit les événements,

---

1. Deflebat tunc tandem consulem ! GALBERT, p. 188.
2. Nocte vero subsequente, jussit propositus ecclesiam undique armis et vigiliis præmuniri solarium et turrim templi, in quæ loca, si forte a civibus insultus fieret, reciperent sese et sui. GALBERT, p. 187.

tout en cherchant à nouer mille intrigues pour les faire tourner au profit de son salut. Il devait y apporter autant d'audace que de perfidie et jamais le cynisme de la perversité ne fut poussé plus loin. Se berçant encore d'illusions un étrange et odieux incident politique vint faire luire un moment dans son esprit un farouche espoir.

On se rappelle qu'au début de son règne, Charles avait eu pour compétiteur Guillaume de Loo, vicomte d'Ypres, suscité et protégé par la comtesse Clémence de Bourgogne, veuve de Robert II, et l'on sait de quelle façon les prétentions de ce prince avaient été réduites à l'impuissance par les armes victorieuses du comte de Flandre.

Guillaume ne craignit pas non seulement de faire revivre ces prétentions dès qu'il apprit la catastrophe de Saint-Donat, mais de rechercher encore, pour les appuyer, l'alliance même de Bertulphe et de son parti, sur la puissance duquel il s'était plu follement à compter. En effet, dès le sixième jour de mars, il eut l'impudeur de dépêcher d'Ypres auprès du prévôt un émissaire nommé Godescalk Thaihals, porteur de ce message textuel : « Mon maître et votre intime ami, le seigneur Guillaume d'Ypres, vous envoie à vous et aux vôtres salut et amitié, avec l'assurance d'un prompt secours en tout ce qui peut vous être utile [1]. »

---

1. Dominus meus et intimus amicus vester, Willelmus de Ypra, salu-

Par suite de cette démarche, il y eut des entretiens secrets entre Godescalk et les conjurés, qui promirent de reconnaître Guillaume en qualité de comte de Flandre et de lui composer un puissant parti.

Si cette combinaison avait pu aboutir, c'était pour les conjurés l'impunité et le salut ; aussi vit-on bientôt rayonner, avec l'espoir d'un succès, l'audace et la joie sur leurs visages. Mais les gens sensés ne pouvaient s'empêcher de gémir d'une si révoltante alliance et de persister à croire que la Providence n'en permettrait jamais la réussite ; et ils ne se trompaient point.

Si Guillaume de Loo avait pris immédiatement les armes pour venger la mort de son prince, il eût été peut-être élu comte de Flandre par d'unanimes suffrages [1] ; tandis que se faisant le complice des assassins de son parent et de son seigneur légitime, il n'excitait que le dégoût, le mépris et une unanime réprobation.

Cédant aux conseils du prévôt Bertulphe, il essaya d'imposer de force son autorité en se faisant proclamer comte de Flandre. Il alla jusqu'à faire arrêter tous les marchands flamands qui affluaient à la foire d'Ypres,

---

tem et amicitiam et in omnibus promptissimum auxilium, quantum in se est, vobis et vestris aperte demandat.(Ibid., 183.)

1. Et quidem in consulatum sublimatus fuisset Willelmus eodem tempore, si statim Brugas descendisset ad faciendam vindictam domini sui. *Ibid.*

et les contraignit à lui jurer fidélité comme à leur véritable suzerain.

Bertulphe et son parti mettaient, en même temps, tout en œuvre pour se créer des adhérents. L'indigne prévôt de Saint-Donat osa écrire à l'évêque de Tournai et Noyon qu'on l'accusait injustement de la mort du comte ; qu'il n'avait trempé dans la conspiration ni de fait ni d'intention ; que ce serait même avec bonheur qu'il travaillerait à ramener l'ordre et la paix dans Bruges, et il priait l'évêque de vouloir bien, de son autorité et par sa présence, absoudre et purifier la basilique de Saint-Donat en y célébrant les saints offices.

Un message du même genre fut, par lui, dépêché à Jean, évêque de Térouane. Il engageait les bourgeois et manants de la ville de Furnes, où il avait de nombreux parents et alliés, à proclamer sans retard Guillaume de Loo et invitait les flamands-saxons des bords de la mer, aux environs de Bruges, à lui venir en aide avec toutes leurs forces, si, par hasard, on s'insurgeait dans le comté pour venger la mort du comte Charles [1]. Enfin, spéculant sur la crainte que les Brugeois devaient avoir d'une attaque des villes voisines et rivales, il leur fit insinuer de fortifier les

---

1. Transmandavit Furnensibus qui in ejus amicitia steterant... GALBERT, p. 189. — Mandavit pro Flandrensibus illis qui circa mare... GUALTER, p. 176.

alentours de la cité par des fossés et des palissades. Les citoyens feignirent d'adopter cet avis; ils se mirent sur la défensive, mais dans un but tout différent que celui qu'on leur avait indiqué, ainsi qu'on le verra bientôt [1].

Et en effet, la justice humaine n'allait pas tarder à devancer la justice divine, dont elle n'était d'ailleurs que l'instrument.

Ici va commencer la seconde et terrible phase de cette sanglante tragédie.

1. Ibid.

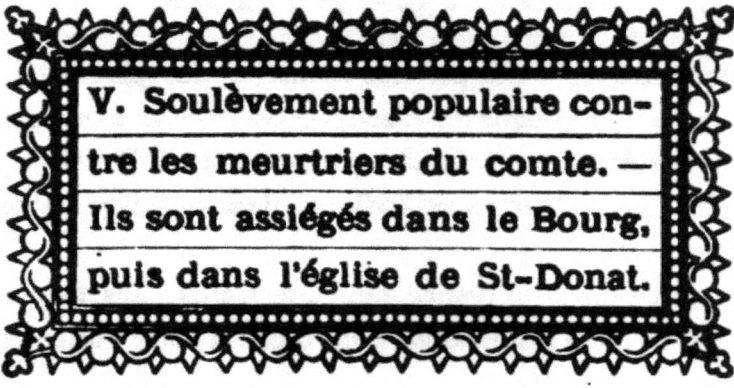

V. Soulèvement populaire contre les meurtriers du comte. — Ils sont assiégés dans le Bourg, puis dans l'église de St-Donat.

QUATRE jours s'étaient écoulés depuis l'horrible mort du comte avant qu'on reçût dans la ville des nouvelles du dehors. Le drame de Saint-Donat et les massacres qui s'en étaient suivis étaient pourtant connus déjà de la Flandre entière. Malgré toutes les mesures de précaution prises par les conjurés pour tenir cachés le plus longtemps possible les terribles événements du 2 mars, et la garde vigilante faite, à cet effet, aux issues de la ville, il s'était trouvé deux hommes résolus qui n'avaient pas craint d'exposer leur vie pour venger leur maître bien aimé.

Peu d'instants après le crime, Gervais Van Praet, camérier du comte, avait fui à cheval au milieu du tumulte et de la confusion du premier moment, et, suivant des chemins détournés, avait pénétré dans l'intérieur du pays, prévenant partout les populations sur sa route. D'un autre côté, Johann, l'un des serviteurs du palais que le prince affectionnait particulièrement, avait, à travers mille périls, gagné la ville d'Ypres où, dès midi, l'on connaissait l'affreux malheur qui frappait le pays.

L'heure de la vengeance était plus prochaine encore qu'on ne pouvait l'espérer. En effet, l'héroïque Gervais apparut, dès le 9 mars, aux environs de Bruges en tête d'une troupe considérable. C'étaient les fidèles Flamands que, sur son passage, il avait soulevés d'horreur et d'indignation au seul récit de la scène lugubre de Saint-Donat, et qui le suivaient armés jusqu'aux dents et avides du sang des assassins.

Ils assiégèrent d'abord la petite ville de Ravenschot, située non loin de Bruges, et en la possession des conjurés qui venaient d'y envoyer des hommes d'armes. La bourgade fut prise et aussitôt brûlée et détruite de fond en comble, ainsi qu'un château voisin appartenant à Wilfrid Knap, frère du prévôt et, comme on le sait, l'un des chefs de la conspiration.

Alors Gervais Van Praet, avec des forces qui s'accroissaient d'heure en heure, s'approcha du Bourg de Bruges où les traîtres s'étaient retranchés et coupa toute communication avec le dehors, afin de les serrer de plus près.

Bertulphe et les siens ne s'attendaient pas à une si prompte et si fière agression. Depuis leur pacte avec Guillaume de Loo, ils se montraient surtout pleins d'assurance et d'orgueil. Ils commencèrent donc à trembler et à craindre, non seulement de n'être pas secourus de leur allié, mais encore de voir se soulever contre eux tout le peuple de Bruges enhardi par l'approche de la formidable troupe des vengeurs du comte. Ces prévisions ne tardèrent pas à se réaliser.

Guillaume d'Ypres, honteux sans doute du pacte criminel qu'il avait fait, ne tint pas ses promesses et resta inactif dans ses domaines. Quant aux Brugeois, voyant que la colère de Dieu allait enfin éclater, ils en conçurent une joie profonde. Les plus sages et les plus influents d'entre eux se mirent secrètement en rapport avec Gervais, et l'on se concerta sur les moyens de l'introduire, avec sa troupe, dans les faubourgs et les fortifications. Toutefois on avait cru prudent de laisser, jusqu'à nouvel ordre, ignorer à la multitude un arrangement que des indiscrétions pouvaient compromettre [1].

Le brave Gervais, en attendant l'heure décisive, trouvait le moyen de punir déjà les coupables en brûlant les riches domaines qu'ils possédaient dans la campagne. Du côté de l'Orient s'élevaient trois superbes châteaux à eux appartenant, dont l'un, entre autres, à Burkhard. Vers le soir, on vit les flammes tourbillonner au-dessus de ces demeures proscrites.

Burkhard apercevant, du haut des murs du Bourg,

---
1. Ibid.

sa demeure favorite en feu, ne put se contenir. Il ignorait encore les intelligences qu'avaient les insurgés parmi les citoyens de Bruges. Il s'élance vers la campagne accompagné de quelques hommes d'armes pour essayer de sauver son habitation avec les richesses qu'elle renfermait ; Isaac de Reninghe, l'ancien camérier du comte devenu l'un des chefs du complot, le suivait à cheval. En présence des redoutables forces de Gervais ils s'aperçurent qu'il était impossible de lutter et d'aller plus loin. Ils rebroussèrent en fuyant, et Gervais, les poursuivant l'épée dans les reins, pénétra derrière eux dans la ville dont les habitants avaient tenu les portes ouvertes.

La nuit était venue et une tranquillité apparente régnait par toute la ville ; car la plupart des habitants, qui n'étaient point au courant de ce qui se passait sur un seul point du rempart, s'étaient mis à table pour souper [1].

Tandis que les conjurés, tout troublés de leur course précipitée, se consultaient entre eux, voilà qu'à travers les rues et les places, les vengeurs du comte se répandent la hache levée, la pique en arrêt, et les flèches ajustées aux arcs [2]. Le tumulte, les cris, le fracas des armes font sortir les bourgeois effarés qui se

---

1. Nam circa vesperam erat et consederant cives plurimi ad prandium. *Ibid.*, p. 190.
2. Hastis, lanceis, sagittis et universis armis impetebant illos. *Ibid*

Chapitre cinquième.

précipitent, les uns pour seconder Gervais et sa troupe, les autres, ignorant le pacte conclu, pour défendre la place et les faubourgs. La confusion d'ailleurs dure peu, car l'union de Gervais avec les principaux d'entre les citoyens est bientôt connue de tous ; et alors, d'un mouvement unanime, on se précipite vers le Bourg, où les rebelles rentraient confusément pour y trouver un abri.

Des luttes corps à corps, à coups de lances, de massues ou de haches, s'engagent sur les ponts qui donnaient accès dans l'intérieur du Bourg. Les assassins, se défendant avec fureur, parviennent enfin à rompre les ponts et à se mettre ainsi hors de danger pour le moment. Mais ils étaient exténués de fatigue et tremblants d'effroi ; car plusieurs de leurs hommes n'avaient pu les suivre et se trouvaient au pouvoir de Gervais et des Brugeois.

Le karl Georges qui, le premier après Burkhard, avait frappé le comte, fut d'abord rencontré par un homme d'armes qui le renversa de cheval et lui coupa les deux poignets. Georges s'enfuit sanglant et terrifié ; mais rejoint presque aussitôt, il fut percé d'un coup d'épée et traîné par les pieds dans un cloaque où il expira. Robert, valet et coureur du châtelain Disdir Hacket, périt égorgé au milieu de la place ; on jeta aussi son cadavre dans un bourbier [1]. Fromalde, l'un

---
1. D'après l'antique législation germanique dont toutes les traditions

des plus cruels complices de Burkhard, fut pris également. Déguisé en femme, il s'était réfugié dans une maison et blotti entre deux matelas. On le retira de là et on le conduisit sur le Sablon, où, devant la multitude assemblée, on le suspendit à une croix les jambes en l'air et le dos tourné du côté du Bourg en signe de mépris [1].

Les révoltés, du haut du palais comtal dont ils s'étaient emparés, purent voir alors, de leurs propres yeux, comment le courroux populaire préludait à des vengeances qui devaient être aussi acharnées que complètes.

Bientôt en effet une lutte atrocement épique s'engagea entre les fidèles amis de la victime et ses bourreaux. Un siège régulier contre le Bourg où ces derniers s'étaient retranchés était devenu nécessaire.

Tandis que les Brugeois, avec l'aide du courageux Gervais et des forces qu'il avait amenées, s'y préparaient, des secours arrivèrent des villes voisines. Le 10 mars, Siger, châtelain de Gand, et Iwan, frère de Bauduin, châtelain d'Alost, arrivèrent avec tous leurs hommes d'armes. Le lendemain Daniel de Tenremonde, un des plus hauts barons du comté, et qui,

---

se sont longtemps conservées dans le nord de la Gaule Belgique, les traîtres devaient être noyés dans la boue. La coutume en remontait au temps de Tacite, ainsi qu'il le rappelle dans le magnifique tableau qu'il nous a tracé de l'ancienne Germanie. V. TAC. *De mor. Germ.* c. VII.

1. GALBERT, p. 190.

avant le meurtre du prince, avait été en grande amitié avec le prévôt et sa famille, Rickhard, sire de Woldman, Thierri, châtelain de Dixmude, et Walter, bouteiller ou échanson de la cour de Flandre, se joignirent de même aux assiégeants. Enfin, le samedi 12 mars, au matin, les chefs firent proclamer que chacun eût à se préparer à une attaque générale du Bourg par tous les endroits accessibles.

A midi, un premier assaut fut tenté, mais avec trop de précipitation et confusément. Tout ce que l'on put faire ce fut de brûler une partie des bâtiments qui se trouvaient près de l'hôtel du prévôt. On avait amoncelé de la paille et du foin contre les portes de cet hôtel dans l'espoir de l'incendier; mais les assiégés, du haut des murs, lancèrent une telle masse de pierres, de pieux aigus et de flèches que les hommes armés de casques et de boucliers chargés de diriger l'incendie, furent en partie écrasés, en partie forcés de battre en retraite. Pendant ces attaques, la multitude faisait entendre mille clameurs de mort contre les assassins; car l'exaspération ne devait plus connaître de bornes. La nuit seule mit trêve à ces combats inutiles.

Le lendemain, dimanche, on ne se battit pas, car c'était *un jour de paix;* seulement le Bourg resta étroitement bloqué.

Le 14 et le 15 les bourgeois de Gand se rendirent au siège. Comme ils avaient été victorieux déjà dans plusieurs expéditions de ce genre et passaient pour experts dans l'art de réduire les villes et les forts [1], leur châtelain les avait engagés à réunir leur commune et à s'armer en guerre. Ils prirent donc le chemin de Bruges, escortés de trente chariots chargés d'armes et de machines. En même temps, des aventuriers et des brigands, comme il en existait beaucoup dans les campagnes à cette époque, accoururent de toutes parts, à pied et à cheval, à la suite des Gantois et dans l'espoir du pillage [2].

Cette troupe tumultueuse étant arrivée aux portes des faubourgs, voulut entrer de force et comme en ville prise. Tous ceux qui étaient au siège du Bourg furent obligés d'accourir pour résister de front à ces dangereux auxiliaires. Un combat allait s'engager; mais des personnages influents et sages s'interposèrent. Il fut convenu que les Gantois entreraient seuls, mais que les étrangers sans aveu seraient renvoyés. Dans l'intervalle, le grand bouteiller de Flandre, Rasse de Gavre, vint aussi à Bruges avec tous les hommes d'armes de ses fiefs.

Enfin, le 16 mars on vit également arriver la comtesse de Hollande accompagnée de son fils et d'une suite très nombreuse. Sa présence en ces cir-

---

1. Utpote viri gloriosi in certamine et pugnæ habentes scientiam demoliendi obsessos. GALBERT, p. 191.
2. Avidissima turba prædonum,... *Ibid.*, p. 171.

constances critiques, causa beaucoup d'étonnement. Le désir de venger la mort de Charles le Bon n'était pas en effet le seul motif de la venue de cette princesse. Elle avait surtout l'espoir de faire élire son fils comte de Flandre. Se montrant fort affable à tout le monde elle n'épargna ni les promesses ni les présents pour se concilier la faveur des barons et des bourgeois [1].

Ainsi la succession du martyr de Saint-Donat était à peine ouverte que déjà les prétendants se déclaraient. Tandis que le cadavre du prince gisait, sans sépulture, dans une église, au pouvoir de ses assassins, tandis que des sujets fidèles et dévoués se sacrifiaient et donnaient leur sang pour venger la mort d'un seigneur si justement vénéré, d'ambitieuses intrigues s'ourdissaient scandaleusement au milieu même des embarras du siège, parmi les combattants et les machines de guerre.

C'est ainsi que Froolsus et Bauduin de Zomerghem, tous deux envoyés par Guillaume d'Ypres, afin de contre-balancer l'influence de la comtesse de Hollande, et de retarder l'élection en jetant le trouble et l'indécision dans les esprits, vinrent faussement annoncer aux assiégeants que le roi des Franks avait reconnu Guillaume comme souverain de la Flandre.

---

1. Habebat quippe magnas gratias iis comitissa, et laborabat omnium procerum animos convertere in amicitiam sui, dando et promittendo muita. *Ibid.*, p. 192.

Forcé de renoncer au pacte honteux qu'il avait si odieusement conclu avec les rebelles, il avait recours maintenant, comme on le voit, à de misérables mensonges et à des subterfuges politiques non moins méprisables.

Cependant on travaillait à reprendre le siège du Bourg bvec plus de soins et de régularité. On construisit de nombreuses échelles armées de crocs et recouvertes d'épaisses cloisons d'osier et de branchages entrelacés, afin de pouvoir se garantir des projectiles. Les fossés furent comblés de pierres, de terre et de fumier ; des matières combustibles étaient en même temps déposées contre toutes les portes du Bourg.

A l'intérieur, les assiégés ne restaient point inactifs. Ils avaient fortement blindé et barricadé les entrées donnant sur les faubourgs, surtout celles du palais comtal, de l'hôtel du prévôt, du couvent de Saint-Donat et de l'église. Leur projet était, le Bourg une fois pris, de se retrancher dans le palais, la maison du prévôt, le réfectoire et le couvent de Saint-Donat; enfin à l'intérieur de l'église elle-même, qui devait, en effet, avec le clocher, leur servir de dernier refuge.

Pendant les préparatifs du siège, les chanoines de Saint-Donat avaient obtenu des deux partis un sauf-conduit, afin de pénétrer dans le temple et d'en retirer les vases sacrés et les richesses qu'il renfermait. Ce fut au milieu des sanglots et des pleurs [1] qu'ils transportèrent à l'église de Saint-Christophe les vases, les châsses avec leurs reliques, les tapis, les tentures, les ornements sacerdotaux, une quantité de livres et les objets les plus précieux. La vieille basilique de Saint-Donat se trouva déserte et vide ; il n'y restait plus que le cadavre abandonné du comte de Flandre [2] !

« C'est au milieu d'un si grand tumulte, des incendies allumés par les propriétés enflammées des assiégés ou par des bandits avides de pillage, c'est parmi les périls de tant de nuits et les combats de tant de jours, que moi, Galbert, écrit le pieux et fidèle narrateur auquel nous devons tant de tristes mais précieux détails, j'ai noté sur mes tablettes les principaux événements, en attendant que je puisse, à la faveur de la paix, en mettre en ordre le récit [3]. »

Cependant les rebelles ne pouvaient plus se faire illusion sur le sort qui les attendait. En présence du formidable orage qui s'amoncelait sur leurs têtes, ils virent, ainsi que le dit encore le chanoine Gualter, qu'ils auraient à lutter contre le monde

---

1. Canonici flentes et in dolore et suspiriis. GALBERT, p. 192.
2. Solus in loco... relictus suis traditoribus. *Ibid.*
3. GALBERT, *loco citato*.

entier [1]. Sans espoir de salut possible, ils résolurent de résister jusqu'à la mort.

Quelques-uns d'entre eux avaient toutefois tenté d'échapper à cette destinée fatale. Dès le commencement du siège, Isaac de Reninghe, n'ayant pu rentrer dans le Bourg avec ses complices, s'était réfugié et caché dans sa maison; puis, à la faveur des ténèbres, il s'était sauvé à travers champs. Après une longue marche dans l'obscurité, se croyant arrivé près de Gand, il se trouva aux environs d'Ypres. Il prit immédiatement une autre route et alla se cacher au village de Steenvoorde, chez Wydo, son beau-frère. Là on lui conseilla de gagner Térouane; il s'y rendit et chercha à se dissimuler sous la robe monacale. Arnoul, fils d'Eustache, avoué de Térouane, qui le connaissait, l'aperçut blotti dans une cellule de la cathédrale, feignant de lire et de méditer les psaumes. Il s'empara de lui, le garrotta, le fouetta de verges, et après lui avoir arraché l'aveu de son crime et les noms de ses complices, il le retint prisonnier pour le livrer en temps et lieu.

Le prévôt Bertulphe essaya lui-même un suprême moyen de salut en se présentant sur les murs du Bourg, en compagnie du châtelain Hacket, tous les deux humbles, consternés et demandant à parlementer.

---

1. Pugnatores se esse contra universum mundum amodo intellexerant. GUALTER, p. 193.

Chapitre cinquième.   127

Ce fut Hacket qui prit la parole: « Seigneurs et amis, s'écria-t-il dans l'attitude de la supplication, s'il vous reste quelque souvenir de notre ancienne amitié, vous devez prendre pitié de nous et vous montrer miséricordieux. Nous vous conjurons, ô vous qui aujourd'hui êtes les maîtres du pays [1], de nous faire grâce à nous, qui pleurons, comme vous, la mort de notre seigneur comte, la regrettons amèrement et vouons les coupables à l'éternelle damnation. Nous les aurions déjà répudiés et chassés, si, à cause de notre commune parenté, nous n'avions été entraînés à les aider contre notre gré. Que votre bienveillance ne refuse donc pas d'accueillir notre intercession en faveur de ces parents que vous dites coupables. Que la liberté de sortir du Bourg leur soit accordée, et qu'ensuite l'évêque et les magistrats, leur infligeant la peine due à un crime aussi énorme, les envoient dans un exil perpétuel, pour qu'ils tâchent, par la pénitence et le repentir, d'apaiser Dieu qu'ils ont si gravement offensé. Quant au prévôt, au jeune Robert et à moi, avec nos gens, nous sommes prêts, chacun suivant son état et son rang, à subir, si quelqu'un, sous le ciel, veut écouter notre défense, un jugement pour prouver à tous que nous sommes innocents, en œuvre et en volonté [2]; et nous le prouve-

---
1. Principes terræ hujus... GALBERT, p. 193.
2. Si quis sub cœlo hominum dignetur suscipere probationis nostræ argumenta. *Ibid.*, p. 193.

rons, les gens d'armes d'après le droit séculier, et les clercs d'après le droit divin. Si vous refusez ces conditions, nous préférons rester avec les coupables et partager leur sort plutôt que de nous livrer pour subir une mort honteuse [1]. »

Un chevalier, nommé Walter, se chargea de répondre à Disdir Hacket: « Nous ne nous souvenons plus d'aucun de vos bienfaits, pas plus que de notre ancienne amitié. Nous ne vous devons plus rien, à vous qui, après avoir trahi et mis à mort notre seigneur, nous avez violemment arraché son corps pour nous empêcher de l'ensevelir et de lui rendre les honneurs dont il était si digne. Vous avez volé le trésor de l'État, envahi de force le palais du prince, vous traîtres et impies, à qui désormais rien n'appartient plus, pas même votre vie. Vous avez agi sans foi ni loi, et par là armé contre vous tous ceux qui portent le nom de chrétiens. Au mépris de la justice de Dieu et des hommes, vous avez assassiné le souverain de ce pays, et pendant le saint temps de carême, et dans un lieu consacré, et au milieu de ses ferventes prières à Dieu. Nous abjurons donc à l'avenir la foi et la fidélité, que nous vous avons gardées dans le passé. Nous vous condamnons, anathématisons et *rejetons par le fétu* [2]. »

---

1. Quod si fieri abominaveritis, volumus melius sic obsessi simul cum reis vivere, quam ad vos exire et turpiter mori. *Ibid.*
2. Il y a dans le texte *exfestucamus*.

Chapitre cinquième.

Walter ayant prononcé ces paroles devant la multitude des assiégeants, tous prirent des fétus de paille que l'on rompit, suivant la vieille formule du droit féodal germanique, pour prouver que tout lien était désormais brisé entre les meurtriers du comte et ses vengeurs [1].

Le prévôt Bertulphe, désespérant tout à fait de son salut après cette infructueuse tentative de soumission, parvint, moyennant une somme de quarante marcs d'argent qu'il avait fait passer au bouteiller Walter, à s'échapper, seul, pendant la nuit, à l'aide de cordes qu'il avait attachées au balcon extérieur de sa maison. Walter le conduisit dans les moëres ou marais environnant la ville de Bruges ; mais pour l'abandonner au milieu de cet endroit désert, sans secours et sans guide. On verra bientôt ce qu'il devint.

Le dix-huitième jour de mars, le siège du Bourg recommença avec une vigueur nouvelle. On amena des échelles sous les murailles aux cris et aux applaudissements de tout le peuple. Ces échelles faites de bois vert et très humides étaient fort lourdes. Les plus courtes n'avaient pas moins de soixante pieds de hauteur et douze de largeur. Pendant qu'on les

---

1. Aderat huic collocutioni totius obsidionis multitudo, qui, statim finita responsione ista, arreptis festucis *exfestucaverunt* illorum obsessorum hominum fidem et securitatem. GUALTER, *Ibid.*

dressait, avec beaucoup de difficultés, il pleuvait une grêle de traits lancés par les assiégés.

Un jeune homme, plus fort et plus audacieux que les autres, s'élança le premier à l'assaut. Arrivé au dernier échelon, il se disposait à sauter sur le rempart, lorsque les rebelles embusqués tombèrent sur lui à coups de haches et de piques. Il trébucha, les pieds encore embarrassés dans l'échelle, et, précipité du haut des murs, se fracassa la tête sur le sol. Personne à cette vue n'osa plus tenter de gravir les échelles et l'on se mit avec des coins, des leviers, des marteaux à percer et à abattre les murs. La nuit survint et le combat cessa de part et d'autre.

Le 19 de grand matin, et avant le jour, les assiégés exténués de fatigue et rassurés d'ailleurs par le non succès des tentatives de la veille, se reposaient en différents quartiers du Bourg : les sentinelles mêmes, engourdies par le froid, étaient entrées dans le palais du comte pour s'y chauffer. La grande cour du Bourg se trouvait entièrement déserte. Les assiégeants n'entendant plus aucun bruit, se hasardèrent, au moyen de petites échelles, à monter sur les murs du côté méridional, où l'accès était plus facile, et par où les chanoines avaient emporté les reliques des saints et toutes les choses précieuses renfermées à Saint-Donat. Personne ne leur fit résistance ; ils se comptèrent et comme ils se trouvaient en nombre, ils chargèrent quelques-uns d'entre eux d'enlever silencieusement les amas de terre et de pierres qui, à l'intérieur, obstruaient les entrées.

Tandis qu'au sein des ténèbres ils rodaient à travers le Bourg, ils trouvèrent une issue qui n'était pas encombrée comme les autres, mais seulement fermée par une serrure et des clous. Ils l'abattirent incontinent à coups de hache. Ce bruit éveilla l'attention des assiégeants restés en dehors; et, aussitôt que la porte tomba, on les vit se précipiter par cette voie : le plus grand nombre dans l'intention de se battre, mais d'autres aussi pour piller et beaucoup, surtout parmi les Gantois, pour enlever le corps du prince et l'emporter dans leur ville, car ils attachaient le plus grand prix à cette noble relique.

Les rebelles, plongés pour la plupart dans le sommeil, s'étaient réveillés en sursaut. Saisissant leurs armes, ils courent vers les portes pour en défendre l'entrée. Plusieurs, englobés dans une masse tumultueuse d'assaillants, sont obligés de se rendre à merci; d'autres montent épouvantés sur les murs, et, affolés, se jettent en bas de désespoir.

Un de ces conjurés nommé Gislebert fut ainsi ramassé mourant à terre, par des femmes pieuses et transporté dans une maison où elles se disposaient à l'ensevelir. Thierri, châtelain de Dixmude, s'en aperçut, entra dans le logis, prit le cadavre et l'attachant à la queue de son cheval le traîna dans un bourbier.

Le gros des assiégés avait pu se réfugier dans le palais du comte et en avait barricadé les portes. Les citoyens gravirent sur le champ les degrés l'épée à la main, enfoncèrent les clôtures, et, parvenus à l'étage où se tenaient les conjurés, forcèrent ceux-ci à battre en retraite à travers les salles du palais jusqu'à la galerie par laquelle le prince avait coutume de se rendre à l'église.

Dans ce passage voûté les deux partis se trouvèrent en présence. Burkhard était à la tête des assassins : sa haute stature, son regard féroce et louche intimidaient les plus courageux d'entre ceux qui les poursuivaient. Il luttait avec un acharnement sans égal, abattant de son épée et de sa massue tous ceux qui s'offraient à ses coups [1]. Après un instant d'indécision, les assaillants fondirent enfin avec impétuosité sur leurs ennemis, qui forcés de fuir encore, se jetèrent dans l'église, dont ils fermèrent aussitôt la lourde porte.

On n'alla pas plus loin. Beaucoup de gens, nous l'avons dit, s'étaient joints à l'expédition pour piller. Ils se répandirent dans le palais du comte, dans l'hôtel du prévôt et dans le couvent de Saint-Donat. Au

---

1. Qui immanis et iracundus, ferox et imperterritus... multos vulnerans, sternens et ictu malleatorio gladii sui attonitos plurimos dejiciens. GALBERT, p. 194.

palais, rien ne demeura intact : on déroba tout, jusqu'au plomb des toitures. Il en fut de même chez le prévôt et au monastère. L'enlèvement des meubles, du linge, des provisions de bouche, des tonneaux de vin et de cervoise dura toute la journée jusqu'à la nuit tombante. Quand les pillards, gorgés de butin, se retirèrent, il ne restait plus dans le Bourg que les murailles, triste et inévitable résultat de l'horrible confusion à laquelle Bruges était alors en proie.

A l'aube, l'attaque recommença furieuse contre la tour où les conjurés s'étaient réfugiés. Ils ne pouvaient apparaître à l'une des hautes croisées que mille traits d'arcs ou d'arbalètes ne fussent décochés contre eux. Les parois de la tour semblaient hérissées de flèches [1]. Tant d'efforts cependant n'aboutissaient à aucun résultat décisif ; et les assiégés se défendaient toujours avec le courage du désespoir.

Durant la nuit qui suivit le meurtre du comte, ils s'étaient réunis autour du corps et là, renouvelant une pratique païenne puisée dans les vieilles superstitions germaniques, ils avaient procédé à la cérémonie de la *Dadsisa*, consistant à placer près du mort un pain et un vase plein de bière, destinés à apaiser ses mânes. Ils avaient eux-mêmes, toujours suivant la coutume, bu et mangé sur le cadavre, s'imaginant qu'au moyen de cet horrible festin, les vengeurs seraient frappés

---

1. Ibid., p. 196.

d'impuissance [1]. C'était ce qu'il leur restait d'espoir !

Ils continuèrent donc à se défendre avec acharnement, et, cette fois, jetèrent des brandons enflammés sur les toits des écoles attenant à l'église. En brûlant ces petits bâtiments, ils comptaient que le feu atteindrait les édifices contigus à la tour, car ils voulaient l'isoler tout à fait ; mais ils furent déçus dans leur attente. Alors ils occupèrent la tour et l'intérieur du temple, veillant, bien armés, aux portes et aux fenêtres, pour empêcher qu'on y pénétrât.

Sur ces entrefaites, la discorde se mit entre les Gantois et les gens de Bruges. Les premiers prétendaient avoir le droit d'emporter dans leur ville le corps précieux du comte, parce que leurs échelles, disaient-ils, avaient seules décidé de la prise du Bourg. Les Brugeois répondaient que les échelles n'avaient été d'aucune utilité; que les Gantois avaient, au contraire, retardé le moment de la vengeance en donnant le signal du pillage. Un grand tumulte s'éleva ; on tira les épées ; et une lutte sanglante allait s'engager entre ces gens qu'une même pensée devait diriger, lorsque des hommes influents et sensés firent prévaloir de nouveau des paroles de conciliation en rappelant l'unique mobile qui devait animer les vengeurs du comte.

La paix enfin rétablie, les assiégeants se prépa-

---

1. Ut nullo modo illum quis vindicaret. Ibid., p. 210.

rèrent unanimement à donner l'assaut à l'église. Ils firent une vigoureuse irruption par les portes qui communiquaient du couvent dans la nef, entrèrent enfin et chassèrent les conjurés jusque dans la galerie haute où se trouvait déposé le cadavre du prince.

De ce théâtre de leur crime, ayant sous les yeux l'objet de leur opprobre et de leurs remords, ils soutinrent de nouveau la lutte avec un tel acharnement, qu'il fut encore impossible de les déloger pour le moment. Le sol de l'église disparaissait sous l'innombrable quantité de projectiles lancés par eux. Les cloisons et les vitraux des fenêtres, les stalles et les sièges du chœur étaient brisés ; l'édifice avait perdu son aspect religieux et solennel ; ce n'était plus qu'un lieu de désolation et de carnage, retentissant de vociférations impies, souillé de sang, rempli de morts et de blessés.

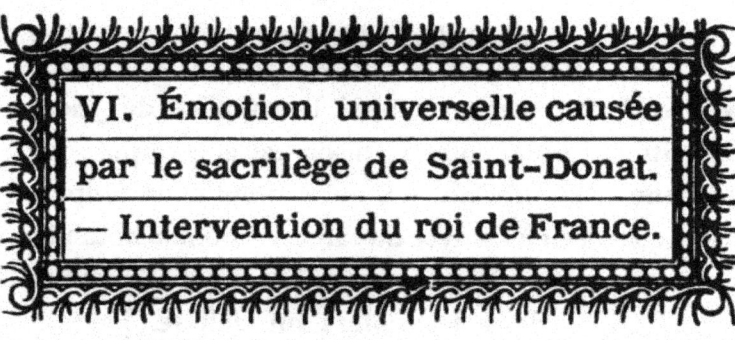

VI. Émotion universelle causée par le sacrilège de Saint-Donat. — Intervention du roi de France.

DEPUIS le sacrilège attentat de Saint-Donat, un sombre et sanglant nuage semblait couvrir non seulement la ville de Bruges, mais la Flandre entière. La plus effroyable anarchie avait succédé à cette ère de paix et de prospérité que Charles le Bon avait si heureusement inaugurée.

Les chroniqueurs et les poètes se font à ce sujet l'écho de cette désolation générale. « Hélas ! hélas ! dit une complainte du temps, tant que notre seigneur gouverna la Flandre, les chemins étaient sûrs, nul n'osait troubler le pays ; et maintenant voilà que nous sommes en proie aux brigands, qu'on nous pille de toutes parts. Le berger est mort ; les brebis sont dispersées. Il n'y a plus de justice ; la paix est ensevelie dans le tombeau du prince. On a tranché la tête, et les membres ne sont plus d'accord entre eux. Pleure, pleure, ô Flandre ! comme une fille pleure son père. Te voilà sans consolation !... O malheureuse Flandre, frappe ta poitrine, déchire ton visage avec tes ongles. Misérables meurtriers, dites, quelle furie vous a inspirés ? Comme Judas, vous avez livré votre maître ; aussi le supplice de Judas vous attend. Mais votre trahison est encore pire que la sienne, car il n'a fait, lui, qu'accomplir les prophéties et concourir à l'œuvre du salut des hommes; tandis que votre crime, à vous, a fait le malheur de tous. Allez, et que dans les enfers on délivre Tantale, Yxion, et qu'on vous inflige leurs châtiments ! [1] »

L'ébranlement des âmes et le trouble des esprits étaient inexprimables. Ainsi, dans leur épouvante, les populations s'étaient imaginé que l'eau des fossés de Bruges avait paru ensanglantée aussitôt après le meurtre du comte. On racontait que la nouvelle de l'événement s'était propagée avec une merveilleuse rapidité. Les habitants de Laon l'auraient connue dès le soir même, et on l'aurait apprise à Londres, en

---

1. Balderici Chron. éd. A. LE GLAY (appendice), 382.
Voici en quels termes de la plus sincère et naïve éloquence un contemporain exhale les sentiments d'exécration que lui avait inspirés le martyre du comte.
« Mais il convient décliner un petit de l'ordonnanche de la narration et rewarder, selon sa manière, le énormité de si grant felonie. O Burchars très escumenhiés, quel cose as-tu fait ? O Bertoulf très foursennés, quel cose as-tu consenti ?... Quand et en quel lieu? Chiertes pour le justice, chiertes en quaresme, chiertes en l'église... Mais convertissons-nous fors de ches tristes choses et rewardonmes de le mort bien-eureuse no glorieus Karlon.... Car ainsi que il est écrit, « le péril ne fait mie tant le martyr ke li cause. » Mais je demande quele fu li cause du martyr fors ke justice ? »

(*Chron. romane contemp.* publiée par l'Ac. R. de Br. t. II, p. 67.)

Voir encore les complaintes et les épitaphes rapportées dans les *Acta·S.* des Bolland. *Mense Martis*, c. I., et insérées dans notre appendice.

Angleterre, dès le commencement de la deuxième journée. Quantité d'autres prodiges préoccupaient encore l'imagination populaire. L'on sut plus tard que le duc de Bourgogne avait péri assassiné le même jour que Charles le Bon et à peu près dans les mêmes circonstances.

Le roi des Francs, Louis le Gros, à l'annonce des événements affreux qui venaient de s'accomplir dans un pays dont il était le suzerain, s'en était rapproché en toute hâte afin d'aviser aux moyens de porter remède à une situation considérée, à juste titre, comme des plus graves [1].

Le dimanche, 20 mars, il écrivit d'Arras aux principaux personnages qui dirigeaient le siège de Saint-Donat, les remerciant d'avoir pris en main la vengeance du meurtre de son neveu, « le très équitable comte de Flandre, » leur promettant secours et assistance, mais se préoccupant surtout du danger d'un interrègne.

« Je ne suis pas maintenant en mesure de me rendre auprès de vous, disait-il, parce qu'à l'annonce du crime je suis venu en Artois avec trop peu de monde ; et ce ne serait pas agir sagement, ce me semble, que de risquer de tomber entre les mains des traîtres. Or, je

---

1. L'abbé Suger, l'historiographe de Louis le Gros, dit à ce sujet que c'est l'action la plus louable que ce roi ait faite durant son règne. *Vit. Ludov. Grossi*, p. 315.

suis informé qu'il y a encore des gens qui plaignent les assiégés, défendent leur forfait et travaillent même de toutes manières à leur délivrance. Votre contrée, en effet, est pleine d'intrigues. Je n'ignore pas qu'on s'y est ligué pour donner le comté, par ruse ou par violence, à Guillaume d'Ypres, contre la volonté de presque tous les citoyens résolus à ne reconnaître nullement ce Guillaume pour seigneur : parce que c'est un bâtard, né d'un père noble, mais d'une mère de vile naissance qui, pendant sa vie, était fileuse de profession. Je veux donc et ordonne que, sans retard, vous vous rendiez vers moi à Arras et que, d'un commun accord, vous élisiez un prince convenable et de votre race pour gouverner le pays et ceux qui l'habitent. La Flandre ne saurait être privée de maître sans de grands et prochains dangers [1]. »

Le corps de Charles le Bon gisait encore sans sépulture dans une galerie de Saint-Donat, que, de toutes parts, les compétitions et les intrigues politiques se révélaient et que l'on briguait sa succession avec une scandaleuse impudeur ; tandis que de braves et loyaux serviteurs ne songeaient, eux, qu'à tirer vengeance d'un crime qui n'était pas expié et dont il était, par conséquent, honteux de chercher à tirer parti.

---

1. Volo et præcipio vobis sine dilatione coram me convenire et communi consilio eligere comitem utilem quem vobis æqualem et terræ et incolis præesse consentiretis. GALBERT, 197.

Les lettres du roi venaient à peine d'être lues en présence du peuple de Bruges, assemblé sur la place du Sablon, et l'on n'avait même pas formulé de réponse encore, lorsque survint un autre message toujours relatif à la succession du comte Charles. Il émanait de Thierri d'Alsace, issu, comme le prince défunt, d'une des filles de Robert le Frison. Thierri commençait par saluer les barons flamands et leur offrir amitié sincère, ainsi qu'à tous les habitants du pays. « Vous devez être convaincus, disait-il ensuite, qu'après la mort de votre seigneur et comte, le gouvernement de la Flandre m'appartient par droit d'hérédité et doit m'être dévolu. Je désire donc que vous agissiez mûrement, avec prudence et réflexion, quant à l'élection de ma personne, et à ne pas m'écarter du pouvoir sans égard pour mes droits. Si vous me choisissez, vous trouverez en moi un comte juste, pacifique, bienveillant, et qui s'empressera de pourvoir au salut de la Flandre [1]. »

Ce message, provenant d'un parent inconnu du comte Charles, ne produisit pas, dans le premier moment, une grande impression. Trop d'ambitions étaient en jeu déjà pour qu'on s'occupât sérieusement de ce nouveau prétendant. On ne lui répondit même pas et on ne songea qu'à la lettre du roi des Francs.

---

1. Comes futurus, justus, pacificus, tractabilis et utilitatis communis atque salutis provisor accurro. *Ibid.*

Dans la situation si critique où se trouvait la Flandre, il y avait une urgence extrême de la soustraire à l'anarchie qui l'envahissait de toutes parts.

Une entrevue avec le monarque au sujet du prince qui devait succéder à la victime de Saint-Donat, était donc le parti le plus expéditif et le plus sage. Les barons désignés pour se rendre à Arras se préparèrent au départ, et l'on prit toutes les dispositions nécessaires pour que l'absence d'un grand nombre de chefs du siège ne pût faire concevoir aux assiégés l'espoir de s'échapper. L'on fit même une attaque des plus vigoureuses contre les tours, afin de ne laisser aucune illusion aux conjurés. Ceux-ci, en effet, furent même doublement surpris de voir qu'on avait pris les armes un dimanche, jour consacré jusque-là au repos et à la prière, et où tout fait d'armes était, suivant un usage immémorial, rigoureusement suspendu.

Tandis que les députés Brugeois accomplissaient leur mission auprès du roi à Arras, il se passa à Bruges divers incidents caractéristiques. D'abord, le 24 mars, un certain Woltra Kruval [1] vint répandre le bruit d'une alliance conclue entre le roi d'Angleterre et Guillaume d'Ypres, car, on le voit, ce dernier poursuivait avec une rare perfidie le cours de ses intrigues. Le monarque anglais aurait, d'après cette insinuation

---

1. D'autres l'appellent Walter Kravel.

du prétendant, promis à Guillaume un important subside en argent et l'envoi prochain de trois cents hommes d'armes pour appuyer ses prétentions au comté de Flandre.

Guillaume que, dès le principe, on a vu s'associer aux meurtriers de son parent, avait reçu de ces derniers une somme de cinq cents livres de monnaie anglaise dérobée dans le trésor de Charles; car on le sait, Bertulphe et ses complices ne s'étaient pas seulement contentés de tuer leur prince, ils l'avaient encore volé. En outre, il trouvait moyen d'entretenir des intelligences secrètes avec les assiégés, auxquels il faisait parvenir dans l'intérieur de Saint-Donat, des lettres attachées à des flèches qu'on y lançait. Il cherchait ainsi à les encourager, mais il se gardait bien de prend... ertement leur parti. Honteux, au contraire, qu'on ... soupçonner sa complicité, il voulait détourner l'attention sur le bruit d'une alliance beaucoup plus honorable pour lui avec le roi d'Angleterre. On savait du reste que ce bruit n... ait rien de fondé et l'on n'avait plus aucune espèce de confiance dans l'homme qui, avant le siège, n'avait pas craint d'offrir publiquement secours et amitié au prévôt et aux siens par lettres munies de son sceau.

Le lendemain, qui était un vendredi, les Gantois, toujours désireux de s'emparer du corps du comte, ourdirent une sorte de petite conspiration pour arriver à ce but. Le grand chantre de Saint-Pierre de Gand et un chevalier nommé Ansbold étaient les chefs du complot pour l'exécution duquel on avait été jusqu'à requérir l'assistance des assiégés qu'on savait si anxieux de faire disparaître l'horrible preuve de leur crime, qu'ils aggravaient du reste tous les jours. Il avait été décidé, qu'en la matinée du dimanche, on pénétrerait dans le Bourg, et que là, les frères du couvent de Gand recevraient par les fenêtres du jubé le corps de l'illustre comte que les rebelles devaient leur avancer, et qu'ils l'emporteraient dissimulé dans des sacs.

A l'heure indiquée, deux moines se rendirent à leur poste, attendant le signal convenu. Pendant ce temps-là, des gens armés se promenaient aux environs de l'église pour protéger l'enlèvement. Ces étranges allées et venues éveillèrent l'attention des gardes. Ils sonnèrent de leurs buccines ou trompes ; et bientôt le peuple, accourant en armes, se rua sur le grand chantre, sur Ansbold et les gens du complot. Plusieurs furent blessés, et les autres hués par la multitude, obligés de fuir honteusement.

Le dimanche des Rameaux qui, cette année-là, tomba le 27 mars, les bourgeois, que la pensée de l'élection d'un nouveau seigneur préoccupait vivement, se réunirent dans une grande plaine située près des faubourgs de la ville. Tous les Flamands des environs avaient été convoqués, et des prêtres avaient apporté les châsses contenant les reliques des saints du pays. Quand tout ce monde fut rassemblé, les principaux d'entre les citoyens, délégués par eux, s'avancèrent près des reliques et, les touchant de la main, prêtèrent serment en ces termes : — « Je jure de n'élire pour seigneur de cette terre de Flandre que celui qui pourra régir utilement le domaine des comtes, ses prédécesseurs, et défendre puissamment ses droits contre les ennemis de la patrie ; affectueux et bienfaisant envers les pauvres, dévoué à Dieu, marchant dans le sentier de la droiture : un homme tel enfin qu'il puisse et veuille servir les intérêts généraux du pays [1] ! »

Trois jours après cette cérémonie, les députés envoyés à Arras, auprès du roi Louis de France, rentrèrent à Bruges au son de toutes les cloches de la ville. Le peuple vit bientôt à leur contenance qu'ils étaient satisfaits du résultat de ce voyage [2].

S'étant aussitôt rendus au champ des assemblées populaires, les députés annoncèrent que le roi et les barons adressaient leurs salutations aux bourgeois et aux habitants de toute la Flandre, promettant amour et gratitude à ceux qui se sacrifiaient avec tant de persévérance pour venger la mort de leur seigneur.

---

1. Ibid., p. 198.
2. Cum tali relatu læti et gaudentes. *Ibid.*

Alors le bouteiller Walter, tenant en main la proclamation revêtue du sceau royal, et la montrant au peuple, en donna lecture à haute voix. Elle était ainsi conçue :

« Louis, roi des Français, à tous les bons fils du pays de Flandre, salut et amitié ainsi que l'invincible appui de sa présence et de son pouvoir royal, soutenu par la protection de Dieu et la force des armes. — A la nouvelle du meurtre de votre comte, prévoyant la triste ruine de votre patrie, nous nous sommes affligé, et avons résolu, avec une rigoureuse sévérité, de punir le crime par un supplice inouï jusqu'à ce jour. Et afin que le pays soit pacifié et reprenne sa vigueur sous le nouveau comte que nous choisirons, obéissez à tout ce que contiennent ces lettres et exécutez-les [1]. »

Alors la multitude redoubla d'attention, et le bouteiller Walter, montrant les lettres revêtues du sceau royal, comme la proclamation, en fit également la lecture ; après quoi il prit la parole en ces termes :

« Écoutez, ô nos concitoyens, ce qui s'est passé auprès du roi et de ses barons, et ce qui a été prudemment examiné et conclu. Les princes de France et les premiers de la terre des Flandres, par l'ordre et le conseil du roi, ont choisi, pour votre comte et

---

1. Et ut deinceps terra suo consuli noviter electo concilietur et convaleat, quidquid in subsequenti litterarum serie audieritis, obedite et facite. *Ibid.*

celui de ce pays, le jeune Guillaume, né en Normandie, noble de race, élevé parmi vous dès sa tendre enfance, et devenu, par là, un homme plein de courage. Il lui sera facile de s'habituer à toute bonne coutume, et vous pourrez le plier, comme vous le voudrez, aux mœurs et usages établis, doux et docile comme il l'est. Moi-même, je lui ai donné mon suffrage ; et Robert de Béthune, Bauduin d'Alost, Iwan, son frère, le châtelain de Lille et les autres barons l'ont élevé au comté. Nous lui avons prêté l'hommage de foi et de fidélité, selon la coutume établie pour ses prédécesseurs les comtes de Flandre. Quant à lui, afin de nous récompenser de nos travaux, il nous a gratifiés des terres et des propriétés des traîtres sur qui pèse la proscription, d'après le jugement porté par tous nos chefs, et qui n'ont plus rien à attendre qu'une mort cruelle au milieu d'affreux supplices. — En conséquence, je vous engage, vous recommande et vous conseille, en toute sincérité, à vous tous, habitants de Bruges, ou autres qui m'entendez, de recevoir Guillaume, nouvellement élu en qualité de comte, investi de la terre par le roi, et devenu votre seigneur et prince. — Du reste, s'il est quelque chose qu'il puisse, selon son pouvoir, vous remettre en don, comme le droit de tonlieu et le cens des terres, il le fera volontiers ; je vous le déclare moi-même et de la part du roi et de la sienne. Ainsi il exemptera, franchement et de bonne foi, ceux qui le désirent, du droit de péage et de cens levé sur vos habitations sises en dehors des faubourgs (1). »

Les citoyens écoutèrent silencieusement le discours de Walter ; car ils ne voulaient pas se prononcer et faire une réponse au roi, touchant l'acceptation ou l'élection du nouveau comte, sans en avoir mûrement délibéré. Toute la journée se passa donc en discussions et en pourparlers ; et, quand la nuit fut venue, on dépêcha des courriers dans toutes les directions pour prévenir les bourgeois des villes voisines qu'ils eussent, de leur côté, à aviser sur l'élection ou le rejet du nouveau seigneur.

Il existait alors parmi les Flamands une telle conformité de sentiments nationaux, qu'ils n'auraient jamais voulu, dans une circonstance aussi grave surtout, agir les uns sans les autres. Les gens de Bruges tenaient beaucoup à ne rien faire sans être d'accord avec leurs voisins les Gantois. C'est pourquoi ils députèrent vingt nobles hommes d'armes, et douze des plus âgés et des plus sages d'entre les bourgeois, afin de s'entendre avec les personnages que la ville de Gand avait envoyés à Ravenschot pour aller à la rencontre du roi de France, qui était en chemin.

En effet, d'Arras ce prince s'était rendu à Lille, accompagné du jeune Guillaume, auquel les habitants

---

1. Ibid.

prêtèrent foi et hommage. De là, il s'en vint à Deynze, entre Courtrai et Gand, où il fut rencontré par les envoyés de Bruges et de Gand réunis; enfin, le 4 avril, vers le soir, il entra dans le faubourg de Bruges, ayant à sa droite le nouveau comte.

Les chanoines de Saint-Donat étaient venus au-devant d'eux en procession, portant solennellement la croix et les reliques. Un grand cortège suivait, et l'on fit au monarque une réception aussi belle et aussi honorable que le pouvait permettre la triste situation du pays.

Le lendemain, le roi, le comte Guillaume, leurs chevaliers, les barons flamands, les bourgeois et une foule de gens de toutes les conditions se rendirent au champ des assemblées. On y plaça les châsses et coffrets renfermant les corps saints et les reliques, et, après avoir commandé le silence, on fit lecture de la charte des libertés de l'église de Saint-Donat dans laquelle les chanoines réclamaient la faculté d'élire canoniquement le prévôt, comme il est indiqué dans le texte des privilèges. Ensuite, on lut également la charte qui contenait l'exemption des droits de tonlieu et de cens demandée par les citoyens pour prix de leur consentement.

Le roi et le comte jurèrent sur les reliques, en présence de tout le peuple, d'observer ces clauses et conditions franchement, de bonne foi et sans subterfuge ; et alors les citoyens jurèrent, de leur côté, suivant la coutume, fidélité au comte, et lui promirent foi et hommage comme au seigneur légitime de la terre [1].

1. Sub hac ergo conditione et compositione juraverunt rex et comes super sanctorum reliquias in audientia cleri et populi; subsequenter quoque cives juraverunt fidelitatem comiti, sicut moris erat... *Ibid.*, p. 199.

VII. L'avènement d'un nouveau Comte et reprise des hostilités. — Supplice du prévôt Bertulphe et autres.

AINSI fut élevé à la dignité de comte de Flandre ce jeune Guillaume, que le roi de France protégeait et mettait en avant, moins peut-être par affection que pour s'en faire un puissant allié, et l'opposer un jour à Henri, roi d'Angleterre. On sait d'ailleurs qu'Henri avait dépouillé son frère Robert, père de Guillaume, du duché de Normandie ; qu'il le gardait prisonnier, et que, par suite de cette spoliation, Louis le Gros avait pris à cœur les intérêts de l'héritier légitime, et tenté vainement jusque-là de reconquérir pour celui-ci l'héritage que le monarque anglais détenait contre toute justice.

Cependant l'adhésion des Flamands n'était pas unanime. Une notable partie des barons et du peuple avaient bien élu Guillaume ; mais la nécessité plus encore que la sympathie avait dicté ce choix. Le jeune comte le comprit dès qu'il sut avec quelle froide réserve et au prix de quelles concessions les gens de

Bruges et leurs amis consentaient à recevoir un nouveau maître. Pour s'attirer la bienveillance des sujets qui se donnaient à lui presque à contre-cœur, Guillaume promit de leur accorder le pouvoir et la faculté de modifier leurs lois et coutumes, et de les améliorer suivant l'opportunité des temps et des lieux [1].

Lorsque l'assemblée fut dissoute, le roi et le comte entrèrent en ville et vinrent au logis qui leur avait été préparé. Ils avaient à peine eu le temps de s'y installer que de nouvelles exigences les y poursuivirent.

Les principaux personnages de la ville d'Ardembourg, qui, en tête de leurs concitoyens, assistaient au siège, se présentèrent devant les princes, porteurs d'une lettre contenant des réclamations de diverses natures : « Nous aussi, disaient-ils fièrement, nous aussi qui avons fait partie du siège, nous admettrons celui qui a été nouvellement élu comte de Flandre, à la condition toutefois que, nous délivrant des criminelles exactions de nos chefs, il condamnera, abolira et supprimera pour nous et nos voisins les droits nouveaux de tonlieu qui ont été récemment établis à Ardembourg par le conseil perfide du châtelain Lambert, et contrairement aux droits et coutumes de la

---

1. Ut igitur benevolos sibi comes cives nostros redderet superaddidit eis, ut potestative et licenter consuetudinarias leges suas de die in diem corrigerent, et in melius commutarent, secundum qualitatem temporis et loci. *Ibid.*

terre [1] ; qu'ensuite nos paysans obtiennent la liberté de faire paître leurs troupeaux sur le terrain appelé *moëre*, sans payer la redevance inique imposée par Lambert. » Ils réclamaient encore diverses autres franchises et immunités et terminaient ainsi :

« Enfin nous supplions et conjurons, tant le roi que le comte et leur suprême puissance, de ne jamais souffrir par la suite que ni le prévôt Bertulphe, ni ses frères Wilfrid Knop et le châtelain Hacket, ni le jeune Robert, ni Lambert d'Ardembourg et ses fils, ni Burkhard et les autres traîtres puissent avoir le droit d'hériter ou d'adhériter dans le comté de Flandre. »

Il fallut bien que Guillaume accédât aux demandes des habitants d'Ardembourg, comme à toutes celles qu'on lui avait déjà faites. Il craignait trop de voir s'échapper de ses mains un pouvoir que d'autres concurrents recherchaient avidement déjà, ainsi qu'on le verra bientôt. Le reste du jour fut consacré à recevoir les hommages des barons, des principaux bourgeois et des anciens officiers du comte Charles maintenus dans leurs charges et prérogatives.

La cérémonie se faisait de la manière suivante : le comte demandait si l'on voulait être franchement et sincèrement à lui, et l'on répondait : « Je le veux. »

---

1. Nos quoque hujus obsidionis exactores electum novum Flandriarum consulem electuri erimus ex nostra parte, sub hac conditione quidem, ut... etc. *Ibid.*

— Alors le souverain prenait les mains jointes du vassal dans les siennes, lui donnait l'accolade, et celui-ci était inféodé [1]. Ceux qui déjà avaient prêté hommage au comte en présence de son prolocuteur ou avocat, le renouvelaient sur les reliques des saints. Enfin Guillaume donnait l'investiture à tous ceux qui lui avaient juré sûreté et fidélité, en les touchant d'une petite baguette qu'il tenait à la main [2].

L'importante affaire de l'élection et du rétablissement d'un pouvoir régulier en Flandre avait pour un instant distrait l'attention des assiégeants de l'objet principal pour lequel ils s'étaient réunis. Il paraît même que la surveillance de l'église n'était plus aussi active, car divers conjurés parvinrent encore à se sauver.

Ainsi, dans la semaine des Rameaux, Lambert d'Arche s'esquiva, on ne sait comment, durant la nuit et, à l'aide d'un petit bateau, s'enfuit vers le village de Mikhem. Ce Lambert était l'ami intime de Burkhard. Enfermé dans le Bourg, puis dans l'église, il n'y avait point d'homme plus acharné que lui à se défendre. Son adresse à tirer de l'arc et à lancer des javelots en faisait un puissant auxiliaire pour les

---

1. Comes requisivit si integre vellet homo suus fieri. Et ille respondit : Volo ; et junctis manibus amplexatus a manibus comitis, osculo confoederati sunt. *Ibid.*

2. Deinde virgula, quam manu consul tenebat, investituras donavit eis omnibus. *Ibid.*

meurtriers. Ils furent très irrités quand ils apprirent sa fuite clandestine ; aussi Burkhard cria-t-il lui-même aux assiégeants que son ami s'était sauvé, et leur montra de quel côté il avait dû porter ses pas. On entoura immédiatement le village où Lambert s'était caché ; il fut pris, enchaîné et renfermé dans la prison du Bourg. On l'eût infailliblement pendu sur-le-champ, si les chefs, qui en ce moment se trouvaient à Arras, eussent été présents.

Le dimanche suivant, le châtelain Hacket réussit également à sortir du clocher, à gagner Liswege, et à se réfugier chez sa fille, qui avait épousé en ce lieu un chevalier très noble et très riche appelé Robert Krommeling.

Du reste, la plupart de ceux qui s'étaient refusés de la sorte ou autrement à partager jusqu'au bout le sort de leurs compagnons n'eurent pas une destinée plus heureuse que la leur. Ils furent même châtiés plus vite. C'est ce qui arriva notamment au traître Isaac, qui, le 23 mars, fut étranglé sur le marché de Bruges ; à Eustache de Steenvoorde, arrêté à Saint-Omer et brûlé vif dans les flammes de la maison où il avait cherché un asile ; enfin au prévôt Bertulphe, le chef et l'âme de toute la conspiration.

Le châtiment qui l'attendait fut horrible, proportionné à l'énormité de ses crimes et entouré des circonstances les plus dramatiques. On a vu qu'après son évasion favorisée par le bouteiller Walter, Bertulphe avait été abandonné de ce dernier dans les marais de Bruges. Il en fut tiré par le frère de Fulcon, chanoine de Saint-Donat, qui lui donna un cheval au moyen duquel il arriva près de Kaihem en deçà de Dixmude, où Burkhard avait une habitation. Comme on était sur sa piste, il s'enfuit la nuit avec un seul guide vers Furnes, et de là passa à Warneton, sur les frontières de la Flandre wallonne, où il fut arrêté par les hommes que Guillaume d'Ypres avait mis à sa poursuite, et incarcéré dans le château-fort de cette ville.

Il manda aussitôt un prêtre et lui fit publiquement confession de son crime. Le remords était entré dans son âme avec la crainte de Dieu; sa contrition apparente fut extrême et parut sincère. Prosterné contre terre, et se labourant la poitrine avec les ongles, il implorait en gémissant la miséricorde divine et le pardon des hommes.

L'un des clercs qui assistaient à cette scène déchirante et qui l'a racontée à l'archidiacre Gualter, ajoute que, dès le matin, ce grand criminel, dirigé vers Ypres, refusa de monter à cheval et voulut cheminer les pieds nus sur la terre durcie par la gelée. Durant la route le clerc psalmodiait avec lui le *Te Deum* et les *Heures de la Sainte Vierge* [1].

---

1. Igitur ad castrum Warnestunense eadem nocte pervenit et ibi

L'homme le plus acharné à la perte du prévôt était ce Guillaume d'Ypres, qui, naguère encore allié aux assassins, comptait sur eux pour faire valoir ses prétentions au comté de Flandre, leur donnait des encouragements, en recevait de l'argent volé dans le trésor même de la noble victime. Guillaume était heureux d'avoir maintenant une occasion de se réhabiliter dans l'opinion publique. Il la saisit avec autant d'avidité que de cynisme et résolut d'infliger un châtiment terrible à celui dont tout le monde disait hautement qu'il était le complice.

Le chancelier héréditaire de Flandre fit son entrée dans Ypres au milieu d'une multitude immense, remplissant l'air de ses vociférations et avide d'ajouter aux tortures dont le monstre allait être accablé. En effet, on le dépouilla de ses vêtements, à l'exception des hauts-de-chausses, et on lui lia autour du corps, des bras et des jambes, de longues cordes que chacun voulut tenir. On le conduisit en cet état à travers les

---

usque ad lucem servatus est. Ubi et presbyterum ad se vocari postulavit et peccatorum suorum penitentiam agens, confessionem Deo et illi in conspectu omnium fecit, et solo prostratus et pectus pugnis percutiens, indulgentiam sibi a Domino tribui supplex oravit. De autem facto, cum jam Ypram equo pergere, ab his qui eum ceperunt, moneretur, equitare quidem omnino recusavit, sed nudis pedibus, cum tamen gelu esset, incedere maluit. Et cum iter arripuisset quemdam de clericis, *cujus hac ipsa relatione cognovimus*, sibi accivit, et hymnum Ambrosianum *Te Deum laudamus*, cum ipso antiphonalem decantare cœpit. Quo dicto, *Horas B. Mariæ* eadem supplicationis devotione cantando complevit. GUALTER, p. 174.

Chapitre septième.

rues de la ville, en le huant, en lui jetant des pierres et le couvrant d'immondices et de boue.

Le visage immobile, les yeux tantôt baissés vers la terre, tantôt levés au ciel, il semblait se résigner à son triste sort et invoquer l'assistance divine. Dans le trajet, un serf s'en approcha et, le frappant d'un bâton au visage, lui dit : « O le plus orgueilleux des hommes ! pourquoi dédaignes-tu de lever la tête et d'implorer la compassion des seigneurs et la nôtre, puisque ta vie est entre nos mains [1] ? » Il ne parut faire aucune attention à ces paroles, et garda un morne silence.

Quand ce cortège de mort fut arrivé sur la place où se dressait le gibet, on mit le prévôt tout à fait à nu pour augmenter l'ignominie de son supplice. Ses bras furent étendus en croix sur le gibet, et sa tête passée dans une ouverture pratiquée à la partie supérieure de la potence, de manière qu'elle eût à supporter seule tout le poids du corps.

Au moment où il était dans cette position, cherchant à prolonger sa vie en raidissant ses pieds et en se soutenant sur leur extrémité, voici que Guillaume d'Ypres sort de son logis, fend la presse, impose silence à ses vassaux, et, se plaçant en face de Bertulphe, l'interpelle en ces termes : « Dis-moi, ô prévôt ! dis-moi, par le salut de ton âme, quelles sont, outre

---

1. O superbissime hominum, cur dedignaris respicere et loqui principibus et nobis, qui habent potestatem perdendi te ? *Ibid.*, p. 200.

toi-même, Isaac et les traîtres déjà connus, les autres personnes coupables de la mort du seigneur comte Charles, et qui demeurent encore ignorées ?» Le patient fit un effort sur lui-même, releva la tête, et s'écria d'une voix forte devant tout le peuple assemblé: « Toi-même, aussi bien que moi, tu le sais! [1] » Guillaume pâlit de rage à ces mots, donna l'ordre de le lapider, et de l'achever.

Aussitôt grand nombre de gens qui étaient venus sur le marché d'Ypres pour vendre du poisson s'approchèrent du gibet et frappèrent Bertulphe de leurs crocs de fer et de leurs bâtons, l'empêchant de s'appuyer sur l'extrémité de ses pieds. D'autres, en même temps, prirent un chien qui passait, l'éventrèrent, en tordirent les intestins autour du cou du patient, et placèrent la gueule de l'animal contre sa figure au moment où il exhalait le dernier soupir dans un gémissement suprême.

Quand la foule se fut rassasiée de cet affreux spectacle, elle se rendit en un autre endroit de la ville où l'attendaient de nouvelles émotions. Un duel judiciaire allait avoir lieu, et, ici encore, du sang allait être répandu : un homme devait, condamné par le jugement de Dieu, succomber sous les étreintes

---

1. Et ille coram universis respondit : Æque tu, sicut et egò, nosti. *Ibid.*

cruelles de son adversaire ou entre les mains du bourreau.

Wydo, chevalier plein de valeur, et qui, du vivant de Charles, était un des principaux conseillers de ce prince, n'avait pas été étranger à la conspiration, parce qu'il avait pour femme une nièce de Bertulphe, sœur d'Isaac. Après la mort du martyr, un autre chevalier de grand courage, Herman, surnommé Corps-de-Fer, accusa publiquement ce Wydo d'être l'un des assassins de son maître. Wydo déclara l'accusation fausse et calomnieuse, en annonçant qu'il était prêt à se défendre par les armes devant le vicomte d'Ypres. Herman soutint son dire, et Guillaume arrêta que le duel aurait lieu aussitôt après le supplice du prévôt.

Arrivés dans la lice qui avait été préparée à l'avance, Herman et Wydo, armés de toutes pièces, s'attaquèrent d'abord la lance en arrêt, et se battirent avec beaucoup de vigueur.

Cependant Herman au Corps-de-Fer finit par vider les arçons et tomba de cheval. Étendu à terre, chaque fois qu'il voulait se relever, Wydo le terrassait d'un coup de lance. Il parvint néanmoins à blesser le cheval de Wydo; l'accusé, démonté à son tour, tira l'épée et se précipita sur Herman.

Alors des coups violents et répétés retentirent sur les écus des deux champions jusqu'à ce que, lassés l'un et l'autre du poids de leurs armes, ils les jetèrent au loin d'un commun mouvement, et s'enlacèrent corps à corps avec fureur pour hâter le combat. Dans cette lutte Herman fut renversé et Wydo tomba sur lui, le frappant au visage de ses gantelets de fer. La victoire paraissait assurée pour l'accusé, car l'accusateur terrassé et immobile, semblait prêt à rendre l'âme.

Chacun, frappé de stupeur et d'anxiété, contemplait cette scène, n'osant croire encore au triomphe de l'injustice et prêt à blasphémer contre la Providence, si Herman succombait aux attaques du traître Wydo.

Tout à coup ce dernier paraît éprouver une violente secousse ; il pousse un cri, et tombe lourdement à côté d'Herman. Il venait d'avoir le bas-ventre ouvert et déchiré par l'homme de fer.... Celui-ci se releva triomphant. On traîna le vaincu sur une claie aux applaudissements du peuple, et Guillaume d'Ypres le fit accrocher au gibet où déjà le prévôt mort était suspendu [1].

Quand Wydo eut expiré, les deux cadavres furent placés sur une roue de chariot, fixée à l'extrémité d'un mât très élevé. On leur avait croisé les bras autour du cou l'un de l'autre, et en cet état, dit l'historien Galbert, ils paraissaient encore se consulter

---

1. Jussit eumdem Wydonem juxta præpositum jam mortuum suspendi in eodem patibulo. *Ibid.*, p. 201.

sur le meurtre de leur glorieux seigneur, le très pieux comte Charles [1].

Pendant que ces lugubres scènes se passaient à Ypres, le roi de France s'occupait dans Bruges des moyens de reprendre le siège et de réduire enfin les conjurés à se rendre. Il avait nommé Gervais van Praet vicomte ou châtelain de Bruges pour le récompenser de sa fidélité et de son zèle ; et Gervais continuait à diriger les vengeurs du comte Charles par ses conseils et par son expérience.

Un héraut d'armes vint alors annoncer au peuple de Bruges le supplice infligé à Bertulphe et à Wydo, qu'il avait vus tous deux suspendus sur la place. Cette nouvelle ranima le courage des assiégeants. Afin de décourager les meurtriers, ils leur firent savoir de quelle manière leur chef, le prévôt, avait été pris et mis à mort. Les assiégés furent effectivement frappés d'une grande terreur. On les entendit gémir et se lamenter; mais ils n'étaient pas moins résolus à se défendre en désespérés jusqu'à la fin, et ils le déclarèrent.

En conséquence, Gervais fit démolir par les charpentiers une grande tour de bois qui avait été construite pour assaillir l'église, et qui ne pouvait plus servir. Une des plus grosses poutres de cette tour

---

1. Brachiaque mutuis quasi amplexibus ad colla jactantes, imaginem tradendi et consulendi de morte domini et gloriosi ac piissimi consulis Caroli... insignabant. *Ibid.*

fut disposée en bélier pour battre en brèche les murs de Saint-Donat, car il n'y avait pas d'autre moyen de pénétrer dans l'édifice, dont les ouvertures et les fenêtres étaient bouchées et rendues inaccessibles. On travailla en même temps à confectionner de nouvelles machines de siège, telles que balistes, catapultes, échelles et autres.

Malheureusement, parmi cette masse turbulente de peuple rassemblé à Bruges, il s'élevait souvent des dissensions et des querelles. Au moment où l'on s'occupait ainsi des préparatifs du siège, il survint un nouvel incident qui faillit encore une fois tout retarder.

Le roi et les barons avaient, dans un but fort sage, porté un décret qui défendait de s'approcher de la tour et de parler aux ennemis, afin qu'ils ne pussent découvrir quels moyens on mettait en œuvre pour les combattre. Celui qui contreviendrait à cet ordre devrait être jeté en prison, jugé et puni sévèrement.

Or, il arriva qu'un bourgeois, qui avait épousé la sœur d'un des assiégés, s'approcha furtivement de la tour, avec l'intention de redemander à son beau-frère des habillements et des vases qu'il lui avait prêtés. Un des hommes d'armes de Gervais l'aperçut, et, quand il passa sur la place du Bourg, il le saisit, d'après l'ordre formel qu'il avait reçu, et le conduisit de force au palais comtal, où l'on déposait tous les prisonniers.

Cette arrestation causa une grande rumeur parmi les gens du peuple, toujours jaloux de leurs libertés communales. Ils s'écriaient que jamais on ne les verrait souffrir la tyrannie de personne, et qu'à eux seuls appartenait le droit de punir une telle contravention. Bientôt ils coururent aux armes et se précipitèrent vers la maison du comte, qu'ils assaillirent pour en tirer le captif. Gervais s'y était enfermé avec ses hommes. Il se défendit courageusement ; et quand il vit le tumulte se calmer un peu, il descendit au milieu des insurgés et leur parla de la sorte :

« Vous n'ignorez pas, citoyens et amis, que sur votre demande le roi et le comte m'ont institué châtelain de ce lieu ; vous savez aussi que c'est en conformité des ordres du roi et des principaux barons qu'un de mes hommes a pris votre concitoyen en flagrant délit ; nonobstant ce, vous avez méconnu ma dignité et insulté ma personne ; vous avez assailli le palais du comte et ma famille, qui s'y trouvait ; enfin vous vous êtes précipités déraisonnablement et à main armée jusqu'en présence du roi. Maintenant, si vous le désirez, je résigne mon office de vicomte à cause de l'injure que vous m'avez faite ; je romps le pacte de foi et de sécurité qui existait entre nous, afin qu'il soit évident pour chacun que je ne prétends ni ne cherche à avoir de l'autorité sur vous. Ainsi déposons les armes, si cela vous plaît : rendons-nous par-devant

le roi, et que ce prince décide entre vous et moi [1]. »
Le peuple en effet suivit Gervais au logis du monarque, et là, moyennant quelques concessions réciproques, la paix fut rétablie, et l'on put enfin agir d'un commun accord.

Le 12 avril, Louis le Gros, ses conseillers, et les plus expérimentés parmi les barons flamands, montèrent au dortoir du couvent pour examiner par quel endroit on pourrait attaquer l'église avec le plus de succès. Précisément ce dortoir était accolé aux parois extérieures de Saint-Donat, et correspondait à la galerie supérieure où le comte avait été tué. On décida que le bélier y serait porté, et qu'on tâcherait de percer le mur de ce côté. En attendant on lança d'en bas, pendant deux jours, une multitude de projectiles contre la tour dans le but de fatiguer les conjurés.

Ceux-ci commençaient à perdre courage, et, en désespoir de cause, essayaient de fléchir la colère de leurs ennemis par tous les moyens possibles.

Pendant que le roi était au couvent, le jeune Robert, que l'on a vu si malheureusement entraîné dans la conjuration, mit la tête en dehors de l'une des fenêtres et cria merci au prince; mais Louis le

---

1. Si ergo placet, coram rege, depositis armis, conveniamus, ut judicetur inter nos et vestros. *Ibid.*

Chapitre septième.

Gros ne voulut pas se laisser attendrir. Peu après, les assiégés, espérant encore le fléchir, firent une histoire mensongère sur la mort de Burkhard. Ils disaient qu'une querelle s'étant élevée entre lui et Robert, ce dernier lui avait passé son épée au travers du corps, et ils proféraient mille injures contre Burkhard. Ces ruses ne produisirent aucun effet [1]. La lutte devait se poursuivre jusqu'au bout avec un acharnement que rien ne pouvait affaiblir et qu'accroissaient même encore les efforts d'une résistance insensée.

Le 14 avril, vers midi, on enleva la cloison de bois du dortoir, laquelle touchait aux murs de l'église, et l'on commença à dresser le bélier. C'était une énorme poutre armée à son extrémité d'une pointe de fer très solide et suspendue par de grosses cordes. Dès que cet engin fut en état de jouer, on l'attira par des crampons à la plus grande distance possible, et alors on le laissa retomber de tout son poids contre la muraille. A ce premier choc un amas considérable de pierres s'écroula.

Cependant les assiégés, pressentant qu'une brèche ne tarderait pas à s'ouvrir et à livrer entrée dans leur refuge, ne savaient plus quel moyen de défense employer. Ils imaginèrent de mêler des charbons ardents à de la poix, de la cire et du beurre, et de lancer le tout sur le toit du dortoir. Ces matières grasses et incen-

---
1. Ibid., p. 202.

diaires s'attachant aux charpentes, les flammes se développèrent bientôt sous le souffle de l'air et, en un instant, le toit brûlait de toutes parts sur la tête des gens occupés à mouvoir le bélier.

En même temps, du haut de la tour, les assiégés laissaient tomber perpendiculairement de grosses pierres qui écrasaient et renversaient beaucoup de monde. Le bélier n'en continuait pas moins de battre la muraille, et, après bien des chocs qui ébranlaient l'édifice entier, une brèche s'ouvrit enfin... Mille clameurs de joie s'élevèrent du sein de la multitude.

Les hommes d'armes du roi, les chevaliers flamands, les bourgeois et les gens du menu peuple se précipitèrent tous à l'envi vers cette ouverture. Ce fut une horrible confusion. Les uns se heurtaient aux débris de la brèche et étaient foulés aux pieds; les autres, étouffés par la presse, poussaient des cris déchirants; d'autres, plus forts et plus audacieux, passaient comme sur un pont au-dessus de cette masse compacte d'assaillants. Bientôt l'église fut pleine de monde, ainsi que la cour et les bâtiments du bourg; beaucoup étaient entraînés par le désir de la vengeance, mais beaucoup aussi par celui du pillage.

Les premiers qui arrivèrent dans la galerie virent un étrange et désolant spectacle. Le corps du comte Charles était là, tristement éclairé par un seul flambeau de cire que les traîtres avaient eu cependant la pudeur d'entretenir sans cesse allumé à l'endroit de la tête [1]. Autour de ces vénérables reliques gisaient à terre des fragments de comestibles, des légumes et de la farine; car sans doute les meurtriers, dans leur terreur superstitieuse, avaient renouvelé souvent le festin sacrilège dont nous avons parlé plus haut.

Le roi de France, ayant pu enfin pénétrer dans l'église de Saint-Donat, vint s'agenouiller auprès de la dépouille de son malheureux parent. Il pleura sa mort, chargea les chanoines de veiller et de prier nuit et jour autour de la tombe ; puis il se releva jurant d'exterminer jusqu'au dernier des assassins.

Cependant ceux-ci, lorsqu'ils virent l'église et la galerie supérieure au pouvoir de leurs ennemis, s'étaient tous retirés dans la tour, dont ils avaient empêché l'accès en enlevant les premières marches de l'escalier et en barricadant la porte. Enfermés et investis dans ce dernier refuge, ils ne voulurent point encore se rendre ; et, comme s'ils espéraient obtenir quelque commisération en agissant avec fierté, ils ne cessaient de sonner de leurs buccines ou trompes.

Il semble vraiment qu'une influence infernale soutenait ces grands coupables quand on songe que pendant si longtemps ils purent échapper au châtiment terrible que tout un peuple indigné leur réservait.

---

1. Stabat itaque cereus ardens ad caput consulis, quem posuerant in honorem et venerationem domini sui traditores illi. *Ibid.*

Deux jours se passèrent. Ces misérables, exténués de fatigue, bourrelés de remords et de crainte, éprouvaient en outre de grandes douleurs physiques. Les aliments et la boisson leur répugnaient; tout était pour eux sans aucune saveur : de sorte qu'ils éprouvaient les tourments de la faim et de la soif au milieu des provisions de toute espèce dont ils étaient environnés.

Le 19 avril, le roi des Français, irrité de rencontrer une telle obstination chez les conjurés, ordonna à ses hommes d'armes d'attaquer la tour par sa base et de la démolir, quoiqu'il lui en coûtât beaucoup de détruire cet antique et beau monument.

Les soldats se mirent aussitôt à l'œuvre. Ils travaillèrent toute la journée: et le lendemain ce travail de destruction était très avancé et la ruine imminente, car, à chaque coup de marteau ou de pioche, l'ébranlement se faisait sentir jusqu'au sommet de l'édifice.

Alors les assiégés, voyant la tour sur le point de s'écrouler, prirent la résolution de se remettre aux mains du roi plutôt que d'être écrasés sous les ruines de leur dernier asile. Ils crièrent qu'ils se rendaient : les sapeurs cessèrent de frapper. Aussitôt ils descendirent, et on les vit arriver dans la galerie où des hommes d'armes, armés jusqu'aux dents, les attendaient.

Les conjurés n'étaient plus qu'au nombre de vingt-sept. Rien de hideux comme leur aspect pâle, livide et comme frappé d'un infernal stigmate [1]. On les fit passer un à un dans la maison du prévôt, par une fenêtre donnant sur l'escalier de la tour, et on les enferma, liés et garrottés, dans une étroite prison en attendant leur supplice.

Quand la tour fut vide, beaucoup de gens y montèrent pour s'emparer des objets que les rebelles y avaient laissés. On y saisit d'excellent vin et de l'hypocras qui appartenaient au comte défunt, grand nombre de pièces de lard salé, vingt-deux mesures pleines de fromage, des légumes, de la farine de froment, des ustensiles servant à cuire le pain, des vases et des meubles de diverses natures. On espérait y trouver aussi le trésor du comte : toutes recherches à cet effet furent inutiles. On a vu comment les assassins en avaient disposé.

« Dans cette journée, dit l'un des historiens qui nous ont laissé tant de particularités précieuses sur la vie et la mort du martyr de Saint-Donat, le Seigneur, par le brillant éclat du soleil et la douceur de l'air, avait, pour ainsi dire, donné autour de nous une nouvelle face au monde, parce que ceux dont la présence souillait l'église étaient chassés de ce saint lieu, et réduits en captivité [2]. » Les prêtres s'empressèrent de purifier, par de nombreuses ablutions, le pavé

---

1. Exierunt tandem pallidi illi miseri, signa traditionis in facie portantes, livore et inedia deformiter signati. *Ibid.*, p. 206. — 2. *Ibid.*

du temple, de restaurer les murs, de réédifier les autels, dont les tables, par une sorte de miracle, étaient demeurées intactes. Ils décorèrent la basilique de nouveaux ornements, et y remirent tout ce qui était nécessaire pour célébrer les saints offices.

Le lendemain, on prépara une peau de cerf qui devait servir, selon la coutume du temps, à envelopper le corps de l'illustre défunt [1].

Le jour suivant, on fit solennellement la levée de ce corps. On craignait que, depuis sept semaines qu'il était là, il ne se fût décomposé; et, afin de détruire les émanations que chacun s'attendait à voir s'exhaler du cercueil, on avait fait préparer des réchauds pour y jeter de l'encens et des parfums. Mais, la tombe ayant été ouverte, il n'en sortit aucune mauvaise senteur.

Alors on plaça le corps, cousu dans la peau de cerf, sur une estrade au centre du chœur. Une grande foule de peuple était déjà réunie dans la basilique, et le roi de France s'y trouvait entouré de ses barons et des principaux seigneurs de la Flandre.

L'évêque de Tournai, accompagné de trois abbés et de tout le clergé de Bruges, portant processionnellement les châsses de saint Donat, de saint Basile et de saint Maxime, arriva bientôt sur le pont du

---

1. Consutum est corium cervinum in quo corpus comitis imponeretur. *Ibid.*, p. 207.

Chapitre septième.

Bourg, où on lui fit la remise des saintes dépouilles, lesquelles furent, au milieu des larmes et des sanglots, transférées à l'église de Saint-Christophe. Là fut célébrée la messe des morts, en présence du roi, des barons et du peuple, qui avaient suivi le funèbre et triste convoi.

Des hommages plus grands encore étaient réservés à la mémoire de ce saint personnage. Ses contemporains lui donnèrent le nom de Charles le Bon ; et la postérité lui conserva cette qualification, qu'il avait si bien méritée. Plus tard, l'Église le mit au rang des martyrs bienheureux, en attendant la consécration suprême et plus éclatante encore que sans doute elle lui réserve. Sa fête fut célébrée en Flandre le 2 mars, jour de sa mort, et, chaque année, jusqu'à la fin du siècle dernier, on proclamait, à la porte de l'église de Saint-Donat, l'anathème fulminé contre ses bourreaux.

Mais avant de tirer des récits qu'on vient de lire les enseignements qui en doivent ressortir, et de rendre à la mémoire de Charles le Bon l'hommage qu'elle mérite à tant d'égards, il convient de rappeler le dénouement du drame de Saint-Donat, jusque dans tous ses résultats politiques et sociaux.

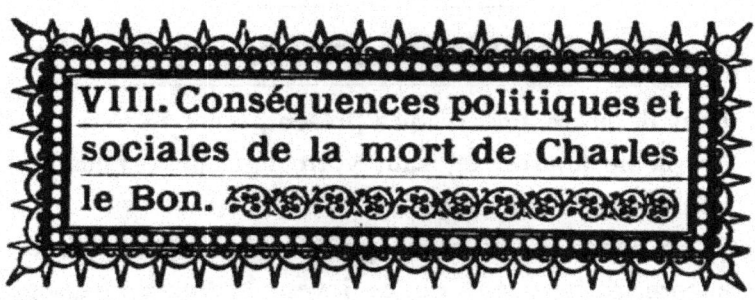

VIII. Conséquences politiques et sociales de la mort de Charles le Bon.

TANDIS que les événements que nous venons de retracer se passaient, Guillaume, surnommé Cliton ou le Normand, nouvellement élu à Bruges, et institué par Louis le Gros en qualité de comte de Flandre, était reçu à Saint-Omer, comme on avait coutume de le faire pour les princes ses prédécesseurs.

Une scène peu connue de la vie féodale et communale à cette époque et pleine d'une gracieuse originalité eut lieu à cette occasion.

De jeunes garçons portant des arcs et des flèches s'avancèrent en troupe au-devant de lui, feignant de vouloir s'opposer à son entrée dans la ville. Guillaume ne savait pas ce que signifiait une pareille démonstration. Alors un des petits archers lui dit: « Seigneur, il est juste que nous obtenions pour nous le privilège qu'avaient les enfants de nos aïeux de courir par les bois et forêts aux fêtes des saints, d'errer çà et là pendant le printemps pour prendre les oiseaux, tuer à coups de flèches les renards, les écureuils et autres semblables bêtes, enfin de prendre toutes les récréations de notre âge. Jusqu'à présent, nous l'avons fait en pleine liberté, et, sauf votre agrément, nous le voulons faire toujours (1). »

Le comte Guillaume, qui lui-même était jeune encore, rit beaucoup de ce joyeux badinage, feignit d'accorder à regret de telles franchises ; puis, amusé des battements de mains et des cris de joie de tous ces enfants, il leur enleva en plaisantant le drapeau qu'ils portaient.

Escorté par ces turbulents compagnons, il fit son entrée dans la ville au milieu des bourgeois et du clergé, qui étaient venus à sa rencontre portant des flambeaux allumés, répandant autour de lui des nuages d'encens, psalmodiant des cantiques d'allégresse et réjouissant l'air d'une belle musique (2).

Quand le seigneur eut fait ses prières à l'église, il reçut, suivant l'usage, le serment de foi et hommage de la bourgeoisie et, à cette occasion, octroya une confirmation solennelle des droits et franchises existant déjà, et auxquels sans doute il ajouta quelques dispositions nouvelles (3).

Mais, élu et reconnu comme souverain par une notable partie des Flamands, le protégé du roi de

---

1. Hoc ergo licenter egimus hactenus, et volumus eadem a te licentia ludorum nostrorum mores deinceps renovare. *Ibid.*, p. 204.
2. Ibid.
3. Cette charte de Guillaume Cliton est la première sanction écrite que l'on connaisse des libertés communales de Saint-Omer.

France était loin pourtant de posséder tout le territoire ; car on sait que plusieurs prétendants avaient dressé leurs bannières en divers endroits du pays. Guillaume d'Ypres, le premier, s'était rendu maître par la violence d'un grand nombre de lieux fortifiés, entre autres de Formesèle, de Furnes, de Cassel, d'Aire, de Bergues-Saint-Winoc et de tous leurs alentours.

Dès son arrivée à Bruges, Louis le Gros était allé trouver ce Guillaume au château de Winendale, afin d'établir la paix et la concorde entre lui et le nouveau comte ; mais le vicomte d'Ypres refusa d'entrer en arrangement, disant qu'il n'y avait pas d'autre descendant direct des anciens comtes que lui, et qu'il méprisait l'étranger qu'on voulait imposer aux Flamands [1]. Louis le Gros, occupé alors au siège de Saint-Donat, fit attaquer Guillaume aux environs d'Aire par deux chevaliers, Hugues Champ-d'Avoine et Walter de Frorerdeslo ; mais il paraît que ce combat n'eut pas de résultats.

Quand les obsèques du comte Charles furent terminées, que le roi eut remis un peu d'ordre dans la ville et nommé un nouveau prévôt de Saint-Donat, il partit en compagnie du châtelain Gervais et d'un grand nombre de gens d'armes réunis à Bruges, et s'avança vers Ypres pour mettre Guillaume à la raison.

Le 26 avril, Louis, que Guillaume Cliton avait re-

---

1. Quia eum despectui habebat... *Ibid.*, p. 200.

joint, ordonna le siège de cette ville. L'attaque et la résistance furent de part et d'autre fort opiniâtres. Le prétendant sortit avec trois cents hommes d'armes pour lutter contre son rival, le jeune Guillaume. Pendant ce temps, des bourgeois d'Ypres, gagnés en secret par le roi, introduisirent ce prince dans la ville ainsi que toute son armée. Lorsque le vicomte rentra, ignorant la défection des habitants, il fut investi par les gens du roi et du comte. Ne pouvant se tirer de ce mauvais pas, il se rendit prisonnier, et on l'envoya pour être détenu au château de Lille.

Après en avoir fini de la sorte avec l'homme dont les coupables antécédents ne méritaient pas une aussi douce punition, Louis-le-Gros se dirigea vers Audenarde occupée par un autre aspirant au comté de Flandre. C'était Bauduin IV, dit le Bâtisseur, comte de Hainaut, arrière-petit-fils du marquis Bauduin de Mons et de la fameuse Richilde.

Lors de la venue du roi à Arras, Bauduin avait été à sa rencontre en tête des hommes nobles du pays de Hainaut, le priant de le réintégrer dans ce qu'il appelait son héritage, et s'offrant de prouver contre tout venant, par le duel judiciaire, qu'il était le légitime seigneur de la Flandre [1].

---

1. Et quod nullus se propinquior vel rectiori ac majori jure hæres Flandriæ esse diceret armis et duello sui proprii corporis probaturum subjunxit. — *Herimanni Tornacensis chron. in Spicil. Achery, ed. in-f°*, II. 88.

Louis-le-Gros accueillit Bauduin avec bienveillance, l'appela son cousin, et parut d'abord disposé à le prendre sous sa protection; mais cédant aux raisons politiques que nous avons énoncées plus haut, et aussi, dit-on, aux instances de sa femme, Adélaïde de Savoie, dont Guillaume avait récemment épousé la sœur Jeanne, il l'abandonna tout à fait pour adopter et mettre en avant le prince Normand [1].

Bauduin, irrité, s'était jeté dans Audenarde avec ses chevaliers, et ravageait le pays d'alentour. A l'approche du monarque français, il brûla la ville et les faubourgs; l'église de Sainte-Walburge fut dévorée par cet incendie avec cent personnes qui y avaient cherché un refuge [2]. Le comte de Hainaut ne resta pas plus longtemps dans un pays où de si puissants ennemis s'acharnaient à le combattre.

D'Audenarde, le roi retourna à Bruges sans le jeune comte, qui ne revint que le jour suivant vers midi. Les chanoines de Saint-Donat reçurent Louis le Gros en procession et le conduisirent à l'église, où il fit ses dévotions et donna de riches offrandes, selon la coutume des princes ses prédécesseurs. Il se rendit ensuite, en grand cortège de barons, au palais du comte Charles, qui avait été dignement réparé pour cette réception, et y dîna.

Pendant le festin on entendit au dehors des voix

---
1. Ibid. — 2. Ibid.

Chapitre huitième.

confuses et un étrange tumulte. C'était le peuple qui s'était assemblé pour savoir ce qu'on allait faire des prisonniers, car il voulait savourer sa vengeance jusqu'au bout.

La place du Bourg et les lieux environnants se couvraient d'une foule immense. On lui dit qu'il fallait attendre l'arrivée du comte Guillaume avant de prendre une décision. La foule s'écoula, et le lendemain elle revint aussi nombreuse et aussi agitée que la veille.

Le comte ne fut pas plus tôt entré à son logis, que déjà les appartements étaient encombrés de gens de toute espèce, à tel point que le roi lui-même eut beaucoup de peine à pénétrer jusqu'à lui. On dut aviser aux moyens d'éloigner la populace. A cet effet, le comte sortit accompagné de quelques serviteurs et hommes d'armes. La multitude curieuse le suivit. Lorsque le Bourg fut ainsi débarrassé, le comte y rentra seul avec son monde, ordonna de fermer les portes, et monta au palais du roi pour y tenir conseil.

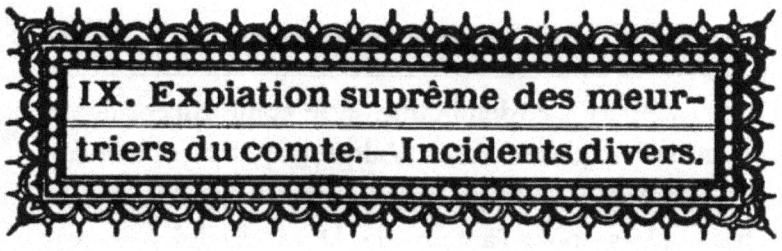

IX. Expiation suprême des meurtriers du comte. — Incidents divers.

LE sort des conjurés fut alors décidé. Ils devaient être tous précipités du haut de la tour élevée qui dominait l'hôtel du comte Charles, où logeait maintenant le roi des Français.

Lorsque tout fut disposé pour cette exécution, le roi et le comte Guillaume envoyèrent des soldats armés à la prison afin d'y prendre les criminels un à un et séparément.

Le premier qu'on fit sortir fut Wilfrid Knop, frère du prévôt Bertulphe ; afin d'ajouter à l'horreur de ses derniers moments, on lui annonça, avec une cruelle ironie, que le roi lui voulait donner des preuves de sa clémence [1]. Wilfrid le crut, ainsi que les autres prisonniers, et se livra joyeux aux mains des soldats. Ceux-ci l'emmenèrent à travers les corridors intérieurs du palais jusqu'au sommet de la tour. Là, tandis que d'un œil effaré il regardait en bas dans le vide immense de la place, ils le poussèrent ; et Wilfrid trébuchant tomba du haut de la tour sur le pavé, où il se brisa la tête.

Après lui les soldats allèrent chercher Walter, fils

---

1. Quod rex misericorditer acturus foret cum ipsis. GALBERT, p. 208.

de Lambert d'Ardembourg, et le conduisirent également sur la plate-forme. Walter prévit bien son sort en apercevant le corps fracassé de Wilfrid ; il supplia les soldats, pour l'amour de Dieu, de lui laisser le temps de faire une courte prière. Lorsqu'il l'eut achevée, on le précipita de la même manière, sous les yeux de ses complices, et il expira aussitôt.

Le troisième qui fut ainsi lancé de l'extrémité de la tour, s'appelait Erik. Son corps rebondit sur un escalier de bois dont il arracha et rompit une marche, bien qu'elle fût attachée « avec cinq clous [1] », ajoute minutieusement le notaire Galbert. Arrivé à terre, et vivant encore, il eut la force de faire le signe de la croix ; ce qui émut quelques bonnes femmes, qui voulurent s'approcher de lui. Mais un servant d'armes de la maison du comte leur jeta une grosse pierre et les força de s'éloigner. Bref, tous les conjurés, au nombre de vingt-huit, subirent le même sort devant la multitude applaudissant à cet affreux spectacle, et poussant d'impitoyables clameurs.

Burkhard n'était point parmi les suppliciés. On ne dit pas comment il avait trouvé moyen de s'échapper ; quoi qu'il en soit, le dimanche qui précéda le jour où ses complices furent exécutés, il fut pris dans la ville de Lille. Ayant été lié et garrotté sur une roue au sommet d'une forte poutre du haut de la tour de Saint-

---

1. Ibid.

Donat, il vécut ainsi pendant un jour et une nuit, priant, gémissant et demandant comme une grâce qu'on voulût bien lui couper les deux mains avec lesquelles il avait frappé son seigneur à mort [1].

L'énormité du crime et ses horribles conséquences expliquent l'implacable rigueur des expiations. Elles n'auraient pu être adoucies que par la sainte et miséricordieuse clémence de la victime; mais elle ne pouvait plus désormais qu'intercéder au ciel pour ses bourreaux!

La justice humaine était donc satisfaite et l'on sait au prix de quelles peines.

Cette éclatante satisfaction devrait former le dénouement naturel d'un drame dont les annales du passé offrent peu d'exemples; mais la mort de Charles le Bon eut des conséquences politiques, dont il faut poursuivre le récit inachevé, car elles entraient sans doute dans les desseins de Dieu pour faire sentir à la Flandre toute la grandeur de la perte qu'elle avait faite et la difficulté de pouvoir la réparer jamais.

Une fois les meurtriers punis et l'autorité du nouveau comte reconnue presque partout, la présence du roi en Flandre n'était plus nécessaire. Il partit donc de Bruges le sixième jour de mai, emmenant en captivité le jeune Robert, qu'on n'avait pas voulu justicier avec les autres, car il était fort aimé des

---
1. Ibid.

gens de la ville ; à plusieurs reprises on avait même demandé sa grâce au roi, mais il n'avait pas voulu l'accorder. Robert en partant vit la compassion qu'il inspirait à chacun : « Mes amis, dit-il aux bourgeois, il n'a pas dépendu de vous que j'eusse la vie sauve ; au moins priez Dieu qu'il ait pitié de mon âme[1] ! » Quand on fut à quelque distance du Bourg, le roi ordonna qu'on lui liât les pieds sous le ventre du cheval qu'il montait : et, en cet état, le renvoya à Bruges, où le bourreau lui coupa la tête.

Guillaume Cliton, après avoir escorté le roi jusqu'à la limite du comté, revint à Bruges, où il ordonna de faire des enquêtes pour connaître tous ceux qui, directement ou indirectement, auraient participé à la conjuration, et afin d'apprendre aussi ce qu'était devenu le trésor de son prédécesseur. Ces recherches ne produisirent pas de grands résultats. Guillaume s'occupa ensuite de consolider son pouvoir et de rétablir la paix dans le pays.

Le dimanche de la Pentecôte, il tint une cour plénière et reçut les serments des seigneurs flamands qui avaient été convoqués à cet effet. Dans la crainte que Guillaume d'Ypres ne parvînt à s'échapper de Lille et à lui causer par là de nouveaux embarras, il le fit amener à Bruges et enfermer dans la plus haute chambre de cette tour du haut de laquelle les meur-

---

1. Ibid.

triers de Charles avaient été précipités. Une garde nombreuse veilla sur ce dangereux personnage ; le comte redoutait même tellement ses intrigues qu'il lui fit défendre de regarder par les fenêtres.

Dès son avènement, Guillaume, si différent en cela du prince que l'on avait si justement qualifié de Bon, chercha moins à se faire aimer de ses nouveaux sujets qu'à s'en faire craindre. Au lieu de les traiter doucement, et de manière à s'attirer peu à peu leur confiance et leur amitié, ce jeune homme sans expérience se plut au contraire à exercer contre eux mille vexations.

Au mois d'août, à la fête de Saint-Pierre, pendant qu'avait lieu la foire de Lille, Guillaume, se trouvant dans cette ville, voulut faire saisir sur le marché, par ses hommes d'armes normands, un malheureux serf qui lui déplaisait.

Les bourgeois s'indignèrent de cet acte de tyrannie, prirent les armes d'un commun accord, et, se portant au logis du comte, le forcèrent à fuir ainsi que tous ses gens, dont plusieurs furent maltraités et jetés dans les marais qui se trouvaient alors en dehors des faubourgs.

Guillaume, furieux, revint bientôt investir le bourg de Lille, et força les citoyens à lui payer, à titre de composition, une somme de mille quatre cents marcs d'argent. Le troisième jour de février suivant, les bourgeois de Saint-Omer, qui avaient naguère accuelli Guillaume si honorablement, s'insurgèrent contre lui parce qu'il favorisait outre mesure leur châtelain, homme dur et rapace, qui volait et dilapidait les revenus publics, et se livrait à d'odieuses cruautés. A la nouvelle de cette rébellion, le comte vint aussi mettre le siège devant Saint-Omer, avec une forte armée.

Les bourgeois furent, comme à Lille, obligés de se racheter du sac et du pillage par une forte somme d'argent. En quittant Saint-Omer, le comte dut se porter en toute hâte vers Gand, où venait également d'éclater une insurrection, car le mécontentement était devenu général.

Ici encore, la révolte était motivée par les violences du châtelain institué par Guillaume et agissant d'après ses ordres. Quoiqu'on eût déjà pris partout le comte étranger en grande haine, les Gantois voulurent cependant essayer de lui faire entendre raison et de le ramener à de meilleurs sentiments. Ils avaient choisi pour chefs deux chevaliers, Daniel de Tenremonde et Iwan d'Alost, l'un et l'autre de la famille des anciens châtelains de Gand.

Iwan fut chargé d'adresser des remontrances à Guillaume au nom de tout le peuple rassemblé sur la place [1]. Il le fit en termes indignés.

---

1. Et convocatis universis in Gandavo, Iwan prolocutor civium statutus est. *Ibid.*

Guillaume avait écouté impatiemment son discours. A peine fut-il achevé qu'il s'élança en avant d'un air furieux ; et, s'il eût osé, il aurait insulté Iwan en face du peuple ; mais il se contraignit et dit, avec une rage concentrée : « Iwan, je rejette l'hommage que tu m'as prêté ; je veux devenir ton égal, et te prouver sans délai, par un combat singulier, que j'ai bien et loyalement agi en toutes choses dans le pays [1]. »

Iwan, calme et impassible devant ce défi, répondit qu'il n'y avait pas lieu de combattre, mais de se réunir paisiblement à Ypres ; et il assigna le comte à y comparaître pour le cinquième jour du carême.

Ce qui donnait tant d'assurance et de fierté à cet orateur du peuple, c'était d'abord le bon droit de la cause qu'il défendait, puis la protection que le roi d'Angleterre avait promise en secret aux principales villes flamandes contre leur oppresseur. Ce prince, en effet, n'avait pu voir sans dépit Guillaume Cliton devenir possesseur de la Flandre, et ne négligeait rien pour fomenter une révolution dans la contrée.

Après avoir été obligé d'entendre les paroles sévères d'Iwan, le comte, plein d'émotions pénibles, se rendit à Bruges, où il s'empressa de réunir le plus de gens de guerre qu'il put trouver. Ensuite il convo-

---

1. Et ait : Volo ergo, rejecto hominio quod mihi fecisti, parem me tibi facere, et sine dilatione bello comprobare in te, quia bene et rationabiliter adhuc per omnia in comitatu gerim. *Ibid.*

qua les bourgeois, se plaignit à eux de l'insolence d'Iwan et des Gantois qui, disait-il, le chasseraient volontiers de la Flandre, s'ils le pouvaient, et les engagea fortement à lui rester fidèles.

Avant le jour indiqué il se porta vers Ypres avec ses troupes, et remplit la ville de soldats et de serfs armés. Iwan et Daniel, d'un autre côté, ne restaient pas inactifs ; ils envoyaient dans les villes de Flandre des députés pour faire alliance avec les habitants et leur dire : « Promettons-nous mutuellement, par des otages, si nous voulons vivre sans honte dans notre pays, que, si le comte recommence à user de violence envers nous, nous volerons réciproquement à la défense les uns des autres [1]. »

Lorsque arriva le cinquième jour de carême, Iwan et Daniel, pour tenir leur parole, s'approchèrent d'Ypres jusqu'à Roulers, et de là envoyèrent à Guillaume des hérauts porteurs de cette déclaration : « Seigneur comte, le jour de la réunion ayant été fixé dans le saint temps du jeûne, vous auriez dû venir en paix, sans fraude, et non armé. Comme vous ne l'avez pas fait ; que, bien plus, vous êtes disposé à combattre nos compatriotes, Iwan, Daniel et les Gantois vous font savoir, par notre bouche, qu'ils renoncent dès à

---

1. Obsides et fidejussores dabimus ad invicem, si vos vultis vivere cum honore in terra, ut si violenter velit comes irruere super vos vel nos, undique ad mutuam nostram defensionem concurramus. *Ibid.*

présent à l'hommage qu'ils vous ont prêté, et retirent la fidélité qu'ils vous avaient inviolablement gardée jusqu'à ce jour, parce que vous êtes venu pour les perdre par malice et méchanceté [1]. » Cela dit, les hérauts, suivant la coutume, brisèrent des fétus de paille en signe de retrait d'hommage et s'en allèrent [2].

Comme on le voit, les plus déplorables dissensions intestines et une véritable guerre civile étaient devenues le résultat de l'irréparable perte que la Flandre avait faite du prince qui devait être son libérateur.

1. Quia dolose ipsos interficere venisti. *Ibid*.
2. Et exfestucaverunt ex parte dominorum suorum internuntii illi et abierunt. *Ibid*.

X. Rivalité armée entre Guillaume Cliton et Thierri d'Alsace. — Thriomphe de ce dernier.

TEL était le triste état du pays, quand on apprit que Thierri d'Alsace, le même qui dès le principe, s'était mis sur les rangs pour obtenir le comté, venait d'arriver à Gand. En même temps, les habitants de Saint-Omer introduisaient dans leurs murs un autre prétendant, Arnoul de Danemark, neveu de Charles le Bon. Ces deux seigneurs attendaient, chacun de leur côté, que la marche des événements leur permit de se faire proclamer comte de Flandre en place de celui dont on ne voulait plus.

Ainsi la position de Guillaume devenait très périlleuse ; il fit, pour en sortir, d'énergiques efforts. D'abord, ne pouvant se mesurer contre les deux concurrents à la fois, il se porta en toute hâte vers Saint-Omer avec de nombreuses troupes ; car bien des gens n'osaient pas encore abandonner celui qui avait été légitimement consacré par le vœu national, et les brugeois, entre autres, lui avaient envoyé des renforts conduits par leur châtelain Gervais.

Guillaume entra de force à Saint-Omer, poursuivit

Arnoul, et le chassa jusque dans l'église du monastère de Saint-Bertin, à laquelle il voulait mettre le feu. Obligé de se rendre à merci, Arnoul abjura ses prétentions sur la Flandre [1], moyennant quoi il lui fut permis de s'embarquer et de retourner en Danemark.

Délivré de ce rival, Guillaume avait encore à repousser Thierri d'Alsace, et à soumettre la Flandre entière, où l'insurrection faisait de rapides progrès. De tous côtés l'on prenait les armes. Gand, où Daniel et Iwan étaient revenus, avait proclamé Thierri ; Bruges ne tarda pas à le reconnaître également ; et le châtelain Gervais, se conformant au vœu populaire, se sépara tout à fait du Normand et devint l'hommelige de Thierri.

Ainsi les nobles et les bourgeois désertaient en foule la cause de Guillaume, déplorant amèrement et plus que jamais la mort du prince accompli dont le règne promettait à la Flandre une ère de paix et de prospérité jusqu'alors inconnue. Ceux d'entre les barons qui ne se trouvaient point dans l'armée du Normand, mais qui jadis lui avaient prêté foi et hommage, allaient le trouver et rompaient la paille devant lui.

Dans cette extrémité, le comte mit en liberté Guillaume d'Ypres et tenta de s'en faire un auxiliaire. Ce

---

1. Coegitque ut Arnoldus ille abjuraret prorsus Flandriam. *Ibid.* p. 212.

moyen ne réussit pas; Guillaume, à peine revenu dans sa châtellenie d'Ypres, en fut chassé par les habitants, qui ne voulaient déjà plus reconnaître d'autre maître que le seigneur Thierri d'Alsace.

Alors Guillaume Cliton, auquel il ne restait que les hommes d'armes normands, se trouva comme un étranger au milieu de la Flandre en révolte. Abandonné par tout le monde, il n'eut plus d'autre alternative que de recourir au roi de France sous les auspices duquel il était arrivé à ce pouvoir souverain qu'il ne savait pas garder. Il se rendit à Compiègne auprès de Louis le Gros, et lui exposa sa détresse.

Le roi avait intérêt à ne point délaisser son protégé.

La facilité avec laquelle il l'avait fait comte de Flandre, lui donnait à penser que les Flamands ne devaient rien lui refuser, et n'oseraient d'ailleurs résister jamais à ses intentions et à son autorité. En conséquence, il revint à Arras, et dépêcha aux principales villes cet impérieux message : « Je veux que, le dimanche des Rameaux, huit des plus plus prudents d'entre vous se rendent auprès de moi à Arras. Je désire voir expliquer devant eux et devant tous mes barons ce dont il s'agit entre vous et votre comte Guillaume, et connaître ainsi la raison de vos dissensions [1]. »

---

1. Volo ut in dominica Palmarum octo viros discretos a vobis mihi in Atrebato transmittatis, etc. *Ibid.*, p. 214.

Les citoyens délibérèrent mûrement et sagement sur cet ordre du roi, comme ils avaient coutume de le faire dans toutes les circonstances graves, puis ils s'exprimèrent avec une fierté à laquelle Louis le Gros ne s'attendait pas sans doute.

Après avoir exposé les griefs qu'ils avaient contre Guillaume Cliton, et déduit les motifs de leur préférence en faveur de Thierri d'Alsace, ils terminaient par cette déclaration: « Nous faisons donc connaître à tous, tant au roi qu'à ses barons, tant à nos compatriotes qu'à leurs descendants, que rien n'appartient au roi des Français dans l'élection et dans l'élévation du comte de Flandre, qu'il meure avec ou sans héritier [1]. Les pairs du pays et les citoyens ont seuls le droit d'élire le plus proche héritier, et le pouvoir de l'élever au comté. Quant au tribut dont il est redevable pour les pays qu'il tient en fief du roi, le comte, à la mort de son prédécesseur, est seulement tenu de donner un certain nombre d'hommes au roi pour tout droit de fief. Le comte de Flandre ne doit rien de plus au roi de France, qui n'a nul motif de vouloir nous imposer un chef [2]. »

---

1. Quod nihil pertinet ad regem Franciæ de electione vel positione comitis Flandriæ. *Ibid.*
2. Nihil ulterius debet consul terræ Flandriæ regi Franciæ, neque rex habet rationem aliquam aut potestatem, seu per coemptionem, seu per pretium, nobis superponat consulem aut aliquem præferat. *Ibid.*

Chapitre dixième.

Ce langage fit voir à Louis le Gros qu'il s'était trompé en comptant sur l'obéissance passive des Flamands, toujours intraitables, quand il s'agissait de leur indépendance et de leur vieilles libertés. Il employa d'abord l'autorité de l'Église, qui souvent alors était si efficace pour concilier les peuples ; et, par son ordre, l'évêque de Tournai lança l'interdit sur la Flandre, et excommunia tous ceux qui avaient dépossédé Guillaume. Ce moyen n'ébranla point l'obstination des Flamands, qui croyaient pouvoir sans scrupule défaire ce qu'ils avaient fait sous l'empire d'ailleurs de la pression exercée sur eux par une politique qu'inspirait plutôt l'intérêt que la sympathie.

Alors le roi et le comte Guillaume n'eurent plus d'autres ressources que d'agir par la force des armes. Louis s'en vint assiéger Lille, où Thierri d'Alsace s'était enfermé ; mais au bout de quatre jours, après avoir livré plusieurs assauts infructueux, il se replia sur Arras, puis rentra en France, car le comte de Champagne, d'intelligence avec le roi d'Angleterre, qui favorisait toujours en secret les Flamands, s'était porté jusqu'à Epernay sur la Marne, et menaçait de pénétrer au cœur de la France.

Quant à Guillaume, il resta en Flandre, soutenant la lutte avec les hommes d'armes que le roi lui avait laissés. Comme il n'était plus capable d'attaquer les bourgs importants de ce pays, les hostilités se bornèrent d'abord à des agressions contre les châteaux et au pillage des campagnes. Mais bientôt une chance illusoire d'ailleurs, sembla le favoriser.

Le duc de Louvain, suivant les uns, redoutait d'avoir Thierri d'Alsace pour voisin, et suivant les autres, était mécontent d'avoir vu échouer son projet de faire reconnaître Arnoul de Danemark, auquel il aurait donné sa fille en mariage; aussi prêta-t-il son concours à Guillaume. Celui-ci, plein d'ardeur et de courage, chercha dès lors toutes les occasions de se trouver face à face avec son compétiteur et de se mesurer avec lui.

Le 21 juin 1128, Thierri d'Alsace étant venu, en tête d'une innombrable quantité de Flamands, assiéger, aux environs de Thielt, le château-fort d'un chevalier nommé Folket qui était resté fidèle au parti de Guillaume, ce dernier vola au secours de son allié. Bien que les forces de Thierri fussent beaucoup plus grandes que les siennes, il résolut cependant de le combattre et de délivrer Folket; car il aimait mieux mourir que de supporter un tel outrage [1].

Vers le matin, il confessa ses péchés à l'abbé d'Oldenbourg, reçut dévotement la communion, et plein sans doute de bonnes résolutions à l'exemple de son prédécesseur, dont il avait cependant si peu suivi jus-

---

1. Elegerat namque prius mori quam tantum opprobrium sùi sustinere. *Ibid.*, 216.

qu'alors les sages traditions, promit sur l'autel que dorénavant il serait le défenseur des églises et des pauvres. S'associant à ces vœux tardifs, ses hommes d'armes se coupèrent les cheveux, se dépouillèrent de leurs chlamydes, délacèrent leurs hauberts ou cuirasses, et prirent des armes plus légères. Il semblait qu'ils pressentaient dès lors le suprême arrêt de la Providence.

Arrivés sur le sommet d'une colline qui dominait l'armée de Thierri d'Alsace et le manoir de Folket, ils se préparèrent à livrer bataille. Un combat acharné à coups de piques et d'épées ne tarda pas à s'engager. Le corps où se trouvait Guillaume fut contraint à reculer, puis à faire volte-face et à fuir.

Guillaume se vit entraîné dans cette déroute ; mais il avait eu soin de tenir une troupe en réserve. Elle se jeta intrépidement sur les gens d'armes de Thierri qui poursuivaient les fuyards, et les arrêta brusquement. Guillaume rallia aussitôt ses gens, reprit l'offensive, et, par une attaque vigoureuse, porta le désordre et la confusion chez ses ennemis. A leur tour ceux-ci se sauvèrent épouvantés, abandonnant leurs armes, se dépouillant de tout ce qui les gênait. Dix hommes d'armes seulement restèrent auprès de Thierri, que Guillaume, sautant à cheval, se mit à chasser l'épée dans les reins.

Thierri eut grand'peine à échapper, et arriva presque seul à Bruges vers le milieu de la nuit. La consternation et le désespoir s'emparèrent des habitants, et l'on crut que tout était perdu.

Quand on apprit que Guillaume, avant de se battre, s'était confessé et avait, par esprit de pénitence, coupé ses cheveux et dépouillé ses ornements guerriers, ainsi que tous ses chevaliers, Thierri voulut imiter cet acte d'humilité chrétienne et son exemple fut immédiatement suivi par les hommes d'armes de son parti. Chacun se purifia par le jeûne et les mortifications [1]; on porta processionnellement les croix des églises et les châsses des saints; le clergé de Bruges excommunia le Normand Guillaume; enfin l'on fit promettre au comte Thierri qu'il se montrerait toujours bon et miséricordieux envers ses nouveaux sujets [2], comme l'avait été le saint martyr auquel il venait de succéder.

Quelques jours après ce désastre, Thierri se mit en mesure de reprendre les hostilités contre Guillaume, qui assiégeait en ce moment-là une forteresse au village d'Oostcamp. Il ne fut pas plus heureux dans cette expédition que dans l'autre, et fut obligé de se réfugier encore à Bruges, où les paysans d'alentour, effrayés qu'ils étaient du succès de Guillaume, le suivirent en foule et y enfermèrent leurs effets et leur bétail. « Alors, dit un témoin oculaire, déplorant

---

1. Ibid., p. 217. — 2. Ibid.

les malheurs de la guerre, les épouses pleurèrent leurs maris, les enfants leurs pères, les serviteurs et les servantes leurs maîtres, que la guerre avait moissonnés ; et le découragement les saisissait au milieu des pleurs et des sanglots [1]. »

Il fallut pourtant que Thierri, battu dans les deux rencontres, reprît les armes sans délai ; car ses ennemis ne lui laissaient aucun repos, surtout depuis que la fortune était venue accroître leur espoir et leur audace. Ils menaçaient Alost, une des principales bourgades de la Flandre impériale, située entre Bruxelles et Gand. Thierri courut s'y enfermer avec Iwan, Daniel et les plus braves de ses chevaliers. A peine y avait-il pénétré que Guillaume Cliton et le duc de Louvain arrivèrent sous les murs en tête de forces considérables.

Le sort de la Flandre, si éprouvée depuis la mort de Charles le Bon, dépendait de ce siège : si le seigneur qu'elle avait choisi était contraint à se rendre, elle retombait infailliblement sous le joug de celui qu'elle venait de répudier ; et Dieu sait par quelles représailles Guillaume aurait vengé le sanglant affront qu'il avait reçu des Flamands.

Rempli d'orgueil et de bravoure, sûr peut-être de la victoire, le jeune Normand se porta, le 27 juillet, au-devant des ennemis, près des retranchements, au

---

1. Ibid.

moment d'une attaque. Du haut de son cheval il frappait bravement d'estoc et de taille, quand un trait d'arbalète, décoché par un homme d'armes nommé Nicaise Borlut, le renversa par terre.

Guillaume, blessé peu grièvement, se releva et porta la main droite à sa dague pour combattre à pied. Un servant d'armes, qui avait aperçu ce mouvement, se précipita sur lui la pique en arrêt, lui perça la main, la fixa au milieu du bras, et lui enfonça le fer dans la poitrine [1]. Guillaume trébucha, blessé à mort, entre les bras de ses chevaliers, qui le transportèrent à l'écart le plus secrètement qu'ils purent. Le servant d'armes avait été tué avant de prendre la fuite, de sorte que les assiégés ignoraient l'événement.

Il n'en était pas de même parmi les Normands et tous ceux qui ne se battaient que pour Guillaume. Ils surent bien vite la fatale nouvelle, et comprirent aussitôt que la guerre devait cesser puisque celui en faveur de qui seul on la faisait n'existait plus. Le duc de Louvain, sans perdre de temps, réclama une entrevue du comte Thierri, et le pria d'accorder à Guillaume Cliton la faculté de se retirer tranquillement du siège avec les siens. Thierri fut surpris de cette proposition ; mais elle ne lui déplut pas, car elle

---

1. Lancea eamdem dexteram concutit in palma perfigens, medium brachii quod adjunctum manui cohæserat, perfodit et lethali vulnere infecit. *Ibid.*, p. 218.

le tirait d'un grand embarras. Il y accéda de tout cœur; et quand le duc de Louvain eut reçu la parole de son ennemi, il lui dit : « Seigneur Thierri, te voilà seul comte de Flandre. Guillaume de Normandie, cet adversaire que ton courage poursuit avec tant d'acharnement, vient d'expirer des suites d'une blessure mortelle [1] ! »

C'est au prix de cette mort, qu'après de si violentes catastrophes, la Flandre devait enfin recouvrer la paix.

Le crime sacrilège de Saint-Donat, en tranchant la vie d'un prince qui ne laissait pas de postérité, avait, comme on l'a vu, ouvert un libre champ aux prétendants divers qui convoitaient sa riche succession. Les scènes d'horreur, dont Bruges avait été le théâtre, devaient avoir pour corollaire obligé, la guerre civile, produite par le choc de toutes les ambitions rivales. Nous avons dû en rappeler les péripéties principales; cette lutte, on vient de voir quel en fut l'épilogue sanglant.

Les événements qu'avait suscités la mort de Charles le Bon eurent donc pour dénouement imprévu l'avènement de la dynastie d'Alsace, qui se perpétua, non sans gloire, jusque vers la fin du siècle

---

1. Ecce quem in tantum virtus tua persequitur hostem Willelmus comes e vulnere lethali expiravit. *Ibid.*

et joua même un rôle important dans la grande épopée des croisades, où la race flamande continua de déployer cette héroïque vaillance dont elle avait donné un si mémorable exemple lors de la conquête de Jérusalem.

❧ CONCLUSION. ☙

L'HISTOIRE porte toujours avec elle ses enseignements. Celui qui ressort du livre qu'on vient de lire, mérite d'être précisé, car il offre un caractère tout particulier en ce qu'il nous dévoile, une fois de plus, cette action providentielle qui ne cesse de régir les événements humains mais dont la manifestation apparaît d'une façon plus ou moins évidente à notre faible entendement.

Si l'on considère la vie de Charles le Bon dans son ensemble, une pensée dominante s'impose à l'esprit. Celle d'une prédestination dont le jeune prince de Danemark avait été le mystérieux objet dès son origine par une affiliation intime à la propre destinée de son père. — Comme lui victime expiatoire de son amour pour la justice, et martyrisé dans les mêmes circonstances, il fut, dans tout le cours de sa vie, et par un enchaînement de causes trop extraordinaires pour n'être point surnaturelles, marqué par Dieu pour l'accomplissement de ses desseins, d'une façon vraiment miraculeuse.

Mais sans chercher à sonder ici d'impénétrables décrets, bornons-nous à résumer, en restant à l'unique point de vue de l'impartiale histoire et de la vérité qui en est l'essence, tout ce qui ressort de grand, de noble et de saint d'une existence si admirablement remplie et dont les annales de la Flandre peuvent à si juste titre s'enorgueillir.

La vie de Charles le Bon offre, au milieu des ténèbres d'un temps barbare, une page singulièrement lumineuse à étudier.

Et, en effet, si l'on envisage sous tous ses aspects, la figure du martyr de Saint-Donat telle que nous la représentent les documents les plus authentiques et les plus respectables, on ne peut s'empêcher d'admirer l'auréole de vertus qui l'entoure ; et cette auréole de sainteté brille d'un éclat sans tache à travers les phases d'une existence agitée, mais toujours pleine des aspirations les plus généreuses et les plus nobles.

Né dans le malheur, le souvenir de la vie et de la mort du saint roi son père, immolé comme il devait l'être lui-même, avait évidemment dominé toutes ses pensées et influé sur toute sa conduite, sans jamais s'effacer de son esprit ni de son cœur.

Nous le voyons, dès sa première jeunesse, enrôlé dans la milice de la croix, et déjà soldat chrétien avant l'âge viril, mais plein de foi et d'une bravoure précoce, participer à la première croisade, mener la vie rude mais fortifiante des camps dans les contrées lointaines de l'Orient, affronter mille morts, soit dans les combats, soit au milieu des misères et des dangers de la famine ou de la peste au siège d'Antioche, et se

Conclusion. 201

précipiter ⟨…⟩ parmi les premiers, à l'assaut de Jérusalem ⟨…⟩ ôtés de ses héroïques parents les Robert de Jérusalem et les Godefroid de Bouillon.

Cette même valeur, il la déploie dans les guerres soutenues par son oncle et son cousin, les comtes Robert de Jérusalem et Bauduin à la Hâche, à la cour desquels il vivait dès son enfance, et dont il était devenu l'auxiliaire le plus précieux et le plus brave avant qu'il leur pût succéder au comté de Flandre.

Quand, arrivé lui-même au souverain pouvoir, où appelaient tout à la fois la loi de l'hérédité, le choix du prince et la reconnaissance nationale, ses armes victorieuses triomphent de ses ennemis extérieurs en assurant l'indépendance de son pays, la paix, qu'il a si noblement conquise, lui permet de travailler désormais sans entraves au bonheur et à la prospérité des peuples dont la destinée lui a été confiée par la Providence.

Il apporte le dévouement le plus absolu à l'accomplissement de cette tâche. Les désordres du temps et une barbarie, que l'élan des premières croisades avait sans doute amortie, mais qui n'avait pas perdu tous ses instincts anarchiques et toutes ses passions violentes, rendaient le gouvernement aussi difficile que périlleux. Il y montre néanmoins, au milieu de graves calamités et des malheurs publics, tant d'habileté et de sagesse, que l'admiration de ses contemporains se manisfeste bientôt par des actes qui en sont le plus éclatant témoignage. Tour à tour le trône de Jérusalem qu'il avait contribué jadis à fonder les armes à la main, puis le sceptre impérial et la couronne d'Occident, qu'avait portée Charlemagne, lui sont offerts comme au plus capable et au plus digne des princes de l'Occident.

Par un rare et sublime exemple d'humilité chrétienne jointe à un sentiment profond de la mission primitive qui lui avait été assignée, il décline les honneurs royaux pour se vouer uniquement à cette mission aux périls de laquelle il se sentait prédestiné par la volonté de Dieu.

Dès lors, on le voit s'appliquer, avec une inébranlable fermeté d'âme, à lutter contre tous les obstacles que la barbarie de son temps opposait à son action réparatrice ; à mettre un frein à l'anarchie féodale, à imposer les règles du droit et de la justice à une noblesse qui, ne les voulant plus connaître, ne cessait de les fouler aux pieds ; à prendre résolument en mains la cause des faibles contre les puissants ; des opprimés contre les oppresseurs ; à substituer enfin au règne de la tyrannie et de l'orgueil, celui de la miséricorde, de l'humilité, d'une charité sans bornes, vertus dont il ne cessa, durant toute sa vie, de donner lui-même l'édifiant exemple.

Le prince assez sagement héroïque pour prendre

un tel rôle avec la volonté de le soutenir jusqu'au bout et, quoi qu'il lui en dût coûter, dans le milieu dangereux où il vivait, n'en devait pas redouter les plus extrêmes conséquences ; et, à l'exemple du divin Maître, il était prêt au dernier sacrifice quand il disait avec une si touchante résignation à ses familiers : « Si je dois succomber un jour pour la justice, ma gloire sera plus grande encore que mon malheur ! »

Parmi toutes les qualifications que leurs contemporains ou la postérité ont données aux pasteurs des peuples, il n'en saurait être de plus belle que celle dont Charles le Bon fut si justement gratifié. — La bonté n'est-elle pas, dans son acception générique la plus pure, la qualité par excellence, celle qui résume le mieux l'essence même de la doctrine évangélique et qui, en définitive, préside à cette loi d'amour qui devrait toujours régir l'humanité ?

En prophétisant que son martyre serait aussi glorieux qui fécond, Charles le Bon, ne s'était point trompé ; car le culte religieux que sa vie et sa mort inspirèrent, exerça la plus heureuse influence sur l'avenir d'une patrie bien-aimée pour laquelle il avait répandu son sang. L'expiation semble avoir désarmé la Providence en appelant sa protection sur la Flandre. Sans doute elle eut encore bien des épreuves à supporter durant le cours si troublé du moyen âge, car les évolutions de l'humanité vers le progrès sont lentes et souvent agitées suivant la parole éternellement vraie de l'Apôtre [1] ; mais, c'est à partir du douzième siècle que s'ouvre véritablement pour elle l'ère de civilisation qui devait succéder enfin à une longue période de barbarie.

L'affranchissement des communes inaugura cette ère nouvelle en même temps que le développement intellectuel et artistique qui fera éclore bientôt des écrits remarquables et des chefs-d'œuvre en tous genres. Grâce à cet essor imprimé à la société par la civilisation chrétienne, les mœurs s'adoucissent peu à peu ; les éléments de prospérité industrielle et commerciale s'accroissent, tandis que les vertus religieuses et guerrières des Flamands se manifestent de plus en plus, soit dans les croisades, soit dans les guerres soutenues pour la défense d'une nationalité souvent compromise par les rivalités de la France et de l'Angleterre, soit dans les luttes entreprises avec tant d'ardeur et quelquefois de violence pour la conquête ou le maintien des libertés municipales.

Enfin l'on verra désormais s'accomplir, au milieu de grandes commotions, nous l'avons dit, mais sans qu'elles puissent arrêter la marche providentielle d'un progrès sans égal, les destinées d'un peuple qui, resserré dans un territoire exigu sans doute mais fécond, a pu accomplir de grandes choses ; donner au monde

---

1. Tradidit mundum disputationibus eorum. SAINT PAUL.

les plus nobles exemples d'inébranlable foi dans la religion de ses pères, à laquelle il devait tous les bienfaits dont il avait été doté ; manifester son patriotisme et son courage sur tous les champs de bataille où si souvent il prodigua son sang généreux ; révéler enfin son libre génie par un accroissement prodigieux de richesses et de merveilles en tous genres.

C'est aux bénédictions du ciel qu'est dû ce précieux héritage laissé par nos ancêtres, et il faudrait douter de l'éternelle justice pour ne pas attribuer une grande part de ces bénédictions et de cet héritage aux mérites du saint martyr dont la vie et la mort n'ont été qu'un salutaire et glorieux holocauste offert à Dieu et à la Patrie !

APPENDICE.
LES SOURCES HISTORIQUES DE LA VIE DE CHARLES LE BON.

LA légende de Charles le Bon ne saurait être entourée de trop de lumière. La religion et l'histoire y sont également intéressées.

La première période de la vie du prince royal de Danemark, jusqu'à son avènement au comté de Flandre, est assurément restée assez obscure. Charles, en effet, n'a joué dans les événements de la première partie du douzième siècle qu'un rôle secondaire et bien effacé. On ne connaît même pas d'une façon précise la date exacte de sa naissance non plus que celle du mariage de sa mère Alaïs ou Adèle de Flandre avec Knud ou Canut IV, roi de Danemark. On sait seulement qu'après la mort tragique du saint roi son père, il fut amené, vers 1086, à la cour de son aïeul le comte de Flandre Robert le Frison, dont sa mère était la fille et que c'est là, au château de Winendale ou au palais de Bruges, qu'il passa les premières années de son enfance.

Mais quel âge avait-il alors et au moment où allait s'ouvrir pour lui cette carrière que devait inaugurer sa participation à la première croisade? D'après les contemporains et les historiens les plus autorisés, c'est là qu'il fit ses premières armes, c'est là qu'il puisa les premières aspirations qui devaient le sanctifier.

Quelques écrivains ont paru douter de cette participation réelle du prince en raison de son jeune âge. Mais il ne faudrait pas connaître le moyen âge pour ignorer qu'alors la vigueur corporelle, développée par tous les exercices auxquels étaient soumis les adolescents de ces robustes temps, leur donnait, en dehors de la maturité naturelle de leur esprit, une force malheureusement inconnue des générations nouvelles.

Charles de Danemark, qu'on pourrait supposer n'avoir alors que douze ans, en avait peut-être quinze ou seize, car il aurait pu naître dès l'année 1080 et même avant. Qui peut prouver le contraire? Quoi qu'il en soit, il était ce que l'on appelait dans le langage chevaleresque du temps *bachelier*, page ou même sans doute écuyer du comte son oncle et seigneur. La tradition nous le représente, d'après ses nobles et saintes reliques, comme étant d'une taille presque gigantesque. Serait-il possible, alors que tous les historiens des croisades nous affirment que des enfants figuraient avec des femmes et des vieillards dans les multitudes enthousiastes que Pierre l'Ermite entraînait à sa suite vers Jérusalem, que l'illustre adolescent de Winendale n'ait pas été associé par le comte son oncle à l'expédition d'Orient, surtout si l'on considère que cette expédition devait lui permettre, en dehors de son pieux dévouement à une cause qu'avaient embrassée toutes les classes de la chrétienté, de satisfaire à un touchant élan de piété filiale, puisque ce voyage lui fournissait une heureuse occasion de revoir et de serrer sur son cœur, sa mère éloignée de lui depuis six ans sur les côtes de la Pouille et de la Calabre que les croisés devaient longer avant d'aborder à Constantinople ? Voilà pourquoi nous avons cru devoir rappeler les phases essentielles de la croisade, comme se rattachant naturellement à l'histoire de celui qui en devait rapporter, en entrant dans la vie, la plus religieuse impression.

Que Charles de Danemark ait participé ensuite au pèlerinage qui aurait eu lieu de 1108 à 1111 d'après certains historiens, la chose est possible et même probable, car il est naturel de penser que ce jeune et pieux soldat chrétien ait eu l'ardent désir de revoir tout à la fois le tombeau du Christ, pour lequel il avait déjà affronté tant de périls, et sa mère toujours séparée de lui sur de si lointains rivages. Mais rien ne détruit la réalité de sa présence et de son concours à la première croisade, qui forma, au début de sa vie, nous ne saurions trop le redire, son premier titre de gloire, comme sa mort glorieuse, pour la cause de Dieu encore, devait en être le dernier !

Quant à sa participation aux événements qui précédèrent son élévation au comté de Flandre, l'histoire, malgré ses obscurités, est plus précise. On ne saurait mettre en doute le concours que sa jeune et valeureuse épée prêta d'abord à son oncle Robert de Jérusalem, puis, à la mort de ce dernier, à son cousin Bauduin à la Hache, dans les guerres qu'ils eurent à soutenir soit dans les plaines de la Normandie, soit au cœur de la France, non plus que son admirable attitude dans toutes les graves circonstances où il sut acquérir de nouveaux titres à l'admiration des contemporains comme à la confiance de ses nobles parents, qui, dès lors, en pressentant tout ce que l'on pouvait attendre de tant de sagesse et de dévouement, n'eurent plus qu'une pensée, celle de le voir, à défaut de descendants directs, leur succéder en Flandre au pouvoir souverain.

Mais c'est au moment où Charles de Danemark recevait la récompense qui lui était si légitimement acquise en dehors de ses droits héréditaires, que son histoire, par un rare et précieux privilège, comme nous l'avons dit, s'éclaire d'une incomparable lumière. Ici ce n'est plus à la tradition qu'elle emprunte son autorité, mais à des témoignages tels que, dans les annales du passé, nous le répétons encore, l'on n'en saurait trouver du plus caractéristiques et de plus lumineux. C'est là, en effet, que se trouve l'unique et véritable source de tout ce qui constitue cette légende laquelle, depuis le douzième siècle jusqu'à nos jours, n'a cessé d'alimenter les nombreux récits qui, soit chez les chroniqueurs anciens, soit chez les écrivains postérieurs, ont retracé la vie admirable et la mort non moins édifiante, mais en outre si émouvante et si dramatique, de Charles le Bon.

Cette source que la Providence elle-même semble avoir ouverte pour la glorification du martyr, nous la trouvons, nous l'avons dit déjà, dans deux pieux personnages du douzième siècle, qui, contemporains et témoins oculaires du drame de Saint-Donat et de ses conséquences, semblent avoir été prédestinés pour en conserver le vivant souvenir à la postérité.

Galbert de Bruges, le premier, attaché à la chancellerie du comte, honoré de son amitié et admirateur des vertus de son noble maître, a pris à tâche de nous les rappeler et de nous retracer ensuite dans un journal tenu, pour ainsi dire, heure par heure, tous les lamentables événements qui s'accomplissaient sous ses yeux.

Le chanoine de Thérouane Walter ou Gualter, nous l'avons dit aussi, absent de Bruges lors du meurtre de Saint-Donat, y est revenu, sur l'ordre de son évêque, deux mois après, et, à l'aide du journal de Galbert et des témoignages recueillis sur une catastrophe dont le récent souvenir était toujours présent à toutes les mémoires, moins troublées par les terribles émotions du premier moment mais toujours fidèles et sincères, a complété cet ensemble d'informations précieuses d'après lesquelles il nous a été permis en les contrôlant avec les divers documents contemporains dignes de foi, de retracer un tableau dont nous aurions voulu rendre toute la saisissante réalité.

C'est afin d'ajouter à ce tableau ce qui peut lui manquer encore que nous croyons devoir reproduire ici des extraits du journal de Galbert, thème primitif de toute la légende. Ces extraits permettront, non seulement de faire connaître des particularités curieuses qui toutes n'ont pas pu entrer dans le cadre de notre narration, mais encore et surtout de faire apprécier au lecteur, à côté d'une sincérité aussi profonde que naïve, des impressions qu'on ne peut s'empêcher de ressentir et d'admirer sous la plume inspirée du plus loyal et du plus dévoué des serviteurs.

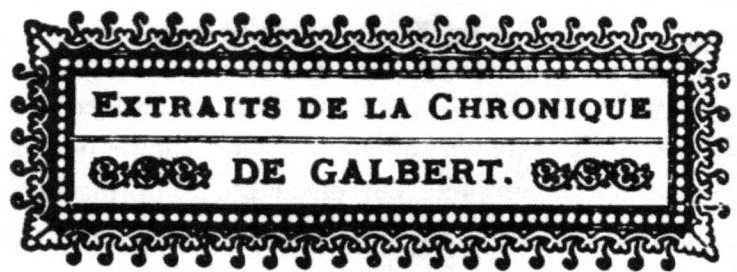

I.

LE comte Charles, dans les derniers temps de sa vie, au jugement des fils fidèles de l'Église, était, par son mérite, au-dessus des chefs des États et des nombreux docteurs de la foi catholique. Cependant il fut trahi par des hommes avec qui il vivait en paix, ainsi qu'il est dit dans le psaume : « Car l'homme avec qui j'étais en paix, en qui j'ai mis mon espérance, et qui se nourrissait de mon pain, a fait éclater contre moi sa trahison [1]. »

Lorsque Dieu par sa clémence eut éloigné les fléaux et mis fin à toutes les calamités, il rendit aux terres leur fertilité, voulut que les greniers fussent remplis de fruits, et que toutes les choses nécessaires à la vie vinssent en abondance ; par la volonté divine, un air plus doux fit refleurir toute la terre.

Le pieux comte, pour ramener l'ordre dans son état, fit rechercher, dans toutes ses terres, quels étaient les serfs qui appartenaient à ses domaines, et qui s'en étaient soustraits. Le comte se rendait souvent

---

1. Psaume LX, 10.

aux plaids où se traitaient ces affaires, et il écoutait les débats relatifs à l'état des serfs. Il s'attachait à faire rentrer dans son domaine tous ceux qui lui appartenaient. Un certain Bertulphe, prévôt du chapitre de Bruges, et avec lui, ses frères, Désiré Haket, châtelain de Bruges, Wilfrid Knop et Lambert de Redenbourg; ses neveux, Isaac, Didier, Bouchard, Gautier, Albert, Robert, et d'autres de leurs principaux parents, tous de condition servile, et appartenant au domaine du comte, appliquaient tout leur esprit à lui échapper, et à éluder ses revendications.

Le prévôt avait marié ses nièces, élevées dans sa maison, à des chevaliers libres. Il espérait que ces alliances procureraient à lui et aux siens les moyens de parvenir à la liberté séculière. Mais il arriva qu'un chevalier qui avait épousé une nièce du prévôt, défia, devant le comte, un autre chevalier de famille libre. Celui-ci lui répondit par un refus injurieux, prétendant que celui qui le provoquait n'était pas son égal ; car, d'après une loi établie par le comte, tout homme libre qui avait épousé une femme de condition servile, devait, au bout d'un an, tomber dans le servage. Le chevalier gémit d'avoir perdu la liberté à cause de sa femme, tandis qu'il s'était flatté d'augmenter encore sa dignité par ce mariage. Le prévôt et les siens, très affligés de cet événement, cherchaient par tous les moyens à se dérober à la servitude ; et le comte, s'étant assuré par les dépositions des anciens du pays qu'ils lui appartenaient, s'efforçait de les faire rentrer sous sa domination. Le prévôt aima mieux périr avec tous ses neveux que de retomber dans le servage du comte. Par un abominable dessein, ils commencèrent à conspirer la mort de ce pieux seigneur, et à choisir un lieu et une circonstance favorables pour le faire périr.

Le prévôt fut heureux de trouver une occasion de trahir le comte, dans une querelle qui s'était élevée entre ses neveux et ceux de Tancmar [1], dont la juste cause était soutenue par ce prince. Le prévôt appela au secours de ses neveux tous les chevaliers de notre province, et fit assiéger son ennemi dans son château, où il s'était retranché. Pour lui, il feignait de se tenir à l'écart, mais il soudoyait des hommes d'armes, et faisait ramasser dans la ville toutes les haches qu'on y pouvait trouver. Enfin, ses neveux forcèrent leur ennemi dans ses retranchements, et aussitôt ils se livrèrent à toutes sortes de brigandages, courant la campagne avec leurs hommes d'armes, et leurs chevaliers, pillant et rançonnant les paysans et les voyageurs. Mais jamais aucun de nos comtes ne souffrit les rapines dans ses États, parce que cela eût engendré des meurtres et des combats continuels.

Les paysans apprirent que le comte était venu à

---

1. Ce Tancmar, qu'il ne faut point confondre avec le châtelain de Bourbourg, assassiné auprès de Charles le Bon, était le chef de la famille *Van der Straeten*, ennemie de celle du prévôt.

Ypres; ils s'y rendirent de nuit et en secret au nombre de deux cents, et, se jetant à ses pieds, invoquèrent son secours paternel et accoutumé, pour qu'il leur fît rendre leurs troupeaux, leurs habits et leur argent, et tous les autres meubles de leurs maisons, que leur avaient ravis les neveux du prévôt. Le comte, fort irrité, convoqua ses conseillers, dont plusieurs étaient des parents du prévôt, et leur demanda par quelle rigoureuse punition il pourrait faire justice de ce crime. Ceux-ci lui conseillèrent de faire sans délai démolir la maison de Bouchard [1], parce qu'il ne cesserait, tant qu'elle serait debout, d'exciter des troubles, de commettre des rapines et des homicides, et de porter la dévastation dans le voisinage. Le comte, d'après cet avis, fit incendier cette maison et ordonna de la détruire de fond en comble. Alors Bouchard, le prévôt et leurs complices, s'affligèrent sans mesure, et parce que le comte avait accordé sa faveur et ses secours à leurs ennemis, et parce qu'il les poursuivait tous les jours à cause de leur condition servile, et s'efforçait de les faire rentrer dans son domaine.

Après l'incendie de cette maison, le comte vint à Bruges. Dès qu'il se fut établi dans son palais, ses familiers l'avertirent de prendre ses précautions, parce que les neveux du prévôt le trahissaient, prenant pour prétexte l'incendie de la maison de Bouchard, quoique

1. Un des neveux du prévôt.

sans cela ils ne l'eussent pas moins trahi. Quand le comte eut soupé, des intercesseurs vinrent de la part du prévôt et de ses neveux supplier le comte de détourner d'eux son indignation, et de les recevoir en grâce. Le comte répondit qu'il agirait en tout envers eux avec justice et même avec clémence, s'ils voulaient renoncer pour l'avenir aux querelles et aux rapines, et il promit en outre de rendre à Bouchard une maison meilleure que celle qu'il avait perdue. Mais, pour le lieu où celle-ci avait été brûlée, il jurait que, tant qu'il gouvernerait le comté, Bouchard n'y posséderait rien, parce que jusqu'alors, demeurant dans le voisinage de Tancmar, il n'avait fait qu'exciter des querelles et des séditions contre ses ennemis, et, contre les habitants, des rapines et des meurtres. Les intercesseurs, qui étaient en partie complices de la trahison, ne pressèrent pas beaucoup le comte pour la réconciliation; mais, comme les serviteurs allaient porter les santés, ils prièrent le comte d'ordonner qu'on apportât le meilleur vin. Ils demandèrent qu'on bût, selon la coutume, une fois à leur santé, et abondamment, afin qu'ils pussent ensuite prendre le dernier congé du comte, et s'en aller, à ce qu'ils disaient, pour dormir. Par l'ordre du comte, il fut bu abondamment à la santé de tous ceux qui étaient présents, et enfin ils prirent congé pour la dernière fois, et s'en allèrent.

II.

ISAAC, Bouchard, Guillaume de Werwyk, Enguerrand et leurs complices, ayant reçu l'assentiment du prévôt, pressaient l'accomplissement du dessein qu'ils devaient exécuter, non par la nécessité d'un ordre divin, mais par leur libre volonté. Dès que ceux qui avaient servi de médiateurs entre le comte et les neveux du prévôt leur eurent annoncé la réponse du comte, savoir que, sans leur accorder aucune grâce, il leur promettait de les traiter selon la justice et le jugement des premiers de sa terre, alors le prévôt et ses neveux entrèrent dans une chambre, et appelèrent ceux qu'ils voulurent, et, tandis que le prévôt lui-même gardait la porte de la chambre, ils se donnèrent la main réciproquement, et jurèrent de trahir le comte.

Ils appelèrent ensuite le jeune Robert, et le circonvinrent, pour qu'il jurât d'accomplir avec eux ce qu'ils allaient entreprendre et ce pour quoi ils s'étaient mutuellement donné la main. Ce noble jeune homme, défiant par vertu, réfléchit que l'action pour laquelle ils le pressaient devait être grave ; il résista, ne voulant pas être rangé dans leur conjuration sans savoir d'abord ce qu'ils prétendaient entreprendre; et comme ils le pressaient encore, il essaya de franchir la porte pour leur échapper. Mais Isaac, Guillaume et les autres criaient au prévôt, de ne pas permettre à

Robert de sortir avant de lui avoir ordonné de faire ce qu'ils lui demandaient. Aussitôt circonvenu par les caresses et les menaces du prévôt, le jeune homme rentra et leur donna sa main, sans savoir ce qu'il aurait à faire avec eux. Le pacte conclu, il leur demanda ce qu'il avait juré. Ils lui dirent : « Le comte Charles travaille de toute manière à notre ruine, et s'efforce de nous réduire à l'état de serfs : déjà nous avons juré ensemble de le trahir, et tu dois accomplir avec nous cette trahison tant par tes conseils que par tes actions. »

Alors cet enfant, effrayé et fondant en larmes, s'écria : « Loin de nous le projet de trahir notre seigneur et le protecteur de notre patrie ! Et même, si vous n'y renoncez, j'irai et je découvrirai votre trahison au comte et à tout le monde, et jamais, s'il plaît à Dieu, je ne me prêterai à une pareille entreprise ni par conseil ni par action. » Et comme il s'échappait, ils le retinrent violemment, et lui dirent qu'ils avaient seulement voulu l'éprouver ; mais que leur projet était tout autre, et qu'ils le lui apprendraient plus tard. Et ils dissimulèrent leur trahison par des railleries. Ils sortirent ensuite de la chambre et se rendirent chacun chez soi.

Isaac, de retour dans sa maison, attendit le silence de la nuit ; alors il monta à cheval, se transporta à la demeure de Bouchard, l'appela avec tous les autres qu'il voulut, et ils se rendirent secrètement dans un autre hôtel, celui du chevalier Gautier. Dès qu'ils y furent entrés, ils éteignirent le feu qui était dans la maison, de peur qu'il ne les trahît. Tranquilles dans les ténèbres, ils résolurent d'accomplir leur dessein dès le lendemain matin, et choisirent parmi les gens de Bouchard les plus audacieux pour accomplir ce crime, et ils leur promirent de grandes richesses. Isaac rentra ensuite dans sa maison vers le crépuscule, après avoir animé les autres par ses conseils.

Il arriva que le jour fut si sombre et si nébuleux, qu'à la distance d'une longueur de lance on ne pouvait rien distinguer. Bouchard envoya secrètement quelques serviteurs dans la cour du comte, afin d'épier son départ pour l'église.

Le comte s'était levé de grand matin, et avait fait, selon son habitude, des distributions aux pauvres dans sa maison ; il se rendit ensuite à l'église de Saint-Donatien. Les serviteurs, qui observaient sa sortie, accoururent annoncer aux traîtres que le comte était monté dans la tribune de l'église avec un petit nombre de compagnons. Alors le furieux Bouchard, ses chevaliers et ses serviteurs, prirent leurs glaives nus sous leurs manteaux, et coururent attaquer le comte dans cette tribune. Ils se divisèrent en deux bandes, pour arrêter aux deux issues de la tribune tous ceux qu'ils voulaient surprendre.

Extraits de la chronique de Galbert.

Ce fut en l'année 1127, le mercredi, deuxième jour du mois de mars et le troisième de la seconde semaine du carême ; le pieux comte était à Bruges, dans l'église de Saint-Donatien, prosterné pour entendre la messe du matin ; suivant sa pieuse coutume, il faisait ses largesses aux pauvres, les yeux attachés sur son livre de psaumes, et la main droite étendue pour distribuer ses aumônes ; son chapelain, préposé à cet office, avait placé près du comte beaucoup de deniers, qu'il donnait tout en faisant ses oraisons. Quand le *Pater noster* fut récité, le comte se mit, suivant sa coutume, à prier et à lire haut.

C'est alors qu'après tant de conseils, de serments et de garanties qu'ils s'étaient donnés mutuellement, déjà homicides dans le cœur, les détestables traîtres frappèrent le comte plongé dans une dévote oraison et distribuant des aumônes, humblement prosterné devant la majesté divine ; ils le percèrent de leurs épées à plusieurs reprises, et le laissèrent mort.

Ainsi ses péchés furent lavés par les flots de son sang, et sa vie s'étant terminée par de bonnes œuvres, le comte obtint de Dieu la palme du martyre.

A l'approche de la mort, au milieu des coups et des blessures, il fit effort pour élever son visage et ses mains royales vers le maître de tous les hommes, et il s'offrit à Dieu pour le sacrifice du matin. Son corps sanglant fut abandonné, et demeura privé des soins respectueux de ses serviteurs. Il n'eut d'autres honneurs funèbres que les larmes de ceux qui apprirent cet événement, et qui invoquèrent Dieu pour un si grand prince mort en martyr.

Les meurtriers égorgèrent aussi Tancmar, châtelain de Bourbourg. Ils le frappèrent à mort et le traînèrent indignement par les pieds hors de la tribune où il était monté avec le comte ; enfin, ils le mirent en pièces à coups d'épées sous les portes extérieures de l'église. Le châtelain venait de confesser ses péchés aux prêtres de cette église et de recevoir chrétiennement le corps et le sang de JÉSUS-CHRIST. Les traîtres laissèrent dans la tribune le corps du comte et le châtelain expirant, et sortirent de l'église pour se précipiter sur ceux de leurs ennemis qui se trouvaient à la cour du comte. Ils les tuèrent à plaisir, errants et dispersés. Ils poursuivirent un chevalier, nommé Henri, que Bouchard soupçonnait d'avoir tué son frère Robert. Henri se jeta aux pieds du châtelain Haket.

On livra ensuite aux meurtriers les deux fils du châtelain de Bourbourg, qui confessaient en ce moment leurs péchés dans la tribune de l'église. Ces deux frères, nommés Gautier et Giselbert, étaient égaux en valeur, et gagnaient par leur aimable figure l'affection de tous ceux qui les voyaient. Lorsqu'ils apprirent la mort du comte et de leur père, ils prirent la fuite :

les assassins les poursuivirent à cheval. Un cruel chevalier, nommé Éric, jeta l'un des deux frères à bas de son cheval ; ceux qui le poursuivaient le tuèrent à terre. L'autre, sur la porte de sa demeure, se préparait à fuir : ils coururent à sa rencontre, et le percèrent de leurs épées. Un de nos concitoyens, Lambert Barakin, le frappant de sa hache comme si c'eût été du bois, lui trancha la tête. C'est ainsi qu'ils firent passer ces deux frères à la béatitude céleste.

Ils poursuivirent, à la distance d'une lieue, Richard de Woldman, homme puissant de cette ville, dont la fille avait épousé un neveu de Tancmar. Il était venu avec ses chevaliers à la cour du comte, comme beaucoup d'autres encore devaient s'y rendre le même jour. Après une poursuite infructueuse, les traîtres revinrent au château, où la foule du clergé et du peuple se pressait éperdue. Ceux qui avaient été des amis du comte et qui n'avaient d'autre appui que sa protection, se cachaient ou s'échappaient à la faveur du tumulte.

Gervais, camérier du comte [1] s'enfuit à cheval dans le pays de ses parents ; il fut le premier qu'arma la main de Dieu pour venger son maître. Jean,

---

1. Un peu plus tard, le camérier, ou chambellan, prit place parmi les grands officiers de Flandre. Il siéga dans la cour supérieure, qui entendait les appels des tribunaux ordinaires. Mais à l'époque où nous sommes, cette dignité était partagée. Isaac, l'un des meurtriers du comte Charles, était un de ses chambellans.

domestique du comte, chéri par lui entre tous ses serviteurs, courut à cheval par des chemins détournés depuis le matin jusqu'à midi, et arriva à Ypres, où il annonça la mort du comte.

Il faut remarquer que des miracles précédèrent et suivirent cette mort. Car, avant que le crime fût commis, dans notre voisinage, les fossés parurent remplis d'eaux ensanglantées, comme pour annoncer un meurtre prochain ; ce qui eût pu détourner les traîtres de leur dessein, si leur cœur n'eût été endurci. Et après qu'un si glorieux prince eut subi le martyre, il arriva que, le comte ayant été tué à Bruges dans la matinée du mercredi, le bruit de cette mort déplorable alla frapper les oreilles des habitants de la ville de Londres, en Angleterre, le vendredi suivant, vers la première heure du jour ; et, vers le soir de la même journée, cette funeste nouvelle alla jeter la désolation dans la ville de Laon, située en France à une grande distance de nous. C'est ce que nous tenons de nos écoliers qui étudiaient alors à Laon, et de nos marchands qui trafiquaient à Londres. Personne, ni à cheval ni sur mer, n'eût pu franchir si rapidement de pareilles distances.

Les neveux du prévôt et Bouchard, le plus scélérat de tous les hommes, lorsqu'ils revinrent avec leurs complices de la poursuite de leurs ennemis, cherchèrent dans la ville Gautier de Lokeren, qu'ils haïssaient mortellement, parce qu'il était du conseil du comte, et qu'il avait toujours excité ce seigneur à les faire rentrer dans le servage. Gautier, rempli d'angoisses, était demeuré depuis le matin caché dans le lieu qu'occupent les orgues, dans la même tribune où le comte gisait assassiné. Les assassins se répandirent dans l'église, les épées nues, courant çà et là, poussant de grands cris, cherchant Gautier dans les coffres et sous les bancs des frères, et l'appelant à haute voix par son nom, *Gautier! Gautier!* Un des gardiens de l'église l'avait couvert de son manteau. Effrayé du bruit des armes et des voix qui l'appelaient, il sortit de sa retraite, s'imaginant que dans l'église même il serait plus en sûreté. Il sauta du haut des stalles des chantres, et s'enfuit à travers ses ennemis jusque dans le chœur, en invoquant avec des cris lamentables l'aide de Dieu et des saints.

Le détestable Bouchard et Isaac le poursuivirent de près dans le lieu saint, avec leurs épées nues et horriblement ensanglantées. Leurs visages étaient furieux et féroces; avec leur grande taille et leur regard affreux, ils étaient si terribles, que personne ne pouvait les envisager sans frayeur. Bouchard le saisit par les cheveux, en agitant son glaive, et déjà il étendait le bras pour le frapper; cependant, par l'intervention des clercs, il différa sa mort jusqu'à ce qu'il l'eut traîné hors de l'église. Gautier, ainsi captif, criait : « Dieu, ayez pitié de moi ! » et ils lui répondaient : « Nous te payerons d'une miséricorde semblable à celle que tu as eue pour nous ! » Lorsqu'ils l'eurent conduit dans la cour, ils le jetèrent à tuer à leurs serfs, qui le mirent à mort à coups d'épées, de bâtons, de clous et de pierres.

Les assassins retournèrent dans l'église pour voir si quelque autre de leurs ennemis ne s'y trouvait pas encore caché. Dans le premier sanctuaire [1], Baudouin, chapelain et prêtre, et Robert, clerc du comte, se tenaient près de l'autel, tapis contre terre dans l'excès de leur frayeur ; dans le second sanctuaire s'étaient réfugiés le clerc Oger et Frumold le jeune, syndic, qui était de tous nos concitoyens le plus avant dans la familiarité du comte Charles, et pour cela même plus suspect au prévôt et à ses neveux ; enfin, avec eux se trouvait Arnoul, camérier du comte. Oger et Arnoul s'étaient couverts d'un tapis, Frumold s'était caché sous des faisceaux de branches, et dans cette position ils attendaient la mort. Les serviteurs des assassins, qui avaient été introduits dans le sanctuaire, en retournant tous les rideaux, les manteaux, les livres, les tapis et les branches que les moines apportaient tous au dimanche des Rameaux, ne tar-

---

1. Ce premier sanctuaire est le chœur. Le second sanctuaire, dont il est question plus bas, est évidemment la sacristie, où l'on déposait les vases, les ornements sacerdotaux, etc.

dèrent pas à découvrir Roger et Arnoul ; ils avaient trouvé auparavant, sans le connaître, Eustache, clerc, frère de Gautier de Lokeren, qui était caché avec Baudouin et Godbert.

III.

ON enleva du château les cadavres du châtelain de Bourbourg et de Gautier de Lokeren, et l'on plaça le châtelain et ses fils chéris sur des navires, pour les transporter dans les domaines qui leur appartenaient. Cependant le prévôt se promenait dans sa maison avec ses chanoines, se disculpant autant qu'il le pouvait, d'avoir eu connaissance de cette trahison.

Le même jour, les traîtres firent une excursion contre Thancmar et les siens, auprès de Straten. Mais ils trouvèrent les fermes et les villages abandonnés ; à la nouvelle de la mort du comte, les habitants, redoutant tous les maux, s'étaient enfuis vers des lieux plus sûrs. Les traîtres s'emparèrent du village et du domaine de Thancmar, enlevèrent les armes, les meubles et les troupeaux, et jusqu'aux habits des paysans ; et le soir, ils s'en retournèrent, après avoir pillé tout le jour. D'autres gens de leurs complices coururent sur le passage des marchands qui se rendaient à la foire d'Ypres, et s'emparèrent de leurs personnes et de leurs bagages.

Guillaume d'Ypres, à la nouvelle de la mort du comte, espéra lui succéder, et, par le conseil du prévôt et de ses traîtres neveux, il força tous les marchands qu'il put saisir dans la foire, de quelque lieu qu'ils fussent, à jurer à lui et aux siens obéissance et fidélité Il les retint prisonniers jusqu'à ce qu'ils lui eussent prêté ce serment.

Vers le déclin du jour, le prévôt, ses neveux et leurs complices, à la suite d'un conseil tenu entre eux, forcèrent Frumold à leur livrer les clefs du trésor du comte. Ils lui arrachèrent aussi toutes celles de la maison et des coffres et boîtes qu'elle renfermait. Bouchard, le châtelain Haket et Gautier, fils de Lambert de Rodenbourg, s'en saisirent.

Cependant le corps du comte, sanglant et abandonné, se trouvait encore dans la position où il était lorsqu'il reçut la mort. Les frères délibéraient sur les obsèques qu'il convenait de lui préparer, tandis qu'il n'était encore personne qui osât célébrer, même à la dérobée, l'office divin dans une église qui venait d'être souillée d'un si grand forfait. Enfin d'après la permission du prévôt et avec le consentement des frères, Frumold le vieux enveloppa le noble corps d'un linceul, et le déposa dans un cercueil au milieu du chœur ; il plaça autour quatre cierges, selon l'usage, et accomplit avec soin toutes les autres cérémonies. Les femmes seules assistèrent à ces funérailles, et veillèrent, pendant un jour et une nuit, sur le corps du comte en poussant de pieuses lamentations.

Cependant les traîtres cherchaient, avec le prévôt et son châtelain, les moyens d'enlever le corps, afin de n'avoir pas la honte de le voir inhumer devant eux. Ils décidèrent d'envoyer vers l'abbé de Gand pour le prier de venir le prendre, afin de le transporter dans cette ville. Ainsi se termina ce jour de deuil et de misère, origine de tous les troubles qui eurent lieu dans les États voisins, et des maux plus grands encore qui nous attendent....

La nuit suivante, le prévôt fit munir l'église d'armes et garnir la tribune et la tour de sentinelles, afin de pouvoir s'y retirer avec les siens, dans le cas où les citoyens les attaqueraient le lendemain ou les jours suivants.

Le dimanche qui suivit la mort du comte, le prévôt envoya à Simon, évêque de Noyon, une lettre pour le prier de réconcilier à Dieu l'église où avait été assassiné et gisait le comte, dont celui-ci ignorait la mort ; le prévôt lui faisait part aussi des moyens par lesquels il prétendait justifier canoniquement son innocence en présence du clergé et du peuple. Mais le porteur de cette lettre fut pris et jeté à bas de cheval, et ne put parvenir vers l'évêque. Ce prélat qui était frère de l'épouse du comte Charles, frappa du glaive de l'anathème les traîtres sacrilèges et tous leurs complices, et défendit à tous les fidèles de s'associer à eux et de leur prêter aucun secours.

Le jeudi 3 mars, l'abbé de Gand, vers qui l'on avait envoyé, après avoir couru à cheval toute la nuit, arriva de grand matin au château, et demanda au prévôt et à ses neveux qu'ils lui livrassent le corps du comte, ainsi qu'ils le lui avaient promis. Mais aussitôt les pauvres, qui attendaient que le prévôt leur distribuât des aumônes pour le salut de l'âme du comte, et qui étaient les seuls de la ville qui voulussent encore fréquenter les traîtres, pénétrèrent leur projet et répandirent le bruit que l'abbé était venu pour enlever frauduleusement le corps. Là-dessus il s'éleva une grande rumeur dans la ville. Le prévôt et l'abbé hâtèrent l'exécution de leur dessein ; ils firent faire un nouveau cercueil, et le firent apporter jusqu'à l'entrée de l'église. Des chevaliers se préparèrent à emporter avec le corps le cercueil qui était au milieu du chœur, et à le déposer dans celui qui était à la porte.

Mais les chanoines accoururent et ressaisirent violemment le cercueil du chœur, disant qu'ils voulaient d'abord savoir du prévôt pourquoi il avait donné cet ordre. Ils se rendirent au château où se tenait le prévôt entouré de ses neveux et d'une foule de citoyens qui avaient entendu parler de cet enlèvement.

Un vieillard prit la parole devant tout le peuple, et réclama hautement pour l'église le corps du martyr qui devait la protéger. Mais le prévôt et les traîtres, saisis d'indignation, ordonnèrent qu'il fût emporté. Alors les frères se précipitèrent en tumulte aux portes de l'église, criant que tant qu'ils vivraient ils ne laisseraient pas enlever le corps du très pieux Charles, comte et martyr, et qu'ils mourraient plutôt que de le souffrir. On eût vu alors les clercs prendre pour armes des tables, des sièges, des chandeliers, et tous les ustensiles de l'église qui pouvaient servir à la résistance. Les cloches, en guise de trompettes, appelèrent tous les citoyens, qui accoururent en armes, et, tirant leurs épées, entourèrent le cercueil du comte, prêts à le défendre si l'on essayait de l'enlever.

Déjà le tumulte croissait au dedans et au dehors de l'église, lorsqu'il plut à la divine miséricorde d'apaiser le bruit des armes. Des malades et des boiteux étaient étendus sur le cercueil. Tout à coup, un cul-de-jatte se mit à crier et à bénir

Dieu, qui, en présence de tout le peuple, lui avait rendu, par la vertu du corps du pieux comte, l'usage de ses membres.

La nouvelle de ce miracle apaisa les esprits. Le prévôt, le châtelain et les traîtres, effrayés de ce soulèvement populaire, s'étaient retirés dans la maison du comte, et firent annoncer aux citoyens qu'on n'enlèverait pas le corps contre leur désir. L'abbé s'en retourna donc, heureux d'échapper à tous ces périls.

Le vendredi, quatrième jour du mois, les chanoines et le prévôt s'assemblèrent dans l'église de Saint-Pierre, hors des murs, pour y accomplir, conformément à l'usage, les funérailles du comte, dont le tombeau était déjà préparé.

On y célébra, pour le repos de son âme, la messe des morts, à laquelle personne de sa cour n'osa assister, si ce n'est le chapelain Baudouin, le jeune Oger et Godbert, clercs du comte.

Ensuite le prévôt et les frères retournèrent dans l'église de Saint-Donatien, où était le mort : on fit entrer les pauvres, et Frumold le vieux leur distribua des deniers, ce qu'il ne put faire sans pleurer. La distribution des aumônes terminée, le noble corps fut transporté dans la tribune, et là le prévôt, placé auprès du sépulcre, osa pleurer enfin le comte, reconnut qu'il avait été le père de tout le pays de Flandre, et versa des larmes sur des vertus que son esprit obstiné s'indignait d'avouer.

Le comte fut renfermé dans un sépulcre construit aussi bien que le temps l'avait permis, et qui fut décoré plus tard avec le plus grand soin. Son âme, purifiée par l'épreuve du martyre, jouit sans doute de la récompense de ses vertus entre les mains de celui dont la volonté l'a ôté du monde et l'a élevé au comté céleste, où il est avec Dieu et le Seigneur, à qui appartiennent l'empire, la louange, l'honneur et la gloire, dans tous les siècles des siècles....

IV.

LE sixième jour de mars, un messager vint trouver le prévôt de la part de Guillaume d'Ypres, et lui dit publiquement : « Mon seigneur et votre intime ami, Guillaume d'Ypres, vous présente le salut et son amitié, et vous promet pour vous et pour les vôtres tous les secours dont il peut disposer. »

Introduit ensuite dans une chambre, il révéla au prévôt, à Guillaume de Werwick, à Bouchard, et à ceux qu'ils avaient admis en petit nombre, des choses qu'il aurait eu honte de dévoiler en public : dès lors toute la maison, joyeuse de ces paroles, donna sa confiance à Guillaume, et le prit pour comte.

D'après ce message secret, les gens sages qui faisaient des conjectures, flétrissaient du crime de trahison Guillaume, qui, après l'accomplissement de leur attentat, avait salué les traîtres, et leur avait offert et promis par écrit son secours et sa foi.

Cependant le prévôt et les siens ne cessaient de circonvenir une multitude de gens, et de les engager, par des présents et des promesses, à entrer dans leur parti. Ils mandèrent à Guillaume qu'ils lui donneraient le comté, et l'engagèrent à réclamer l'hommage et le serment de tous les Flamands de qui il pourrait l'obtenir, soit par la force soit par des présents.

Le prévôt manda aux habitants de Furnes, qui étaient demeurés ses amis, de se présenter à Guillaume pour lui prêter serment et hommage. Il envoya à Jean, évêque de Térouane, une lettre pour se justifier du meurtre du comte, et pour le prier de venir promptement purifier l'église et célébrer l'office divin. Il écrivit à Robert, qui avait épousé une de ses nièces, et qui était alors à Raeskerke, de fortifier sa maison et ses propriétés, jusqu'à ce qu'il eût établi Guillaume d'Ypres dans le comté. C'était ce chevalier qui, pour avoir épousé une femme de naissance servile, avait été déclaré déchu de sa condition d'homme libre. Le prévôt manda aussi aux habitants des côtes voisines, de venir avec toutes leurs forces au secours de ses neveux et de lui-même, s'il s'élevait dans le royaume ou dans le comté quelqu'un pour venger la mort du comte.

Il recommanda énergiquement à nos concitoyens d'entourer le faubourg de fossés et de palissades. Ils se fortifièrent en effet, mais dans une autre intention que celle du prévôt, comme cela fut manifeste par la suite.

Ils enlevèrent donc les barrières et les bois qui appartenaient au défunt comte et à Frumold le jeune, et tout ce qui pourrait leur servir pour se retrancher; et, sous la conduite du châtelain, ils construisirent pour la défense commune des tours, des remparts, en se ménageant des issues pour les sorties contre l'ennemi. Tout le monde se hâtait pour achever cet ouvrage, tant le clergé que le peuple. On ne goûta aucun repos jusqu'à ce qu'il fut terminé.

Le lundi 7 mars, Dieu tira du fourreau les glaives de la vengeance divine contre les ennemis de son Église, et anima le cœur d'un chevalier, nommé Gervais, qui avait été l'un des familiers et des fidèles du très pieux comte Charles. Affligé et irrité de la mort de son très cher maître, il marcha avec une armée redoutable de fantassins et une troupe de chevaliers ; et environné d'une épaisse rangée d'armes, il courut assiéger une place fortement munie pour la défense des traîtres, que l'on appelle Ravenschoot : sa position avantageuse et ses fortifications la rendaient inaccessible ; mais à cette époque, tous ceux qui tenaient pour ces scélérats vivaient dans la sécurité, croyant que personne au monde ne voudrait ou ne pourrait s'élever contre leurs seigneurs, qui avaient eu l'audace d'accomplir un pareil forfait sur la personne de leur comte.

Dieu les avait aveuglés, ils n'étaient point sur leurs gardes : surpris et stupéfaits de cette attaque inopinée, et se trouvant inférieurs en nombre, ils craignirent pour leur vie, et se rendirent tout d'abord à Gervais, à condition qu'ils se retireraient la vie et les membres saufs. Les défenseurs expulsés, les chevaliers et les fantassins qui assiégeaient la place, s'y précipitèrent, et pillèrent tout ce qu'ils y trouvèrent. Les gens des traîtres, qui avaient rendu la place, s'enfuirent de nuit, et vinrent raconter l'événement au prévôt et aux siens, qui dès ce moment furent continuellement obsédés par la crainte, et perdirent de leur orgueil. Il serait trop long de dire la joie qu'on ressentit partout, lorsqu'on sut que Dieu lui-même avait commencé la vengeance.

Le 8 mars, la place de Ravenschoot fut détruite par le feu et par le fer, et près de Bruges, la maison de Wilfrid Knop, frère du prévôt, qui avait juré la mort du comte, fut livrée aux flammes. Aussitôt Gervais s'approcha avec ses forces du château, où s'étaient fortifiés les traîtres, et l'entoura, pour les empêcher de faire des excursions et de passer dans le faubourg. Nos bourgeois, voyant que Dieu commençait sitôt la vengeance, se réjouissaient, mais seulement dans leur conscience, n'osant manifester leur joie devant les traîtres, qu'ils voyaient encore aller et venir au milieu d'eux. Ils envoyèrent secrètement des députés à Gervais et aux siens, pour conclure un traité de foi, d'amitié et d'alliance mutuelles. Les députés jurèrent en outre de venger leur comte, et s'engagèrent à introduire le lendemain Gervais et les siens dans le faubourg, et à les recevoir comme des frères dans leurs retranchements. Quelle joie saisit Gervais et les siens en entendant ce message, c'est ce que je ne saurais exprimer; car ils virent que ce qu'ils allaient faire était la volonté de Dieu. Ils se lièrent donc par un serment avec les députés de nos citoyens; et cette conjuration, entièrement ignorée des traîtres, n'était connue que des plus sages de la ville.

V.

LE mercredi 9 mars, octave du martyre de notre bienheureux comte Charles, d'après la convention faite avec nos concitoyens, Gervais fut introduit dans le faubourg, non loin des arènes [1] du côté occidental du château ; mais auparavant, il avait eu soin, en mettant le feu à leurs maisons, d'occuper Bouchard le jeune, Robert et leurs complices, qui sortirent de tous côtés du château pour voir s'ils pourraient s'emparer des incendiaires. A l'orient du château, les flammes, poussées par le vent, dévorèrent trois grandes maisons; les citoyens, ignorant l'accord fait entre nos bourgeois et Gervais, y coururent pour la plupart en armes, à la suite des scélérats. Isaac sortit de la ville à cheval avec ses chevaliers.

Ils rencontrèrent ceux du parti contraire: les traîtres virent qu'ils étaient en trop petit nombre pour tenir tête à une armée aussi considérable ; ils prirent la fuite ; mais les assiégeants les poursuivirent en toute hâte, et les chassèrent jusqu'au château. Lorsqu'ils furent arrivés au faubourg, Bouchard et les siens s'arrêtèrent quelque temps devant la maison de Didier, frère d'Isaac, afin de se consulter sur ce qu'ils avaient à faire. Cependant Gervais les poursuivant vivement, arriva aux portes du faubourg du côté de l'occident ; et là, après des serments mutuels entre lui et les citoyens, il se précipita dans l'intérieur de la ville avec une très forte troupe. Les habitants se

---

1. *Harene*, dans le texte, c'est à dire le sablon ; c'était le lieu où se tenaient à Bruges la foire du Vendredi et les réunions populaires, nous l'avons dit déjà.

tenaient encore dans leurs maisons avec la tranquillité accoutumée, car on était près du soir, et beaucoup d'entre eux s'étaient mis à table, sans savoir ce qui se passait.

Comme les traîtres, troublés par leur fuite, se consultaient, ils n'aperçurent pas leurs ennemis qui se précipitaient sur les places, armés de javelots, de lances, de flèches et d'armes de toute espèce, et qui venaient les assaillir. Cependant le tumulte et le bruit des armes et les clameurs avaient troublé tous les citoyens, qui coururent aux armes, les uns (ceux qui ne connaissaient point le traité), pour défendre la place et le faubourg contre Gervais, les autres, qui le connaissaient, pour se joindre à Gervais, et poursuivre les traîtres dans leur fuite jusqu'au château.

Lorsque les citoyens furent instruits de l'accord et du serment de Gervais, ils se précipitèrent par le pont du château sur les gens du parti des traîtres qui le défendaient. Sur un autre pont, qui conduisait à la maison du prévôt, une violente lutte s'engagea, où l'on combattit de près avec la lance et l'épée : sur un troisième pont, placé au côté oriental du château, et qui se prolongeait jusqu'à ses portes, il y eut un assaut si vigoureux que ceux qui se tenaient à l'intérieur, ne pouvant soutenir la violence du combat, rompirent le pont, et fermèrent les portes sur eux. Partout où les citoyens purent approcher de ceux du château, on combattit avec une grande ardeur, jusqu'à ce que ces misérables, bon gré mal gré, fussent repoussés dans l'intérieur du château presque tous blessés, éperdus de crainte et de douleur, et accablés de la fatigue du combat.

Cependant Isaac, au moment de l'invasion de Gervais dans le faubourg, s'était enfui de l'endroit où ils tenaient conseil, et réfugié dans sa maison, qui était assez forte. Quand il eut passé le pont qui conduisait du faubourg dans sa maison, il le rompit, afin de n'être point poursuivi. Dans le même temps fut arrêté George, le meilleur chevalier des traîtres [1], qui, avec Bouchard, avait frappé le comte. Il fut renversé de cheval par Didier, frère du traître Isaac, qui lui coupa les deux mains. Ce Didier, quoique frère d'un traître, n'avait cependant pas été complice de la trahison. Le misérable George, les mains tranchées, s'était enfui dans un endroit où il espérait demeurer caché; mais il fut dénoncé et traîné devant un certain Gautier, chevalier de Gervais, qui, sans descendre de cheval, ordonna à un jeune spadassin d'une grande férocité de le tuer. Celui-ci se précipite sur George, le frappe de son épée, et le jette à terre : ensuite il le traîne par les pieds dans un cloaque, et l'y noie, comme il l'avait mérité. On avait arrêté aussi un cer-

---

1. Nous croyons que c'était un de ces Karls farouches que les conspirateurs avaient soudoyés pour les aider dans leur attentat.

tain Robert, de la maison du châtelain Haket, dont il était le coureur et le serviteur; il fut tué au milieu de la place publique et traîné dans les marais. On saisit encore un certain scélérat, nommé Fromald, serf de Bouchard, qui s'était caché entre deux matelas et couvert d'habits de femme, pour se dissimuler.

Il fut tiré de là, et conduit au milieu de la place publique : là, sous les yeux de tous, il fut suspendu à un bâton passé entre ses jambes, la tête en bas, pour couvrir d'opprobre et d'ignominie ces traîtres, qui, alors assiégés, se tenaient dans la galerie et dans les tourelles du comte, et qui voyaient bien que ce spectacle leur était donné pour les humilier. Cependant, on ne cessait de tirer des traits de part et d'autre, et de lancer des pierres et des javelots du haut des murs.

La nuit se passa en craintes et en veilles des deux côtés, et l'on se dressa des embûches : au dehors, on fit bonne garde pour surprendre ceux qui abandonneraient les assiégés afin de se dérober par la fuite, et ceux qui se glisseraient le long des murs pour se joindre à eux. Les assiégés firent souvent des sorties pendant la nuit ; ils combattaient avec plus de cœur la nuit que le jour, parce que, dans le jour, honteux de leur forfait, ils n'osaient se montrer. Ils espéraient trouver quelque moyen de s'évader, et ils pensaient qu'après cela personne ne les accuserait de trahison.

Ils se flattaient d'échapper par la faveur des chefs du siège, qui avaient promis d'y consentir.

Le jeudi, 10 mars, Siger, châtelain de Gand, arriva au siège avec toutes ses forces, ainsi que Jean, frère de Bauduin d'Alost. Dans la nuit, Isaac, troublé par la conscience de son crime, et du châtiment qu'il méritait, s'enfuit avec son écuyer. Sa femme, et leurs serviteurs et servantes, et toutes les gens de leur maison, se cachèrent partout où ils trouvèrent un asile. Dans la précipitation de leur fuite, ils abandonnèrent à leurs ennemis, avec leur maison, la plus grande partie de leurs meubles. Le châtelain de Gand et Jean accoururent de grand matin avec bon nombre d'assiégeants, et pillèrent tout ce qu'ils trouvèrent de bon à emporter. Ils placèrent ensuite des torches enflammées sous le toit, et en un instant, l'incendie, excité par le vent, eut tout dévoré.

Le vendredi, 11 mars, Daniel de Termonde, l'un des pairs de Flandre, qui avait été intimement lié avec le prévôt et ses neveux avant leur trahison, accourut au siège, ainsi que Richard de Woldmann, Thierry, châtelain de Dixmude, et Gautier, boutillier du comte [1]. Ils vinrent avec toutes leurs forces. Mais

---

1. La charge de boutillier ou échanson était un des grands offices du palais. Le grand boutillier siégeait dans la cour suprême de justice avec le prévôt du chapitre de Bruges, chancelier de Flandre, le connétable et le chambellan. Cette dignité était héréditaire dans la maison de Gavres. Galbert en nomme le titulaire, Razon de Gavres. Gautier n'était que le second boutillier. — Voir ci-dessus notre description de la cour des comtes de Flandre sous Charles le Bon.

avant qu'on les laissât entrer dans la ville, ils jurèrent dans une assemblée des citoyens et des chefs du siège, de respecter inviolablement les habitations et les propriétés. Ils s'engagèrent aussi à presser avec ardeur les coupables, et à n'épargner la vie d'aucun d'eux.

Le samedi 12 mars, les chefs du siège ordonnèrent d'attaquer à la fois le château de tous les côtés accessibles. Vers midi, les chevaliers et les citoyens prirent les armes, et allèrent mettre le feu aux portes du château. Dans cette attaque, une porte de derrière, qui tenait à la maison du prévôt, fut incendiée. Les assaillants s'avancèrent jusqu'aux portes principales du château, y accumulèrent un monceau de foin et de paille sèche, et un chevalier s'avança pour y mettre le feu. Mais alors ils furent accablés de pierres, de bâtons, de traits et de flèches lancés du haut des murs: un grand nombre d'entre eux furent blessés; les casques étaient brisés; à grand'peine parvinrent-ils à se réfugier sous la tortue qu'ils avaient construite pour les protéger pendant qu'ils mettraient le feu. Tout homme atteint d'une pierre lancée d'en haut était renversé, quelle que fût sa vigueur, et tombait tout brisé et mourant.

Un homme d'armes des assiégeants eut le cœur percé d'une flèche. On entendait un tumulte et des cris effroyables; le fracas des armes retentissait dans les airs. Le combat dura jusqu'au soir. Les assiégeants, n'ayant reçu que du dommage, s'écartèrent des murs et des tours du château, et se rassemblèrent, inquiets des périls de la nuit. Cette attaque ne fit que ranimer le courage des assiégés, qui voyaient leurs ennemis repoussés, et accablés de leurs pertes et de leurs blessures.

VI.

LE 13 mars, comme c'était le dimanche, on observa de part et d'autre une paix apparente.

Le lendemain, les bourgeois de Gand s'assemblèrent pour venir au siège avec une troupe de brigands des environs, fort avides de pillage. Leur châtelain leur avait mandé de se réunir, de s'armer et de se rendre au siège pour leur propre compte, comme des hommes fameux dans les combats et expérimentés dans les sièges [1].

Dès qu'ils surent qu'ils combattraient pour leur propre compte, ils s'adjoignirent tous les archers, les ouvriers habiles dans les métiers, les brigands intrépides, les homicides, les voleurs et tous les hommes audacieux et endurcis aux cruautés de la guerre. Ils chargèrent d'armes trente chariots, et accoururent, à pied et à cheval, se flattant de recueillir de grosses

---

1. Ce fut là un des premiers armements de cette commune de Gand qui devait bientôt se rendre si redoutable au pouvoir féodal.

sommes d'argent, si les assiégés se rendaient à eux. Leur armée était innombrable et pleine de courage. Arrivés aux portes de notre ville, ils voulaient y entrer par la violence; mais la multitude d'hommes armés qui s'y trouvait s'opposa à leur entreprise; on en fût presque venu aux mains, si les plus sages, dans chaque armée, n'eussent tout arrangé. Les nouveaux venus prêtèrent le serment de respecter les biens des citoyens, et de se réunir à nous, durant le siège, dans les mêmes desseins. Les gens de Gand furent donc admis, avec toute leur troupe, et occupèrent les lieux à l'entour du château. Ensuite les ouvriers préparèrent leurs échelles pour escalader les murailles.

Sur ces entrefaites, Razon de Gavres, boutillier, revint de Saint-Gilles, fort affligé de la mort de son seigneur, et amena toutes ses forces au siège. Le mercredi 16 mars, la comtesse de Hollande y vint aussi avec son fils Thierry [1] et un grand nombre de gens. Elle espérait que tous les princes qui étaient au siège nommeraient son fils comte, ainsi que plusieurs le lui avaient fait entendre. Elle s'efforçait, par ses

---

1. Thierry VI, comte mineur de Hollande. Ce fief appartenait à la maison de Gand, qui le tenait directement de l'empire d'Allemagne. Robert le Frison avait été comte de Hollande, comme mari de la comtesse Gertrude, mais après lui, ce comté était retourné dans la maison de Gand. Les comtes de Hollande étaient vassaux de la maison de Flandre pour les îles de Zélande, que celle-ci tenait directement de l'empire.

manières gracieuses, ses promesses et ses présents, de gagner l'amitié de tous les grands.

Ce jour même, deux chevaliers vinrent, de la part de Guillaume d'Ypres, annoncer que le roi de France lui avait donné le comté. C'était un mensonge inventé pour troubler le dessein qu'avaient les chefs du siège d'élire le fils de la comtesse. Cette nouvelle les mit dans l'inquiétude; ils jurèrent tous ensemble de ne jamais combattre sous ce nouveau comte de Flandre, parce que Guillaume était soupçonné de complicité dans l'assassinat de son seigneur.

Le jeudi 17 mars, les chanoines de Saint-Donatien, avec la permission des princes, escaladèrent, au moyen d'échelles, les murs du côté méridional du château; ils enlevèrent les châsses, les reliques, les cercueils des saints, les tentures, les tapisseries, les ornements sacrés et tous les ustensiles de leur église, et les transportèrent dans celle de Saint-Christophe, située sur la place publique. Le prévôt, voyant que sa fortune était changée, souffrit, quoique de mauvais gré, que l'on emportât, avec toutes les reliques des saints et les ornements du temple, les tablettes et les notes sur les revenus du comte, qu'il avait voulu garder pour lui et pour son Guillaume d'Ypres.

L'église de Saint-Donatien demeura donc abandonnée et dépouillée. Les traîtres y établirent leurs concubines, leurs latrines, leur cuisine, leurs fours et toutes sortes d'ordures.

Cependant le corps du pieux comte Charles, abandonné à ses assassins, gisait encore au lieu même où il avait reçu le martyre!

Les chanoines emportèrent en pleurant, et sans les cérémonies accoutumées, les reliques des saints. Il n'était permis qu'au clergé et à un petit nombre de gens d'approcher des murs de l'église, parce que de part et d'autre, on se tenait sur ses gardes; mais au milieu des armes on respecta les saints, et l'on donna passage et sûreté à ceux qui les portaient. Ce fut une chose étrange que cette procession, où la croix fut portée par Alger, chambrier du prévôt; désespérant de sa vie, il se revêtit d'une chape de clerc, et s'échappa sous ce déguisement. Tous nos concitoyens en furent affligés; mais ils se réjouirent d'être en possession des reliques des saints, qui, si elles fussent restées dans l'église, seraient devenues la proie des ennemis et des pillards, comme on le vit plus tard, à la prise du château et à l'attaque de l'église.

« C'est du milieu d'un si grand tumulte et de nombreux incendies allumés, tant par les projectiles enflammés des assiégés que par des voleurs qui espéraient piller, et parmi les périls de tant de nuits et les combats de tant de jours, que moi, Galbert, j'ai noté sur mes tablettes les principaux événements, en attendant que je pusse, à la faveur de la paix, mettre en ordre le récit que j'écris maintenant, et que j'ai préparé pour les fidèles, dans cette périlleuse situation. A cause de la confusion et du grand nombre de personnes, je n'ai pu inscrire les actions de chacun ; je me suis heureusement attaché à consigner ce qui avait été fait et ordonné en commun dans le siège, et je me suis contraint, bien à contre-cœur, de mettre tous ces faits par écrit [1]. »

Les assiégés avaient muni les portes du château de tas de terre, de pierres et de fumier, depuis le bas jusqu'en haut, pour que, même en incendiant ces portes, on ne pût pénétrer jusqu'à eux. En effet, du côté de l'orient, les assiégeants avaient mis le feu, et les grandes portes avaient été presque brûlées, en sorte que, sans cet amas de matières, elles eussent livré passage. De leur côté, les assiégeants avaient rompu tous les ponts qui, autrefois, allaient droit au château : ainsi il ne restait plus aux assiégeants aucun moyen d'entrer, ni aux assiégés de sortir.

Tranquilles de ce côté, les assiégés entreprirent de boucher les portes de l'église du côté méridional,

---

1. Ce passage remarquable est la corroboration la plus authentique du procès verbal si précieux que Galbert a dressé de tous les faits accomplis sous ses yeux. — Nous le reproduisons ici textuellement et *in extenso*.

ainsi que les portes et les passages qui, de la maison du comte et de l'intérieur du cloître, conduisaient dans le château, afin de pouvoir, si par malheur ils étaient repoussés du château du comte, se retirer successivement dans sa maison, dans celle du prévôt, dans le réfectoire, dans le cloître des frères, et enfin dans l'église.

L'église de Saint-Donatien était construite en forme de rotonde élevée, avec un dôme de tuiles et de briques. Autrefois le toit avait été bâti en bois, et au-dessus s'élevait un clocher travaillé avec art, qui, placé au centre du pays et annonçant le siège de l'empire, semblait commander partout la paix, l'ordre et l'obéissance aux droits et aux lois, qui donnaient au pays le repos et la justice. Mais l'incendie avait consumé cet édifice, et on l'avait remplacé par une construction d'argile et de pierre. Du côté de l'occident, une tour extrêmement forte dominait les bâtiments de l'église dont elle faisait partie, et se séparait, en haut, en deux tours plus étroites. Un mur entourait la maison du prévôt, le dortoir et le cloître des frères, et toute cette partie du château. Les assiégés se flattaient d'en demeurer les maîtres : très élevé et très fort, il était garni de tourelles, avec une galerie extérieure pour combattre ; cependant ils travaillaient nuit et jour à se fortifier, même en dedans, parce qu'ils sentaient qu'ils allaient avoir à combattre le monde entier [1].

VII.

IL y avait dans le château, avec les coupables, de braves chevaliers, qui désiraient vivement en sortir pour n'être point confondus avec les traîtres dans la proscription générale. Les chefs du siège en furent instruits : ils s'approchèrent des murs, d'après le conseil des plus sages, et entrèrent en pourparler avec les assiégés. Ils ordonnèrent d'appeler ceux qui n'étaient point coupables, et leur offrirent la permission de sortir du château, assurant que ceux qui seraient reconnus innocents par le jugement des princes auraient la vie et les membres saufs.

Quant aux coupables, ils déclarèrent qu'il ne leur serait accordé aucune grâce, mais qu'en punition d'un crime inouï jusqu'alors, ils périraient d'une mort également inouïe. D'après ces déclarations, il sortit un grand nombre d'hommes dont l'innocence était évidente, ou qui étaient prêts à la prouver.

Enfin le prévôt s'avança avec son frère le châtelain Haket pour avoir une conférence avec les princes : son visage était triste, son cœur consterné, et il avait déposé la rigueur de sa majesté et de son orgueil. Le châtelain Haket prit la parole au nom

---

1. Cette description est d'autant plus précieuse que c'est le seul souvenir qui nous reste de ce qu'étaient l'église de Saint-Donat et le Bourg de Bruges au temps de Charles le Bon.

de tous les assiégés avec une extrême humilité. Il supplia les princes de se souvenir de l'amitié qu'ils avaient eue autrefois pour son frère et pour lui, et protesta qu'ils étaient prêts tous deux, ainsi que le jeune Robert, à prouver, selon le jugement de toute la nation, qu'ils étaient innocents du crime, de fait comme d'intention. Le prévôt s'offrait à donner ces preuves devant le clergé. Quant à leurs neveux, Haket demandait qu'il leur fût permis de quitter le château, la vie sauve, et qu'ils fussent ensuite condamnés à un exil perpétuel, afin de se réconcilier avec Dieu sous le cilice et dans la pénitence. A défaut de ces conditions, ils aimaient mieux, disait-il, vivre ainsi assiégés avec les coupables que de se livrer à une mort honteuse.

Lorsque le châtelain Haket eut fini sa harangue, le chevalier Gautier, parmi les assiégeants, se leva, et répondit qu'on ne devait plus aucune reconnaissance ni aucune amitié à ceux qui avaient empêché d'ensevelir dignement le pieux comte, qui avaient partagé avec les coupables le trésor de l'État et occupé indûment le palais du souverain; et que désormais lui et ses alliés rompaient avec eux et abjuraient la foi et l'hommage qu'ils leur avaient gardés jusqu'à ce jour.

Cette conférence se tenait en présence de tous les assiégeants, qui prirent aussitôt des brins de paille, et, en les rompant, renoncèrent à l'hommage, à la foi et aux serments qu'ils avaient prêtés aux assiégés. Des deux côtés, on se sépara avec un esprit hostile et résolu d'une part à l'attaque, de l'autre à la résistance.

Le même jour, nous apprîmes des hommes d'armes de l'abbesse d'Aurigny, qu'Isaac, la nuit de sa fuite, croyant arriver à Gand, s'était trouvé près d'Ypres. Il s'enfuit de là à Steenworde, métairie de Gui, son gendre; et, d'après son avis, il se rendit à Thérouanne secrètement, et s'y cacha sous l'habit monastique. Mais la nouvelle de sa fuite s'était répandue : on le cherchait de tous côtés; et dès qu'il était caché quelque part, on en était instruit. Le fils d'un avocat de Thérouanne, nommé Arnoul, connut sa retraite : il se précipita dans le cloître des frères de cette ville, et le trouva dans l'église la tête ensevelie dans un capuchon, et ayant l'air de méditer les psaumes. Il l'emmena captif, le chargea de fers, et à coups de verges, le força de révéler le nom des traîtres qui avaient assassiné le comte. Isaac désigna, comme ses complices dans la perfide conjuration, Bouchard, Guillaume de Werwyck, Enguerrand d'Esne, le jeune Robert, Wilfrid, frère du prévôt, et quelques autres pervers.

Le vendredi, 18 mars, on dressa des échelles contre les murs, et, de part et d'autre, on combattit à coups de flèches et de pierres. Les échelles furent traînées avec beaucoup de peine jusqu'au pied des murs : appesanties par la mousse et l'humidité, elles étaient très lourdes. Elles avaient en hauteur environ soixante pieds d'homme. Voici quelle en était la construction. D'abord on avait fabriqué une très large échelle, de la hauteur des murs du château ; à droite et à gauche, on avait formé, avec des perches très solides, une sorte de palissade, et par-devant, on en avait placé une semblable, afin de garantir ceux qui monteraient des coups des assiégés. Sur la première échelle, on en avait couché une seconde, construite de même, et un peu plus longue, mais beaucoup plus étroite, qui pût, lorsque la première serait appliquée aux murs, tomber en dedans. La largeur de l'échelle inférieure était de douze pieds.

Pendant qu'on amenait les échelles, avec de grands cris, les habitants de Gand, armés, protégeaient de leurs boucliers ceux qui les portaient. Les assiégés accoururent au bruit; et du haut de leurs fortifications, accablèrent ceux qui trainaient les échelles d'une grêle de flèches et de pierres. Cependant des jeunes gens pleins d'ardeur dressèrent de petites échelles que dix hommes pouvaient porter, et avant qu'on eût placé les grandes, montèrent à l'assaut. Mais comme ils montaient un à un, des ennemis cachés en dedans, renversaient successivement, avec des lances, des piques et des traits, celui qui se trouvait le premier sur l'échelle; et bientôt personne n'osa plus essayer d'escalader les murs par ce moyen. En même temps d'autres essayaient de percer la muraille avec des marteaux de maçons et des instruments de fer; mais, après l'avoir entamée, ils se retirèrent sans avoir réussi. Cependant la nuit vint séparer les combattants; et les gens de Gand, affaiblis par un grand échec, attendirent le lendemain, où toutes les forces devaient se réunir, pour dresser les échelles, et escalader les murs de vive force.

Le lendemain matin, au point du jour, les assiégés reposaient leurs membres fatigués des combats renouvelés chaque jour ; le succès qu'ils avaient remporté la veille sur les gens de Gand les rassurait un peu; à l'approche du jour les gardes des remparts étaient entrés dans la maison du comte pour se réchauffer auprès du feu, et, dans leur sécurité, avaient laissé vide la cour du château. Nos citoyens au moyen d'échelles légères, qu'un seul homme pouvait porter, montèrent par le côté méridional du château, par où l'on avait enlevé les reliques des saints. Ils se réunirent là, sans bruit, par grands corps, et prêts au combat. Un petit nombre d'entre eux se rendirent aux grandes portes, afin de les débarrasser des obstacles que les assiégés y avaient accumulés, et de les ouvrir à tous les assiégeants qui étaient au dehors. Du côté de l'occident, ils avaient aussi trouvé une porte solidement fermée avec une clef et une serrure de fer, mais qui n'était obstruée d'aucun amas de terre et de pierres. Les traîtres l'avaient réservée afin de faire entrer et sortir par là ceux qu'ils voulaient. Nos citoyens l'ouvrirent à coups d'épées et de haches. L'armée qui entourait le château y fondit en tumulte. Les uns se précipitaient pour combattre, les autres pour piller; d'autres pour entrer dans l'église, et s'emparer du corps du comte Charles afin de le transporter à Gand.

Alors les traîtres, qui étaient dans la maison du comte, plongés dans un profond sommeil, réveillés par les cris qui retentissaient de toutes parts, accoururent pour voir la cause de tout ce bruit. Dès qu'ils connurent le danger, ils se précipitèrent sur leurs armes, et se tinrent devant les portes, prêts à en venir aux mains. Plusieurs chevaliers, à qui avait été confiée la garde des portes de l'occident, se jetèrent au-devant de la foule de nos citoyens qui entraient, et ne pouvant faire davantage, se livrèrent à la merci des vainqueurs. D'autres, craignant de tomber entre les mains des citoyens, se laissèrent glisser du haut des murs. Le chevalier Giselbert fut tué dans sa chute; des femmes le traînèrent dans une maison pour préparer ses funérailles; mais le châtelain Thierry et les siens attachèrent son corps à la queue d'un cheval, et le traînèrent par tous les quartiers de la ville; enfin ils le jetèrent dans un égout au milieu de la place publique.

Nos citoyens, voyant que les assiégés faisaient mine de résister devant les portes de la maison du comte, montèrent les degrés qui y conduisaient, et mirent ces portes en pièces à coups d'épées et de haches; puis ils poursuivirent les assiégés de chambre en chambre jusqu'au passage par où le comte se rendait ordinairement de sa maison à l'église de Saint-Donatien. Un combat très violent s'engagea dans ce passage, construit en pierres et en forme de voûte. On se battit de près, avec l'épée seulement : les assiégés dédaignaient de fuir davantage. Les uns et les autres restèrent immobiles comme la muraille, éprouvant leurs forces et leur courage, mais la foule des assiégeants croissait sans cesse; enfin nos citoyens forcèrent leurs ennemis à fuir, non en les combattant, mais en se ruant sur eux. Ils entraînèrent dans leur fuite Bouchard, ce guerrier farouche et d'une force prodigieuse, qui ne cessa de faire face à nos citoyens : il en renversa et blessa un grand nombre; d'un coup de son épée il battait et assommait les combattants épouvantés. Nos gens mirent aussi en fuite le jeune Robert : personne ne voulait porter la main sur lui, parce qu'on le disait innocent, et qu'il était aimé de tous avant et même depuis la trahison. Ce noble jeune homme refusait de fuir. Cependant, pressé par ses amis, il suivit les fuyards, et sans lui, on aurait pris là Bouchard, tous ses chevaliers et tous les coupables.

Les traîtres se réfugièrent dans l'église, et n'y furent pas poursuivis ; les citoyens se dispersèrent, et coururent piller la maison du comte, celle du prévôt, le dortoir et le cloître des frères. Dans la maison du comte, ils enlevèrent des tapis, du linge, des matelas, et tous les objets et ustensiles de cuivre, de fer et de plomb qu'ils purent trouver, le tout sans se croire coupables d'aucune faute. De celle du prévôt, ils emportèrent les lits, les coffres, les sièges, les habits, les vases et tout le mobilier. Dans le dortoir des frères, qui était rempli de vêtements d'un grand prix, ils firent un tel butin, que, jusqu'à la nuit, ce ne furent qu'allées et retours pour le transporter.

VIII.

LES assiégés ne conservèrent donc que l'église où ils avaient apporté toute sorte de vivres pour y soutenir un siège. Le prévôt Bertulphe, pendant la nuit du jeudi qui précéda la prise du château, avait gagné, au prix de quatre cents marcs d'argent, Gautier le boutillier ; il se suspendit ensuite à une corde, et se laissa glisser du haut de la galerie ; mais ce Gautier, en qui le prévôt avait une extrême confiance, après l'avoir conduit dans un endroit désert, à Moër, le laissa exposé à ses ennemis ; et il fut réduit à fuir, sans savoir où se réfugier dans ces lieux qui lui étaient inconnus.

Les assiégés n'avaient plus pour chefs que le châtelain Haket, Bouchard, le jeune Robert, Gautier, fils de Lambert de Redenbourg, et Wilfrid Knop. Du haut de la tour, ils lançaient des pierres sur les gens qui couraient çà et là dans le château, et ainsi furent écrasés plusieurs de ceux qui portaient le butin et les meubles. Les assiégeants dirigèrent aussitôt leurs coups contre les fenêtres de la tour; aucune tête n'y pouvait paraître sans servir de but à mille arcs et à mille frondes, et toute la tour était hérissée de flèches. Les assiégés jetèrent alors des matières enflammées sur le toit de la tribune des chantres, qui touchait à l'église, afin d'incendier la maison du prévôt, voisine du même toit; mais ce dessein échoua. En même temps ils couraient de tous côtés dans la nef, le chœur et le sanctuaire intérieur [1], craignant sans cesse que les assaillants n'entrassent par les fenêtres ou ne rompissent les portes de l'église.

Les chefs firent alors attaquer l'église. Les hommes les plus audacieux se précipitèrent avec impétuosité et forcèrent la porte qui était du côté du cloître; ils poursuivirent les assiégés depuis le bas de la nef jusque dans la tribune, où ils avaient assassiné le prince le plus pieux de la terre. Ainsi, ces serviteurs se trouvèrent resserrés autour de leur maître; mais ce fut bien contre leur désir qu'ils se virent renfermés

---

1. La sacristie.

avec le seigneur comte. Je ne saurais dire combien de pierres furent précipitées du haut de la galerie sur les vainqueurs qui se trouvaient dans la nef, et combien il y en eut de blessés, d'écrasés et de brisés par les traits et les flèches. Les parois et les fenêtres vitrées, les stalles et les sièges des frères, tout fut brisé, renversé : le pavé disparaissait sous un monceau de pierres et de débris de toute espèce ; il n'y avait plus rien dans l'aspect de l'église qui en rappelât la sainteté : elle paraissait plus affreuse qu'une prison. Les assiégés, dans la tribune, s'étaient fait un rempart avec des coffres, des tables d'autels, et des meubles de toute sorte qu'ils avaient liés avec les cordes des cloches. Ils mirent en morceaux les cloches et tout le plomb dont l'église était anciennement couverte, afin d'en accabler leurs ennemis. Dans le chœur, on combattait avec acharnement, et près de la tour et du haut des portes de la tour, on fit un si grand carnage, que je ne saurais exprimer la multitude des hommes qui furent tués ou blessés.

Le chevalier Gervais, avec une grande valeur, s'empara du faîte de la maison du comte, et ordonna d'y planter sa bannière. Il le faisait pour humilier les traîtres, qui avaient superbement planté leurs bannières sur la maison du comte, sur la tour de l'église et dans plusieurs autres lieux, comme pour faire voir qu'ils étaient les maîtres. Didier, frère d'Isaac, s'empara avec nos citoyens de la petite maison du comte, et planta sa bannière sur le plus haut portique. Le jeune Robert, du haut de la tour, l'aperçut passer dans le château, et lui cria : « Didier, tu nous as conseillé de trahir le seigneur comte ; et, après avoir violé envers lui ta foi et tes serments, dans notre infortune, tu nous persécutes. Plût à Dieu que je pusse sortir ! je t'appellerais en combat singulier. J'en atteste Dieu, tu es un plus grand traître que nous ; car tu as trahi le comte, et maintenant tu nous trahis. » Ces reproches furent remarqués de tous.

Les neveux de Tancmar, qui avaient été en partie la cause du crime, avaient orgueilleusement planté leur bannière sur la maison du prévôt, et s'étaient emparés de tout ce qu'ils y avaient trouvé. Nos citoyens s'en indignaient, parce qu'avant cette trahison, le prévôt et les siens avaient été des hommes religieux, et que les habitants de la ville et de tout le pays avaient été bien traités par eux. Le cœur de nos citoyens se souleva donc contre les neveux de Tancmar, et ils cherchèrent une occasion de les combattre et de les tuer. Vers le soir du samedi, ceux-ci envoyèrent à leur campagne le froment et le vin qu'ils avaient pris dans la maison du prévôt : nos citoyens s'approchèrent, et, à coups d'épées brisèrent le vase qui contenait le vin. Un tumulte prodigieux s'éleva, et les citoyens fermèrent les portes de la ville, afin qu'aucun de ces hommes ne s'échappât.

Tancmar s'enfuit ; mais trouvant les portes de la ville fermées, il se cacha dans une petite maison, afin de voir ce que deviendraient ses neveux. Ceux-ci ne pouvant tenir contre les citoyens dans la maison du prévôt, essayèrent de s'échapper. Cependant tout le monde criait qu'ils devaient être pendus, parce que c'était à cause d'eux que le comte avait été tué, le prévôt et ses neveux assiégés, et plusieurs hommes de leur famille tués ou condamnés à la mort la plus honteuse ; il fallait donc, disait-on, les faire périr du supplice le plus cruel, eux qui avaient discrédité, auprès du comte, par fraude et par corruption, le prévôt, ses frères et ses neveux, plus puissants et plus nobles qu'eux dans le comté. En même temps, du haut de la tour, le châtelain Haket, le jeune Robert et leurs amis excitaient les citoyens contre les neveux de Tancmar. Enfin Gautier le boutillier et les autres chefs du siège apaisèrent le tumulte. Mais les neveux de Tancmar furent contraints de sortir sur l'heure même de la maison, d'ôter humblement leur bannière et de s'éloigner. Ils se retirèrent sous la protection des princes, mais non sans danger. Ils se méfiaient tellement des citoyens, que chacun d'eux fit monter avec lui un homme sur son cheval pour s'en aller.

Pendant la nuit, on fit bonne garde dans la cour

du château, le cloître, la maison du prévôt, le réfectoire et le dortoir des frères ; car les assiégés essayaient continuellement d'incendier les toits du cloître et des maisons voisines de l'église, afin d'ôter aux assiégeants tout moyen de parvenir jusqu'à eux. Souvent ils faisaient des sorties et répandaient la terreur parmi les gardes ; ils ne cessaient de faire sonner des trompettes, des clairons et des cors. Ils espéraient encore s'échapper, parce que les princes du royaume, par des lettres lancées au moyen de flèches dans la tour, leur promettaient leur amitié et leur secours.

Cependant le prévôt, conduit d'après l'ordre de Gautier le boutillier, par un chevalier perfide, arriva à cheval, dans la nuit du jeudi, à une ferme de Gautier et de Bouchard, où il se cacha quelque temps ; mais il y fut découvert et s'enfuit, sans autre protection que la nuit, auprès de sa femme à Furnes [1] ; il ne put s'y cacher, et dans la nuit du vendredi saint, il poursuivit sa fuite. Il subit volontairement le châtiment de ses péchés, marchant nu-pieds, afin que Dieu lui pardonnât. Lorsqu'il fut pris peu après, la plante de ses pieds parut écorchée ; les pierres la lui avaient tellement déchirée, que le sang en coulait. Ainsi, cet homme

---

1. A cette époque, un grand nombre de bénéficiers ecclésiastiques étaient mariés, soit qu'ils eussent été gratifiés de leurs bénéfices sans avoir reçu les ordres, comme il arrivait souvent, soit qu'ils eussent enfreint, quoique prêtres, le célibat ecclésiastique. Cependant la réforme du clergé avait commencé à la fin du XIe siècle, sous l'influence du moine Hildebrand, plus tard Grégoire VII.

souffrait cruellement, errant et exilé dans son propre pays, lui auparavant si puissant, plongé dans les voluptés, et comblé des richesses et des honneurs du monde [1].

IX.

LE dimanche, 20 mars, le roi de France Louis [2], envoya d'Arras un message aux princes et barons du siège. Il les saluait et leur promettait son secours pour venger son neveu, le très équitable Charles, comte de Flandre. Il ne voulait point, disait-il, paraître en personne avant de connaître l'issue du siège ; il pensait que les habitants des villes n'accepteraient jamais Guillaume d'Ypres, parce qu'il était bâtard, et que sa mère avait été cardeuse de laine. « Je veux et ordonne, ajoutait-il, que sans délai vous vous réunissiez en ma présence, pour élire d'un commun accord un comte habile, qui de votre consentement sera votre pair, et régnera sur les habitants. »

Cette lettre fut lue en présence de tous ; avant qu'on eût décidé ce qu'on y répondrait, voilà qu'un autre messager arriva de la part du cousin du comte Charles, Thierry d'Alsace, pour porter le salut de sa

---

1. Voir ce que nous avons dit dans le récit des supplices anticipés que devait souffrir le prévôt avant l'expiation horrible qui l'attendait.

2. Louis VI, dit le Gros (1108-1135). Charles le Bon n'était point son neveu, mais son cousin. Baudouin de Lille avait épousé une sœur de Henri Ier, aïeul de Louis le Gros. Le comte Charles était l'arrière-petit-fils de cette princesse.

part aux chefs du siège et le témoignage de son affection naturelle à tous les citoyens. Il prétendait que le privilège de régner sur la Flandre devait lui revenir par droit de parenté ; et promettait, si le gouvernement du comté lui était confié, d'être un comte juste, pacifique, traitable, et de pourvoir avec soin aux intérêts et au salut communs.

Mais les princes et tous ceux qui avaient entendu cette lettre affirmèrent qu'elle était fausse ; et ils se préparèrent, d'après l'ordre du roi, à se rendre auprès de lui le lundi et le mardi suivants. Cependant, par une ruse très habile, ils appelèrent le même dimanche les citoyens aux armes, et leur ordonnèrent d'attaquer les assiégés dans la tour. Ils le firent afin d'effrayer davantage leurs ennemis, pour qu'ils n'osassent point, pendant l'absence des princes, sortir de la tour ou s'enfuir.

Le combat fut violent ; et les assiégés ne comprenaient point pourquoi on les attaquait ce dimanche-là, tandis qu'on avait gardé la paix pendant les autres. Les princes, après avoir placé des sentinelles au pied de la tour pour veiller à ce qu'aucun des assiégés ne pût sortir, allèrent à Arras pour parler au roi le lundi et le mardi.

Le mercredi, 23 mars, trois semaines après le meurtre, Isaac fut pris et pendu. L'archer Lambert s'échappa de la tour et s'enfuit sur une barque à la métairie de Mikhem. Il s'était échappé à la pointe du jour ; mais Bouchard cria aux assiégeants l'heure et le lieu où s'était enfui son conseiller et son ami. Les citoyens entourèrent la maison où il s'était caché, l'arrachèrent de sa retraite, et l'emmenèrent captif. Il fut retenu sous bonne garde, et l'on attendit pour le pendre que les chefs du siège fussent présents.

Le jeudi, 24 mars, on vint dire aux nôtres que le roi d'Angleterre avait fait alliance avec Guillaume d'Ypres, et lui avait procuré une immense somme d'argent et trois cents chevaliers pour s'emparer du comté de Flandre.

Cette nouvelle était fausse : car il fut évident que Guillaume d'Ypres, par les mains des neveux du prévôt Bertulphe, avait pris au trésor du comte Charles cinq cents livres de monnaie anglaise.

Le vendredi, 25 mars, pendant la nuit, par l'artifice des gens de Gand, les frères du monastère de cette ville, conduits par leur maire, et avec le consentement du chevalier Ansbold et de quelques-uns de nos citoyens, entrèrent dans le château, reçurent des mains des traîtres, par les fenêtres de la tribune, le corps du très pieux comte, et l'emportèrent enveloppé dans des besaces et des sacs. Mais ils furent surpris ; les citoyens se jetèrent sur le maire, sur Ansbold et sur leurs complices, en blessèrent quelques-uns et les mirent en fuite. Depuis, nos citoyens sachant que les frères voulaient emporter le corps, redoublèrent autour de lui de vigilance.

Le 27 mars, dimanche des Rameaux, nos bourgeois s'assemblèrent dans l'enclos d'une ferme qui touche à la ville. Les habitants de la Flandre avaient été convoqués de toutes parts autour de nous ; et là, on lut sur les reliques des saints, le serment suivant : « Moi, juge, je jure d'élire pour comte de ce pays, un homme capable de bien gouverner l'État des comtes ses prédécesseurs, et de maintenir souverainement ses droits contre les ennemis de la patrie ; un homme qui se montre affable et pieux envers les pauvres, et religieux envers Dieu ; qui marche dans le droit chemin, et sache servir les intérêts communs de la patrie. » Ensuite les principaux citoyens prêtèrent serment.

Le mercredi 30 mars, nos princes, qui s'étaient rendus à Arras pour conférer avec Louis, roi de France, sur les affaires de la province et l'élection d'un comte, revinrent au son des cloches. Ils apportaient une lettre du roi, qui saluait affectueusement tous ses bons fils les habitants du pays, et leur annonçait l'arrivée de ses armées royales.

X.

LE jeudi, 31 mars, nos citoyens se réunirent avec les Flamands, et convinrent que vingt chevaliers et douze bourgeois pris entre les plus âgés et les plus sages, iraient le samedi saint au-devant des envoyés du roi jusqu'à la ville de Ravenschoot, et que là les gens de Gand attendraient l'arrivée des nôtres. Cela se fit ainsi qu'il avait été réglé. Le roi, selon le dessein qu'il en avait formé à Arras, vint avec le comte nouvellement élu à Lille, où celui-ci reçut les hommages comme dans Arras ; de là il se rendit à une métairie nommé Deinse, située sur le chemin de Gand. C'est là qu'il attendit nos citoyens et ceux de Gand qui s'étaient accordés pour reconnaître le nouvel élu.

Le vendredi saint, 1er avril, le châtelain Haket s'échappa seul de la tour, et s'enfuit à Lisweg, où il se cacha avec sa fille, mariée depuis longtemps à un chevalier de haute naissance et extrêmement riche.

Le lendemain, samedi de Pâques, quelques-uns de nos citoyens et de ceux de Gand, choisis parmi les premiers du pays, élurent Guillaume pour comte, et lui prêtèrent hommage, foi et serment, selon la coutume observée envers les comtes ses prédécesseurs. Le même jour, le roi et le nouveau comte nommèrent châtelain de notre château de Bruges, Gervais, que cette récompense ne paya pas encore assez de tout ce qu'il avait fait pour la vengeance du comte, et des services qu'il avait rendus dans le siège.

Le 3 avril, le saint dimanche de Pâques, le clergé et le peuple étaient dans l'attente de l'arrivée du roi et du comte. Ce jour-là les abominables traîtres participèrent au corps et au sang de Jésus-Christ, on ne sait par le ministère de quel prêtre. Et le même jour, ils accablèrent de traits ceux qui traversaient le château ; car, dans l'attente de la mort honteuse qui leur était réservée, ils persévéraient jusqu'au dernier moment dans le même esprit.

Le mardi, 5 avril, le roi et le nouveau comte de Flandre arrivèrent à Bruges. Les chanoines de Saint-Donatien, portant les reliques des saints, allèrent à leur rencontre, et les reçurent avec empressement, et avec les honneurs dus à la royauté.

Le lendemain, le roi et le comte convoquèrent leurs chevaliers et les nôtres, nos citoyens et beaucoup de Flamands, dans le champ accoutumé [1], où l'on transporta les châsses et les reliques des saints.

Là, on commanda de faire silence, puis on lut les chartes des immunités ecclésiastiques et privilèges de Saint-Donatien ; afin que le roi et le comte, après avoir sanctionné ces privilèges, approuvés par les pontifes romains, et qu'aucun des rois et des comtes catholiques n'a jamais altérés, prissent l'engagement de les affermir par leur puissance. Les frères de cette église revendiquèrent le droit, qui leur avait été concédé par le seigneur pape, et garanti par cette charte, d'élire canoniquement et sans simonie leur prévôt ; le

---

[1]. Probablement à la place du Sablon où avaient lieu les assemblées populaires.

roi devait ensuite, s'il était présent, l'élever par son autorité aux fonctions de son ministère, et lui conférer le rang de prélat ; en l'absence du roi, la même prérogative appartenait au comte.

Le jeudi, 7 avril, on rendit de nouveaux hommages au comte. Voici comment la chose se passa, suivant les formes réglées pour la prestation du serment. Le comte demandait à celui qui prêtait hommage, s'il voulait sincèrement devenir son homme, et celui-ci répondait : « Je le veux! » Ils unissaient leurs mains, le comte l'entourait de ses bras, et ils scellaient leur alliance par un baiser. Ensuite celui qui avait fait hommage adressait ces paroles au prolocuteur, ou avocat du comte : « Je promets sur ma foi d'être fidèle au comte Guillaume, et de garder sincèrement contre tous l'hommage que je lui ai fait. » Enfin, il prononçait le même serment sur les reliques des saints. Le comte, avec une baguette, qu'il tenait à la main, donnait l'investiture, les fiefs et offices à tous ceux qui par ce traité lui avaient fait hommage.

Ce jour-là, Eustache de Steenvorde fut tué dans Saint-Omer par les citoyens : le feu fut mis à la maison où il s'était réfugié : son corps fut jeté dans les flammes, et y fut entièrement consumé.

XI.

Le lundi 11 avril, le prévôt Bertulphe fut livré au bâtard d'Ypres, qui l'avait fait chercher avec ardeur, et qui désirait passionnément s'emparer de sa personne, parce qu'il espérait rétablir sa renommée par l'arrestation du prévôt et par le supplice terrible qu'il avait dessein de lui faire souffrir. Car il s'était déshonoré en tous lieux et rendu suspect de trahison, lorsqu'il avait envoyé saluer les traîtres après l'accomplissement du meurtre. Il ne savait donc par quel horrible supplice faire périr l'homme dont on le soupçonnait d'être le complice.

Le tumulte, les cris et le concours des habitants d'Ypres et de tout le voisinage autour du captif furent si grands que nulle comparaison ne le saurait exprimer. Ces gens précédaient et suivaient le prévôt en chantant et en dansant, avec des applaudissements ; et ils le traînaient avec de longues cordes, tantôt à droite, tantôt à gauche, en avant et en arrière. Ainsi cet homme, autrefois environné d'honneurs et de puissance, était ignominieusement abandonné à la risée de la multitude, qui le traînait sans autre vêtement que des chausses, et qui l'accablait de boue et de pierres. Hors le clergé et quelques personnes qui l'avaient longtemps connu comme un homme religieux, personne n'eut pour lui de compassion. Il pouvait alors se rappeler, au milieu des opprobres dont il était chargé, tous les crimes de sa vie passée; comment il s'était mis violemment à la place du prévôt Ledbert, et avait usurpé la prélature dans l'Église de Dieu; comment il avait, dans un esprit simoniaque, changé les prébendes, et armé ses neveux pour toutes sortes de crimes aux dépens de l'Église; comment il avait, ou par son consentement ou par ses conseils, participé au meurtre du pieux Charles, qu'il aurait pu sauver, comme il l'avoua plus tard dans les angoisses du supplice. Dans l'espace de trentre-six ans, il avait donné, d'une manière inexplicable, l'exemple de toutes les vertus et de tous les crimes.

Cet homme, autrefois entouré de gloire et maintenant couvert d'ignominie, marchait donc le visage immobile et les yeux tournés vers le ciel; et sans doute, il invoquait à son aide, dans le secret de son cœur, ce Dieu, qui a pitié de la condition humaine, qu'il revêtit pour gouverner les hommes dans le royaume de la terre.

Un de ses persécuteurs lui frappa la tête d'un bâton, en lui disant: « Pourquoi dédaignes-tu, ô le plus orgueilleux des hommes, de regarder les princes et nous, et de nous parler, à nous qui pouvons te faire périr? » Mais il ne s'en souciait point. Il fut pendu à un gibet au milieu de la place publique d'Ypres, comme le sont les voleurs et les brigands. On lui ôta ses braies pour le mettre à nu. Il n'y eut point d'ignominie qu'on lui épargnât : on lui étendit les bras en forme de croix sur le gibet, ses mains y furent attachées, et on lui passa la tête par le trou du gibet ; de sorte que son corps demeura suspendu à ses bras et à son cou ; il mourut suffoqué. Comme on commençait l'exécution et qu'il se soutenait encore un peu en appuyant la pointe de ses pieds sur le gibet, le bâtard Guillaume vint le voir au milieu de cette foule qui l'accablait de pierres et le tourmentait : « Prévôt, lui dit-il, je t'en prie, pour le salut de ton âme, dis-moi quels sont les complices encore ignorés d'Isaac et des autres traîtres qui se sont, comme toi, ouvertement déclarés coupables de la mort du seigneur comte ? » Le prévôt lui répondit : « Tu le sais aussi bien que moi. » Saisi de fureur, Guillaume ordonna de lui jeter des pierres et de la boue, et de le tuer. Alors les gens qui étaient venus sur la place publique pour acheter du poisson se jetèrent sur le prévôt, et mirent son corps en pièces avec des hameçons, des crocs et des bâtons. Il perdit la vie dans d'horribles douleurs. En mourant, il déplora la trahison du chevalier Gautier, son homme lige, qui, en le trompant dans sa fuite, l'avait livré aux supplices qu'il endurait. Le peuple d'Ypres exerça sa fureur sur ce moribond ; il lui ceignit le cou de boyaux de chiens, et lorsqu'il rendit le soupir, on approcha de sa bouche la gueule d'un chien, pour montrer qu'il avait été semblable à un chien dans sa vie [1]...

Le même jour, Gervais fit démolir une tour de bois qui avait été d'abord construite pour attaquer les murs, mais qui n'était plus d'aucune utilité. D'une très forte poutre, il ordonna de faire un bélier pour démolir les portes de l'église. Cependant les archers des assiégés, du haut de la tour où ils étaient renfermés, courbaient leurs arcs et en faisaient résonner les cordes, prêts à lancer des traits aux ouvriers. Il arriva en ce moment que l'arc et la flèche tombèrent des mains d'un archer, comme il allait tirer. Les chevaliers qui se tenaient en face de la tour pour protéger ceux qui travaillaient à construire des machines de siège, tirèrent de cet accident un très fâcheux présage contre les assiégés.

XII.

Le mardi, 12 avril, le roi, accompagné des plus sages de l'armée et de ses conseillers, monta dans le dortoir des frères, afin de choisir l'endroit qu'il fallait marquer pour l'attaque de l'église. La maison du dortoir était attenante à l'église, et c'était là que l'on préparait les machines à l'aide desquelles

---

1. Voir et comparer avec le récit que d'après tous les documents contemporains nous avons fait du supplice réservé au principal auteur de l'assassinat sacrilège du comte Charles.

on devait renverser les murs et percer jusqu'aux assiégés.

Ces misérables avaient encombré de bois et de pierres l'escalier qui conduisait à la tribune, en sorte qu'on n'y pouvait monter ; ne pouvant descendre eux-mêmes, ils cherchaient seulement à se défendre du haut de la tribune et de la tour. Ils s'étaient fait un repaire entre les colonnes de la tribune, derrière des bancs entassés, et de là ils jetaient des pierres, du plomb et toute sorte de matières pesantes. Aux fenêtres de la tour, ils avaient suspendu des tapis et des matelas pour n'être pas atteints en dedans par les frondes et les arbalètes, lorsque la tour serait attaquée du dehors. Au haut des deux petites tours étaient placés les plus forts d'entre eux pour écraser avec des pierres les gens qui traversaient la cour du château. C'est ainsi qu'ils ordonnèrent tout contre l'ordre dans l'église de Dieu. Ils attendirent ensuite, sans aucun respect pour le bienheureux mort qui gisait enseveli parmi eux dans la tribune. Seulement, et quoiqu'ils reconnussent à peine leur seigneur, qu'ils avaient trahi, ils avaient placé auprès de sa tête une lampe qui brûlait perpétuellement en l'honneur du bon comte. Ils avaient déposé près du tombeau la farine et les légumes dont ils se nourrissaient tous les jours.

Le mercredi, 13 avril, les assiégés annoncèrent faussement que Bouchard était mort. Une querelle s'était, disaient-ils, élevée entre lui et le jeune Robert, qui l'avait étendu à terre et percé de son épée. Ils espéraient, par cette nouvelle mensongère, adoucir la sévérité des princes, et rendre l'attaque moins furieuse. D'autres affirmaient que Bouchard s'était échappé. Mais de cette prétendue nouvelle, le roi conclut que les assiégés se défiaient d'eux-mêmes ; il ordonna donc aux chevaliers de s'armer et d'attaquer l'église. L'assaut fut violent et dura depuis midi jusqu'au soir : on combattit à coups de pierres et de flèches.

Le lendemain, le bélier construit pour renverser le mur de l'église fut transporté dans le dortoir des frères, contre le mur, près duquel gisait en dedans le corps du comte. Au-dessus de la machine, les ouvriers disposèrent un large escalier de bois pour les hommes d'armes qui voudraient monter dans l'église: les degrés étaient d'une extrême largeur, et dix hommes pouvaient y combattre de front. On découvrit, à l'endroit où l'escalier avait été placé, une ancienne fenêtre de l'église. Les ouvriers dirigèrent un peu au-dessous de cette fenêtre le travail des machines, afin d'élargir l'ouverture et d'en faire une brèche par où l'on pût entrer librement comme par une porte. Ils disposèrent donc, pour percer le mur, une très grosse poutre suspendue par des câbles ; des cordes y étaient attachées, et elles étaient tirées par des hommes armés, de façon à écarter d'abord la poutre du mur de l'église et à la ramener ensuite avec force pour frapper avec succès la muraille. Au-dessus de la tête de ceux qui montaient sur l'échelle, on avait établi des claies formées de branches d'osier entrelacées dans des poutres, afin que si les assiégés, par quelque invention, parvenaient à rompre le toit du dortoir, les assaillants fussent à l'abri du danger. Ils avaient encore placé devant eux des murs de bois pour n'être point blessés par des traits ou des flèches lancés de l'intérieur. Ils écartèrent donc le bélier du mur, au moyen des cordes, de toute la longueur de leurs bras ; et, d'un seul coup, de toutes leurs forces, et en poussant un seul cri, ils précipitèrent cette masse pesante contre le mur de l'église ; à chaque coup un énorme amas de pierres tombait sur le sol, jusqu'à ce que toute l'épaisseur du mur, à l'endroit où il était battu, fût percée à jour. La tête du bélier avait été munie d'une forte armature de fer, afin qu'elle ne pût éprouver d'autre dommage que celui qu'elle recevait du poids même de la machine et de sa violence. Ce travail, commencé dès midi, ne fut terminé que sur le soir.

Cependant, les assiégés connaissant la faiblesse de la muraille, et prévoyant qu'elle serait tôt percée, s'étaient enfin décidés à rassembler des charbons ardents qu'ils avaient plongés dans la poix et dans le beurre, et à les jeter sur le toit du dortoir. En un moment, les charbons s'attachant aux tuiles, et excités par le vent, embrasèrent le toit de toutes parts. Du haut de la tour, ils jetaient en même temps d'énormes pierres sur le toit, afin d'empêcher d'éteindre l'incendie, et de forcer en même temps ceux qui battaient le mur du temple à se garantir des pierres précipitées d'en haut. Cependant, cette énorme masse de projectiles n'arrêta pas un instant ceux qui poussaient le bélier. Quand les chevaliers virent les flammes s'agiter au-dessus de leurs têtes, l'un d'entre eux monta sur le toit, et, au milieu de tant de pierres et de traits, parvint, quoique avec peine, à éteindre l'incendie. Une grande brèche s'ouvrit donc dans la muraille, qui fut percée plus vite qu'on ne s'y attendait, parce que, depuis l'ancien incendie de l'église, la pluie avait comme pourri tout l'édifice, longtemps découvert et sans toit.

Alors une immense clameur s'éleva du dehors ; et tous ceux qui avaient attaqué des portes et du bas du chœur, des fenêtres et de tous les endroits par où ils avaient pu s'ouvrir un accès, lorsqu'ils apprirent que la muraille était percée, s'animèrent d'une ardeur nouvelle et d'un violent désir de vaincre. Tous ensemble ils prolongèrent l'attaque des deux côtés à la fois depuis midi jusqu'au soir, avec une extrême opiniâtreté jusqu'à ce qu'ils succombassent presque à la fatigue du combat et au poids de leurs armes.

Les malheureux assiégés, déjà peu nombreux, n'étaient d'ailleurs pas libres de combattre tous ensemble sur un même point : forcés de résister à toutes les issues, aux fenêtres, aux portes, dans le chœur, et surtout à la brèche ouverte par le bélier, luttant séparément sur tous les points, ils ne voyaient plus devant eux que le gibet et la mort. Ceux qui de l'intérieur du temple avaient lancé contre la troupe armée du bélier des pierres, des flèches, des épieux et des projectiles de toute espèce, étaient frappés de crainte, parce qu'ils se voyaient en petit nombre, et que leurs complices ne combattaient contre une si redoutable armée que séparés et déjà fatigués par une longue lutte : d'ailleurs, manquant d'armes, ils ne savaient comment se défendre. Néanmoins, ils résistèrent autant qu'ils le purent.

Cependant, ceux qui avaient poussé le bélier, les chevaliers du roi et les jeunes gens de notre ville, lorsqu'ils virent en face les assiégés, réveillèrent leur courage. Ils se représentaient combien il serait glorieux de mourir pour leur patrie, quel honneur était proposé aux vainqueurs, combien étaient scélérats ces traîtres, qui s'étaient fait une caverne de la maison du CHRIST. Mais ce qui les touchait plus encore, ils s'imaginaient avec quelle avidité ils allaient eux-mêmes se précipiter sur les assiégés pour piller les trésors du comte ; et, pour cela seul, ils s'empressaient.

Quels que fussent leurs sentiments, ils se précipitèrent sans ordre, sans combat, sans faire attention aux armes, d'un seul élan, par l'ouverture de la muraille ; si bien que, se ruant tous ensemble, ils ôtèrent aux assiégés le temps de combattre et de tuer. Ils se pressaient sans interruption, de manière à former comme un pont entre deux rives, et, par une merveilleuse faveur de Dieu, ils entrèrent sans courir de dangers mortels, les uns poussant, les autres poussés, d'autres heurtant les obstacles ou s'efforçant de les éviter et tombant tous, comme il arrive dans un si grand tumulte, se précipitant sans ordre, avec des cris, au milieu du bruit de la course, des chutes, du fracas des armes, dont retentissait non seulement le temple, mais encore le château et tout le voisinage. C'était comme une louange et un hymne à Dieu pour la victoire par laquelle il avait honoré ses soldats, élevé le roi et les siens, glorifié au-dessus de tout la majesté de son propre nom, purifié en partie son église de ses souillures, et orné son glorieux martyr le comte Charles, qui fut alors pleuré pour la première fois comme il devait l'être, et entouré de la pieuse vénération et des oraisons des fidèles.

Dès que les assaillants s'étaient précipités dans l'église, les assiégés s'étaient enfuis en poussant des cris, et avaient abandonné la défense de la brèche. Les plus méchants d'entre eux avaient mis le feu à la tour, et ils se défendaient sur l'escalier. Les chevaliers du roi très chrétien se hâtèrent de l'obstruer avec des pierres, des poutres, des coffres et tous les objets qu'ils purent rencontrer, afin de les empêcher de rentrer dans la tribune où reposait le comte. Le roi monta dans la tribune afin de pleurer sur le sépulcre de son neveu, et plaça une garde pour surveiller attentivement la tour. Tout ce qu'on trouva dans la tribune de bon à emporter fut livré au pillage. Enfin les chanoines de l'église montèrent du chœur dans la tribune au moyen d'échelles, et y placèrent quelques-uns des frères pour veiller nuit et jour auprès du sépulcre. Quoique tout eût été brisé dans l'église, lorsqu'ils regardèrent autour d'eux, ils remarquèrent que les autels et les tables des autels, par la protection de Dieu, étaient demeurés intacts. Les frères furent remplis de joie, et dès ce jour ils ne cessèrent d'obtenir tous les objets de leurs vœux, non par leurs mérites, mais par la grâce de Dieu. Le Seigneur finit donc ce jour par la défaite de ses ennemis et le triomphe des fidèles, qui répandit la gloire de son nom jusqu'aux confins de l'univers.

Cependant les assiégés continuaient à placer des sentinelles dans leur tour, et à sonner du cor, comme si quelqu'un leur eût encore rendu obéissance. Dans cette dure extrémité, ils ne diminuaient rien de leur arrogance, et ne sentaient point l'excès de leur misère, parce qu'ils avaient été abandonnés à leur sens réprouvé. Tout ce qu'ils firent dorénavant ne put être approuvé ni de Dieu ni des hommes ; tout ce qui venait d'eux était odieux et fut rejeté.

XIII.

CEPENDANT, pour en finir, le roi avait ordonné d'abattre la tour et l'on s'était mis à l'œuvre.

A chaque coup que frappaient les marteaux, les assiégés en ressentaient la secousse au haut de la tour, qui déjà tremblait et chancelait. Le jeune Robert cria qu'il se rendrait au roi avec ses compagnons, mais à condition que, pour lui, il ne serait pas retenu avec les autres dans un cachot. Les princes tinrent conseil à ce sujet. Le roi accorda aux assiégés la liberté de sortir, parce qu'il était plus avantageux qu'ils se rendissent d'eux-mêmes, et que ceux qui sapaient la tour ne fussent point exposés au danger de sa chute. Ils sortirent donc, un à un au nombre de vingt-sept, par la fenêtre oblique des degrés de la tour, qui donnait sur la maison du prévôt. Quelques-uns, se trouvant d'une trop grande corpulence, se laissèrent glisser, par une corde, de la grande fenêtre de la tour. Le jeune Robert fut remis à la garde des chevaliers du roi, dans la chambre la plus élevée de la maison du comte ; mais tous les autres furent plongés dans un cachot.

Au moment où ils sortaient, une foule de chevaliers se répandirent dans la tour, et firent butin de tout ce qu'ils y trouvèrent. Alors le châtelain Gervais plaça ses chevaliers en dedans, pour arrêter ceux qui montaient en tumulte. Il s'empara du vin des traîtres qui était excellent, et du vin cuit qui avait appartenu au comte. On trouva encore des tranches de lard, vingt-deux mesures de fromage, des légumes, de la farine de froment, des instruments de fer pour cuire le pain, et tous les meubles et les vases excellents dont les traîtres se servaient; mais on ne trouva rien du trésor du comte.

Les assiégés s'étaient rendus le mardi 19 avril. Le lendemain, Dieu sembla vouloir rajeunir le monde par l'éclat du soleil et la pureté de l'air, parce qu'il avait chassé les traîtres de son église. Les frères, joyeux par les bienfaits qu'ils avaient obtenus par la grâce de Dieu, lavèrent les pavés, les parois et les autels du temple; ils rétablirent les marches qui avaient été détachées, et réparèrent tous les ustensiles et les ornements de l'église.

Pendant les jours suivants, on fit coudre une peau de cerf pour y enfermer le corps du comte, et on fit une bière pour l'y déposer. Sept semaines après sa première sépulture, on détruisit le sépulcre qui lui avait été construit dans la tribune, et on lava respectueusement le corps avec des parfums. Les frères croyaient qu'il aurait mauvaise odeur, et qu'on n'en pourrait supporter les exhalaisons, parce qu'il était demeuré sept semaines dans le sépulcre de la tribune. Ils ordonnèrent donc qu'au moment où on retirerait le corps du tombeau, un grand feu fût allumé tout auprès, et qu'on y jetât des parfums et de l'encens. Mais, lorsque la pierre fut levée, on ne sentit aucune odeur: on enveloppa le corps dans la peau de cerf, et on le déposa dans un cercueil au milieu du chœur. Le roi, entouré de la multitude des citoyens et de tous les étrangers, se tint, dans l'église, près du corps. L'évêque, accompagné de trois abbés de l'église de Saint-Christophe, et avec toute la procession du clergé et les reliques de Saint-Donatien, vint chercher le corps du saint martyr, et l'emporta, au milieu des larmes et des soupirs, dans l'église de Saint-Christophe. La messe des morts fut célébrée pour le repos de l'âme du pieux comte.

Le lundi, 25 avril, l'évêque célébra, de grand matin, la réconciliation de l'église de Saint-Donatien. Ensuite le roi et le peuple, précédés de l'évêque, des abbés et de tout le clergé de l'endroit, allèrent prendre le corps du comte dans l'église de Saint-Christophe, le rapportèrent dans celle de Saint-Donatien, le renfermèrent avec respect dans la tombe, au milieu du chœur, et le confièrent solennellement à la garde de Dieu. Le roi et l'évêque élevèrent ensuite Roger à la prélature, et le créèrent prévôt du chapitre de cette église. Ce jour-là, Dieu accorda à l'église de Saint-Donatien trois faveurs très considérables : il se réconcilia avec elle, permit qu'on y gardât le corps du pieux comte Charles, et lui accorda Roger pour prévôt.

Le même jour, le roi et notre châtelain Gervais marchèrent, avec une grande armée, vers Ypres et Staden, contre Guillaume d'Ypres bâtard de la race des comtes, qui avait cru, à ce titre, s'emparer du comté. Le supplice du prévôt n'avait pu le réconcilier avec le roi, parce qu'en même temps il s'était emparé par force de plusieurs châteaux et lieux fortifiés de Flandre.

Le mardi, 26 avril, le roi et le comte arrivèrent devant la ville d'Ypres. Un combat opiniâtre s'engagea entre les deux armées, et le bâtard Guillaume combattit à une des portes, avec trois cents chevaliers, contre le nouveau comte. Cependant les perfides habitants d'Ypres firent un traité avec le roi, dans une autre partie de la ville, et l'y introduisirent avec son immense armée. Ses gens se ruèrent dans les murs avec de grands cris, et commençaient à mettre le feu aux maisons et à se livrer au pillage, lorsque le bâtard Guillaume accourut à leur rencontre, ignorant qu'il était trahi. Il fut pris : le roi l'envoya à Lille pour y être gardé. Tout ce qu'il possédait tomba entre les mains de notre comte, qui fit prisonniers ses chevaliers et en chassa plusieurs du pays. Les nôtres s'en retournèrent donc victorieux, et chargés d'un immense butin.

XIV.

Le dimanche, 1ᵉʳ mai, on nous rapporta que Bouchard avait été pris à Lille et attaché à une roue fixée au haut d'un mât ; qu'il avait vécu ainsi un jour et une nuit, et qu'en., il avait succombé à un supplice honteux. A propos de sa mort, tous les fidèles rendirent grâces à Dieu, qui daignait exterminer cet homicide de son Église. Après que Bouchard eut été pendu et ses complices faits prisonniers, Dieu rendit à notre terre sa prospérité, avec les charmes du mois de mai.

Le roi marcha contre le comte de Mons, qui s'était retranché dans Oudenarde, et avait ravagé le pays aux environs. Notre comte avait précédé le roi : il entra dans la ville en ennemi, et l'incendia. On dit que ceux qui s'étaient réfugiés dans l'église y furent brûlés au nombre de trois cents.

Le mercredi, 4 mai, le roi revint à Bruges, et le comte arriva le lendemain vers midi. Il prit possession, en qualité de comte, de la maison de son prédécesseur. Il y avait dans le château et aux environs une foule immense de gens qui attendaient ce qu'on allait faire de Robert et des prisonniers. Le roi se rendit auprès du comte. Ils fixèrent ensemble, avec les princes, le lieu d'où on devait précipiter les traîtres, et ce fut la tour de la maison du comte. Ils envoyèrent ensuite des gens d'armes pour tirer adroitement de la prison Wilfrid Knop, frère du prévôt Bertulphe. Ils dirent aux prisonniers que le roi était disposé à les traiter avec miséricorde : sur cette parole, ils étaient prêts à sortir tous. Mais on ne tira de prison que Wilfrid. Les hommes d'armes le conduisirent par des détours dans l'intérieur de la maison jusqu'à la tour. Lorsqu'ils furent montés au sommet, ils lui attachèrent les mains derrière le dos, et après lui avoir fait voir le lieu où il allait trouver la mort, ils le précipitèrent, n'ayant pour tout vêtement que sa chemise et ses braies. Le malheureux tomba, conservant à peine un reste de vie ; il eut le corps brisé, et expira sur-le-champ. Sa mort, objet de spectacle, devint un opprobre pour sa famille, et ne fut pleurée de personne. On amena ensuite Gautier, fils de Lambert de Redenbourg : on lui lia les mains par devant : comme on allait le précipiter, il supplia les chevaliers du roi, qui étaient auprès de lui, de lui laisser le temps de prier Dieu ; ils eurent compassion de lui, et lui accordèrent cette faveur : quand sa prière fut terminée, ce jeune homme d'une figure élégante, fut précipité, et expira sur-le-champ. Après lui on précipita un chevalier nommé Éric; il tomba sur un escalier de bois, et en détacha une marche fixée avec cinq clous. Ce qu'il y eut d'admirable, c'est qu'après cette chute, assis à terre, il fit le signe de la croix. Des femmes voulaient le toucher, mais un des chevaliers jeta au milieu d'elles une grosse pierre, et les força de se disperser. Cet homme ne pouvait vivre longtemps : les moments qu'il respira encore ne furent qu'une agonie. Pour me dispenser de les compter par ordre, tous les autres furent précipités à leur tour, au nombre de vingt-huit. Quelques-uns se flattaient d'échapper, parce qu'ils étaient innocents de la trahison; mais leur destinée les entraîna, et parce que la vengeance divine les avait unis à des traîtres, ils périrent comme eux.

Le vendredi, 6 mai, le roi se mit en chemin pour retourner dans son royaume. En partant de Bruges, il emmena prisonnier le jeune Robert. Nos bourgeois suivirent ce jeune homme en pleurant, parce qu'ils l'aimaient beaucoup. Robert, témoin des pleurs et de la compassion de nos citoyens, leur dit : « O mes amis! puisque vous ne pouvez protéger ma vie, au moins priez Dieu qu'il daigne avoir pitié de mon âme. » A quelque distance de la ville, le roi ordonna d'attacher les pieds du jeune homme sous le ventre du cheval qui le portait. Le comte, après avoir reconduit le roi, revint au château.

Le lendemain, le doyen Hélie restitua au nouveau comte un vase d'argent et une coupe d'or avec son couvercle, qui avaient appartenu au comte Charles, et que le prévôt Bertulphe lui avait remis en fuyant. Le jeune Robert, avant son départ de Bruges, avait découvert ces vases au comte, parce que le roi, dit-on, en le faisant flageller, le contraignit de lui dire s'il savait quelque chose de l'endroit où était caché le trésor du comte.

Il me sera permis de rapporter la pénitence de Bouchard et de ses complices, comme Isaac et les autres. On assure que Bouchard gémit et se repentit de son péché, et pria les témoins de son supplice de lui couper ces mains avec lesquelles il avait tué son seigneur Charles. Il conjura tout le monde de prier Dieu pour le salut de son âme, puisqu'il ne méritait aucune miséricorde en cette vie. Il implora de toutes ses forces la bonté du Dieu tout-puissant. Ceux qu'on précipitait du haut de la tour, lorsqu'ils se voyaient inclinés sur le bord, faisaient le signe de la croix, et invoquaient le nom de JÉSUS, qu'ils prononçaient encore dans leur chute. Mais comme après leur crime, ils avaient été excommuniés, la rigueur de la foi défendit qu'ils fussent absous par l'évêque, soit avant, soit après leur mort, et leurs corps gisent hors du cimetière, enterrés dans les carrefours et dans les champs.

Isaac, qu'on avait découvert parmi les moines, caché sous l'habit religieux, lorsqu'il vit la foule se précipiter sur lui, dit à l'abbé que, s'il avait envie de se défendre, il ne se laisserait pas prendre sans faire un grand carnage de ses ennemis ; mais que, se reconnaissant coupable de la trahison, il souhaitait la mort temporelle, comme un châtiment de l'énorme crime qu'il avait commis sur son seigneur. Cependant il espérait que Guillaume d'Ypres, comme complice de la trahison, lui fournirait les moyens de s'échapper ; mais ce comte, dissimulant sa mauvaise conscience, ordonna de pendre Isaac comme meurtrier. Pendant le chemin, comme on le menait au supplice dans le château d'Aire, il priait la foule du peuple de l'accabler de boue, de pierres et de coups de bâtons, croyant qu'on ne pouvait lui infliger assez de châtiments dans cette vie pour un si grand crime, et il s'humiliait religieusement devant tous ceux qui le châtiaient, et leur rendait grâces. Enfin, parvenu à l'endroit où il devait être pendu, il salua l'arbre du gibet et se passa la corde autour du cou en disant : « Au nom du Christ, j'embrasse l'instrument de ma mort, et je vous conjure de prier Dieu avec moi, afin que ma mort serve d'expiation à mon crime. » Et il mourut comme il l'avait mérité.

Le jeune Robert fut conduit jusqu'à Cassel. Là, par ordre du roi, il eut la tête tranchée; auparavant il confessa ses péchés, et pardonna à ceux qui le frappaient.

Après la fête de la Nativité de Notre-Dame, qui est le samedi, 8 septembre, notre comte fit amener Guillaume d'Ypres à Bruges, pour l'enfermer dans la plus haute salle du château, avec son frère Thibaut. Au bout de six jours, Thibaut fut confié à la garde d'un chevalier de Gand. Quant à Guillaume, il lui fut défendu de mettre la tête aux fenêtres; il ne pouvait que se promener dans l'intérieur de la maison; il était exactement surveillé par des sentinelles. Un peu plus tard, craignant toujours que nos citoyens ne le délivrassent, le comte le fit transporter à Lille et le remit entre les mains du châtelain de cette ville.

Le vendredi, 16 septembre, dans la nuit de Saint-Lambert, notre comte fit jurer aux meilleurs citoyens de Bruges et au châtelain Gervais, qu'ils déclareraient tous ceux qui avaient pris part au meurtre du comte Charles et des hommes mis à mort avec lui, tous ceux qui avaient enlevé leurs dépouilles, ou qui s'étaient joints aux traîtres après le crime, ou qui leur avaient facilité la fuite, contre l'ordre du roi et du comte, ou enfin qui leur avaient donné asile. Après avoir prêté serment, ces citoyens siégèrent dans la maison du comte: il y eut cent vingt-cinq accusés de chez nous et trente-sept de Redenbourg avec Lambert [1]. »

Tel fut donc le thème premier de la légende. Nous l'avons dit, le récit non moins authentique du chanoine Gualter l'a complété, et c'est de cette concordance corroborée par tous les documents contemporains que la vie du bienheureux Charles le Bon, a pu recevoir le caractère de véracité historique, que nous avons tenté de lui imprimer.

S'il restait encore des obscurités dans le fond du tableau, l'auréole qui entoure la noble figure du martyr de Saint-Donat, n'en doit ressortir que plus radieuse, et c'est dans ce but qu'il faut rappeler tous les témoignages de religieuse admiration que sa mort avait inspirés à ses contemporains.

---

1. Nous avons reproduit la traduction de l'édition Hachette comme étant la plus exacte et la plus fidèle.

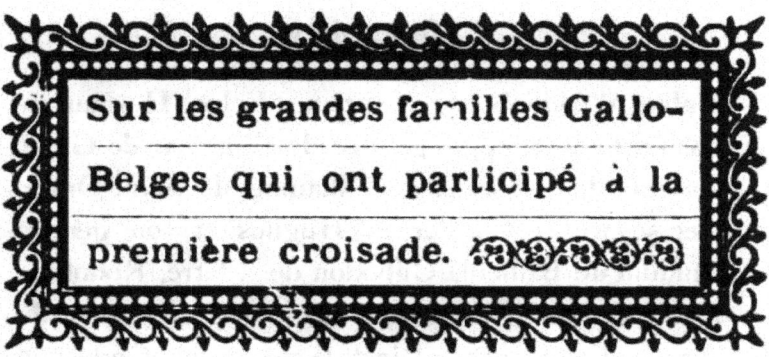

Sur les grandes familles Gallo-Belges qui ont participé à la première croisade.

A PARTIR de la première croisade, les chroniques de Flandre traitent l'histoire de cette grande et universelle entreprise comme faisant partie de celle de leur pays à laquelle elle s'identifie d'ailleurs si intimement pour la glorifier. Les annales nous ont conservé en partie les noms des principaux chevaliers appartenant aux vieilles familles de la Gaule-Belgique qui suivirent en Orient le comte Robert et ses nobles parents, Guillaume d'Ypres et Charles de Danemark. Ces noms, il faut précieusement les recueillir, car ils forment la première page du livre d'or de la noblesse belge.

Avec le comte Robert de Flandre, son frère et son neveu, nous trouvons, dans cette illustre phalange qu'ils dirigeaient, les noms de Fromald, *préteur* ou gouverneur d'Ypres, Bauduin fils de Winemar de Gand, avec Siger, Gislebert et Winemar ses frères; Burchard de Comines, Hellin de Wavrin, Gautier de Nivelles, Gérard de Lille, Gautier de Sotenghien, Enguerrand de Lillers, Jean d'Haveskerke, Siger de Courtrai,

Walner d'Aldenbourg, Gratien d'Ecloo, Hermar de Zomerghem, Steppo gendre de Winemar de Gand, Josseran de Knesselaer, Guillaume de Saint-Omer, avec ses frères Gautier et Hugues et son gendre Bauduin de Bailleul, Gilbodon de Flêtre, Rodolphe de Liederzeele, Albert de Bailleul ; Gautier avoué de Bergues, Folcraw, châtelain de la même ville, Godefroid châtelain de Cassel, et son fils Rodolphe ; Arnoul d'Audenarde, Rasse de Gavre, Robert de Lisques, Guillaume d'Hondschoote, Thémard de Bourbourg, Francio d'Herzeele, Eustache de Térouane, Erembold châtelain de Bruges Albo de Rodenbourg, Adélard de Straeten, Robert avoué de Béthune, Etienne de Boulers, Reingotus de Molembeke, Conon d'Eyne, Guillaume de Messines, Guillaume de Wervicq, Salomon de Maldeghem, Lambert de Crombeke, Gervais de Praet, Thierri de Dixmude, Daniel de Tenremonde, Herman d'Aire, Alard de Warneton, Hugues de Rebecq, et une multitude d'autres chevaliers [1].

Voici en outre ce que dit au sujet de cette grande prise d'armes un savant historien belge :

« Robert de Flandre était arrivé sur les rives du Bosphore. Une innombrable armée obéissait à sa voix. Les hommes les plus puissants s'étaient empressés de se ranger sous ses bannières. Là brillaient Guillaume

---

1. D'après I. Meyer, *Annales rerum flandricarum*, 1096.

vicomte d'Ypres, frère de Robert, CHARLES DE DA-
NEMARK son neveu, les sires de Comines, de Wavrin,
de Nevel, de Sotteghem, d'Haveskerke, de Knes-
selaere, de Gavre, d'Herzeele, d'Eyne, de Roulers, de
Crombeke, de Maldeghem. Les chefs féodaux les
bords de la Lys et de l'Escaut étaient accourus.
C'étaient Jean, avoué d'Arras, Robert de Bethune,
Gérard de Lille, Guillaume de Saint-Omer, Gauthier
de Douai, Gérard d'Avesnes qui depuis, captif chez
les Sarrasins et exposé par les infidèles aux traits de
ses compagnons émut si vivement l'esprit de ses bourreaux par son courage, qu'ils brisèrent ses chaînes [1]. »

Histoire de Flandre, 1317.
M. KERVYN DE LETTENHOVE.

---

1. Albert d'Aix, ap. Bougais p. 295.

Le château de Winendale où s'est écoulée la jeunesse de Charles le Bon.

CETTE résidence célèbre des comtes de Flandre dont il ne reste plus que des ruines, était située près de Thourout dans la Flandre Occidentale et non loin de Bruges. Elle était, comme beaucoup de grands manoirs princiers, d'une grande étendue, de forme octogone, enserrée par des douves et des fossés, et défendue en outre par des murailles crénelées, surmontées de tours. De cet important édifice, le temps n'a conservé que deux côtés fort délabrés. L'immense et belle forêt qui l'entourait, où les princes flamands aimaient à se livrer au plaisir de la chasse et qui portait le nom de Thor, une des principales divinités scandinaves adorées par les vieux Flamands et dont la tradition s'est conservée dans bien des superstitions populaires ; cette forêt historique enfin, si remplie de souvenirs, et dont les chênes séculaires ont tant de fois abrité Charles le Bon, dans sa jeunesse comme dans son âge mûr, a succombé sous les coups de la spéculation et de l'industrie. Depuis 1831 surtout son défrichement s'est continué et elle n'est plus aujourd'hui qu'un bois de peu d'importance [1].

1. Voir la notice sur le *Château de Winendale* par M. Octave Delepierre et insérée dans les *Mémoires de la Société d'Émulation* de Bruges en 1847.

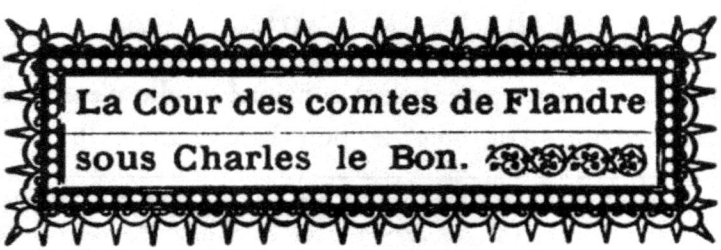

La Cour des comtes de Flandre sous Charles le Bon.

NOUS avons déjà donné plus haut, et en note, un aperçu de la Cour de Flandre au temps de Charles le Bon.

Nous croyons devoir reproduire et compléter ici cette description telle qu'elle résulte des documents contemporains et qui n'est pas sans intérêt pour la connaissance des mœurs féodales de l'époque où vivait Charles le Bon.

En tête des grands officiers, nous l'avons dit, figurait le chancelier. Il gardait les sceaux du comte, les portait toujours avec lui, et suivait son souverain partout où il lui plaisait d'aller. Les attributions du chancelier, qui était en même temps prévôt de l'église de Saint-Donat, comme on l'a vu, étaient fort étendues et lui valaient, soit en nature, soit en argent, des émoluments considérables pour l'époque. Parmi ses prérogatives il avait la maîtrise de tous les notaires ou écrivains, des chapelains et clercs servant en Cour, et de tous les receveurs de Flandre dont les offices relevaient de son autorité, qui se trouvait ainsi fort étendue et lui donnait une influence qui contre-balançait quelquefois le pouvoir temporel du souverain lui-même, surtout lorsqu'à la dignité de chancelier venait s'adjoindre celle de prévôt de Saint-Donat de Bruges, qui était la charge ecclésiastique la plus importante de la Flandre et la plus largement rémunérée. Il était le chef du conseil, et assemblait et présidait, en l'absence du souverain, la chambre des comptes, appelée en vieux flamand : Chambre des *Renynghes*.

Ses émoluments ou *droitures*, suivant le langage du temps, se composaient par jour, de vingt coupons de chandelles, d'une quantité de cire d'un poids déterminé, de deux pots de vin du meilleur, de deux autres pots de moindre qualité et de douze sols de gages.

On voit de quelle importance était l'autorité dont jouissait le prévôt Bertulphe, dans un pays livré d'ailleurs à cette déplorable anarchie grâce à laquelle il était parvenu à la haute position qu'il occupait et dont il devait faire un si fatal usage.

Le sénéchal ou dépensier venait hiérarchiquement après le chancelier. Ses fonctions étaient à peu près semblables à celles que remplissait le maréchal du palais en la Cour de France. Ce haut dignitaire recevait journellement vingt coupons de chandelles, un lot de cire, quatre pots de vin du meilleur, vingt-quatre aunes de drap à Noël, autant à la Pentecôte, deux fourrures de *gros vair* et une fourrure ordinaire de manteau en *petit gris*. Il avait sous ses ordres un sous-sénéchal, lequel recevait l'avoine pour trois chevaux et trois sols de gages. Le fief de sénéchal était au douzième siècle héréditaire dans la maison des sires de Wavrin et celui de sous-sénéchal dans celle des seigneurs de Morselede.

Venait ensuite le connétable dont les gages étaient à peu près semblables à ceux du sénéchal, mais un peu moindres. Les sires de Roulers et de Harnes étaient investis de cette dignité qu'ils conservèrent longtemps.

Après le connétable paraît le bouteiller ou échanson, aux mêmes émoluments que le sénéchal. Cet office appartenait à la famille de Gavre.

Outre le grand bouteiller de Flandre, il y avait encore en l'hôtel du comte, deux bouteillers héréditaires pour le service ordinaire du comte. Ils recevaient l'avoine pour deux chevaux et huit deniers de gages, et quand ils se trouvaient en Cour, ils avaient en outre les vieux tonneaux pour eux y compris la lie qu'ils renfermaient.

Suivait le grand chambellan. C'était une charge héréditaire en la maison de Ghistelles. Le chambellan devait se trouver à la Cour du comte à Noël, à Pentecôte et chaque fois que son souverain le mandait. Pour remplir son office il était accompagné de deux chevaliers parés de côtes et de manteaux. C'est lui qui présentait à laver au comte dans un bassin d'argent.

Durant son séjour à la Cour, il avait les mêmes gages que le sénéchal, et sous ses ordres servaient les chambellans ou camériers ordinaires dont nous avons vu plusieurs figurer à divers titres dans le drame de Saint-Donat, entre autres, le brave Gervais Van Praet.

Enfin au nombre des grands officiers héréditaires, il y avait encore deux maréchaux, à savoir: les seigneurs de Bailleul et de la Vichte, et un pannetier ou dépensier de la maison de Bellenghien.

Parmi les officiers héréditaires subalternes, on distinguait les huissiers du palais, le *bankeman* ou chef des cuisines, le *saucier*, le *lavandier* qui a soin du blanchissage des nappes, draps et linges de la chambre du comte, livre la laine des matelas, dans les voyages, et qui pour ce fief, dont les émoluments ne sont pas déterminés, doit au comte, tous les ans, à la Saint-Jean, un collier d'épervier en argent, et un collier d'autour en fer; le *charpentier*, le *litier*, le *lardier* qui est chargé d'approvisionner l'hôtel de tourbes, d'anguilles, de sel, d'œufs et de poissons de toutes sortes; le *brise-celliers* qui enfonce les portes des caves, quand besoin est. Singulier office qui témoigne des complications et des bizarreries trop peu connues encore du régime féodal dans son mécanisme intime et ses multiples institutions. Il y avait encore un officier chargé de pourvoir l'hôtel, trois fois par semaine, de crême, de beurre, et qui, pour ce fait, mangeait en Cour chaque fois qu'il y venait.

Tels étaient les officiers existant au douzième siècle dans la maison des comtes de Flandre. Leur Cour plénière se composait en outre des comtes, barons et seigneurs de la terre, dont les principaux au nombre de douze, étaient qualifiés *pairs* et ne pouvaient être jugés que les uns par les autres. Parmi ces douze pairs, quatre, les sires de Pamele, de Roulers, de Cysoing et d'Eyne se distinguaient par le nom de *Bers* venant, selon certains philologues, du mot tudesque *Werr*, d'où en basse latinité, *werra* ou *guerra*, guerre. Les *Bers* de Flandre étaient, en effet, les hommes de guerre par excellence, les défenseurs privilégiés du souverain.

Les évêques, les abbés et les prévôts des chapitres figuraient encore dans les assemblées solennelles, selon leurs rangs et prééminences, assimilés aux diverses dignités féodales; ainsi les évêques prenaient place sur le même rang que les comtes.

A la guerre le souverain flamand était immédiatement escorté par les *bers*, par les comtes, les barons, puis par les vicomtes et les châtelains, derrière lesquels marchaient les chevaliers bannerets, c'est-à-dire portant à leurs lances la bannière carrée; enfin les simples bacheliers ayant pour enseigne le pennon aux deux cornettes en pointes.

Description des lieux où s'accomplit le martyre du bienheureux Charles le Bon.

COMME la tribune comtale de l'église de Saint-Donat est le théâtre de la principale action du drame, il est nécessaire d'en donner une description conçue d'après les documents recueillis dans ce récit; et comme elle tient à un vaste système de défense, nous serons amenés à examiner la disposition générale de l'église même et des bâtiments voisins.

On peut d'abord se former une idée générale de cette tribune d'après les galeries qui règnent à demi-hauteur autour de nos grandes églises. Celle-ci devait être fort large, puisqu'un grand nombre de combattants y trouvèrent place. Mais il est probable qu'elle formait une assez vaste enceinte dans une partie principale qui était au-dessus du chœur. C'est là que le comte venait prier... Suivant les mœurs de l'époque, où les églises tenaient souvent lieu de forteresses, cette tribune était disposée pour la défense à main armée. Derrière les colonnes qui la décoraient des guerriers pouvaient se mettre à l'abri pour lancer des projectiles et il était facile d'y ajouter des dispositions plus commodes pour le combat.

On y parvenait par deux endroits ; par un escalier qui s'ouvrait dans l'église, et peut-être dans la sacristie, placée derrière le chœur, et par un passage voûté qui conduisait dans la maison du comte. Le plancher de la tribune communiquait avec une tour qui servait à la fois de clocher et de donjon, et qui, dans sa partie supérieure, se divisait en deux tours jumelles, c'est-à-dire probablement en deux corps, dont l'un contenait l'escalier et l'autre les salles de la tour. On voit dans les vieux châteaux des exemples de ces constructions. Il est probable que l'escalier de cette tour n'était autre que celui qui de l'intérieur de l'église conduisait dans la tribune. En l'interceptant par en bas, on faisait de la tribune et du haut de la tour une forteresse inaccessible. La sacristie était vraisemblablement située au-dessous du plancher de la tribune, et avait des fenêtres ouvertes au-dehors, par où l'on pouvait pénétrer sans être vu de l'intérieur de l'église.

Au mur de l'église, derrière la tribune, était adossé le cloître des religieux de Saint-Donatien. Leur dortoir était à l'étage de la tribune. Cet édifice communiquait avec le logis du prévôt, chef du chapitre, et les deux toits se trouvaient, selon les circonstances, sous la protection ou sous la menace de la tour. Enfin, une troisième maison, celle du comte, était groupée avec les autres, communiquant avec la tribune, et munie de sa tour.

Cet ensemble de bâtiments, l'église, le cloître, la maison du prévôt, et le palais du comte, était protégé par un mur fortifié, crénelé, et garni de tourelles qui les enfermait dans son enceinte, avec leur cour ou place d'armes. Tel était le château, environné de fossés remplis d'eau. La ville, c'est-à-dire le faubourg, s'était formé autour de cette forteresse, et sous sa protection. Enfin le faubourg lui-même, fermé de murs et de portes, s'enveloppait, dans les circonstances périlleuses, de retranchements improvisés [1]. »

---

[1]. Note ajoutée à une traduction anonyme de la légende du Bienheureux Charles le Bon, par GALBERT. Bruges, in-12, Paris, Hachette, 1853.

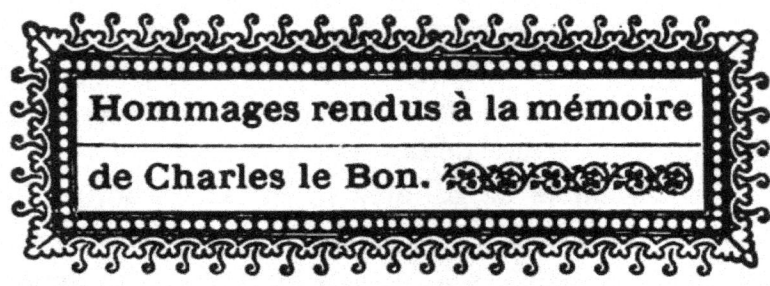

Hommages rendus à la mémoire de Charles le Bon.

NOUS avons dit l'universelle émotion produite dans tout l'occident par la mort lamentable de Charles le Bon. L'attentat sacrilège de Saint-Donat en frappant un prince si haut placé déjà dans la vénération de ses contemporains, accrut encore la douleur de sa perte et elle se traduisit dans toutes les annales du passé avec une remarquable unanimité. Il n'est point en effet de chroniqueur du moyen âge qui, en rappelant la mémoire du bon Comte de Flandre, ne lui ait prodigué les éloges qu'elle méritait à tant de titres.

Cette mémoire auguste qu'entourait une si funèbre auréole a même inspiré les poètes latins ou romans, et il nous est resté de ces pieux souvenirs des vestiges que l'histoire doit religieusement recueillir. Nous y avons déjà fait allusion dans ce livre et nous voudrions pouvoir rappeler tous ces touchants témoignages de l'admiration publique. Nous devons nous borner à faire revivre ceux qui nous ont paru dignes d'une particulière attention en ce qu'ils résument le mieux tous les sentiments qui animaient alors les esprits et agitaient tous les cœurs. La forme en est sans doute incorrecte ; ce n'est, si l'on veut, ni des vers ni de la prose, mais l'expression n'en est pas moins vive et touchante comme celle qui se retrouve dans les œuvres d'un temps de foi profonde et de sincère enthousiasme religieux.

Un premier chant funèbre d'un moine inconnu nous a été conservé par le chroniqueur le plus célèbre du douzième siècle, le chanoine de Cambrai Baldéric qu'on a si justement qualifié de Grégoire de Tours de nos provinces Belgiques.

Voici comment il s'exprime d'abord pour nous présenter ce naïf et curieux dithyrambe :

Iisdem fere temporibus, comes Flandriæ Carolus, quum aped Brugias in templo prostratus oraret, a quibusdam militibus suis, ad hoc ipsum antea conjuratis, multis confossus vulneribus perimitur... Porro quis luctus, quis dolor Flandrensem populum attriverit ; quæ prælia, quæ seditiones, quæ incendia totam patriam devastaverint, non nobis vacat, quia impossibile est, verbis vel scriptis commemorare. Super hujus comitis morte multi multa carmina flebili voce finxere. De quibus monachus unus lugubre carmen, sed memoria dignum, metricis versibus composuit ; quod nos, ob auctoris laudem et lectoris admirationem, hic etiam inserere curavimus.

> Huc ades, Calliope, vires mihi suggere ;
> Carmen fingo lugubre, nobili de principe

Quem produxit Dania, natum stirpe regia ;
Mater fuit Athala, Frisionis filia.
Pater hujus hostia factus in ecclesia
Mortem pro justicia pertulit in Dania.
Noster autem Carolus, clam sublatus hostibus,
Fugit ad avunculum, comitem Flandrensium.
In qua proles regia marchionis curia
Crevit sapientia atque morum gratia.
Ubi vero inclytus obiit avunculus,
Balduinum patrio statuunt in solio,
Hic vicinis regibus terror fuit omnibus,
Cultor suæ patriæ, hostis injustitiæ.
Morbo insanabili fracta carne fragili,
Sithiu fit monachus, et successit Carolus.
Quo regnante, Flandria viguit militia,
Cujus sub imperio floruit religio.
Auxit patrum gloriam, comitum potentiam.
Plurimas Flandrensibus terras junxit finibus.
Heu ! heu ! magne Marchio, digne regni solio,
Forma digna principe, digna tanto nomine !
Heu pater ecclesiæ, nostra decus Flandriæ,
Ultor injustitiæ et munimen Franciæ,
Dux bonorum provius, cleri defensor pius,
Monachorum Clypeus, terror malis omnibus !
Te Flandrorum comite, quiescebant semitæ ;
Nec audebat quis tuam conturbare patriam.
Præda nunc efficimur, undique diripimur.
Fit pastore mortuo ovium direptio.
Nemo justum sequitur, paxque tecum moritur !
Et abscisso capite, membra pugnant undique,
Dole, plange Flandria, quasi patrem filia.
Nulla sunt solatia, perit tua gloria,
Ad lamentum convoca quæque regna proxima,
Et ad tua funera planctus pulset æthera.
Cum facit justitiam, passus est invidiam,

Et pro causa pauperum pertulit martyrium.
Ergo pro justitia coronatur gloria,
Et lætandum potius, sed tamen non possumus.
Cogit nos continuo flere desolatio
Cujus in absentia conturbantur omnia.
Flent Pontus et Anglia, totaque Normannia.
Te plus his, o Francia, sed minus quæ Flandria.
Flandria, tu misera, tua tunde pectora ;
Scinde genas unguibus, neque parcas fletibus.
Hinc dolit Italia, totaque Sicilia,
Duraque Germania, atque Lotharingia.
Nostra nam miseria terræ pulsat intima,
Doletque cum Dacia Thule remotissima.
Glacialis Rhodope stupit tanto scelere,
Geticusque Ismarus et exclusa Bosphorus
Floret et Hispania juncta cum Galatia.
Nec lætetur Græcia, lachrimante Flandria.
O Flandrensis miseri, porta potens inferi
Devoret vos penitus, nec evomat amplius.
Quæ vos servi, juria compulit ad talia ?
Sicut Judæ proprium tradidistis dominum,
Superatis nimium facinus Lemniadum,
Danaique funera vestra vincunt scelera.
Ergo Judæ perditi facti estis socii :
Secum in supplicio vos expectat mansio.
Imo pene miserum fecistis innoxium,
Tradens enim Dominum implet vaticinium ;
Multis quippe profuit Dominum quod tradidit ;
Sed vestra traditio multis est perditio.
Fecit ergo nescius quod prodesset pluribus ;
Sed vestra vesania multis erit noxia.
Quæ jam vestro sceleri pœna possit fieri
Quærere non desino, me tamen invenio,
Non est tam sacrilego, pœna digna populo.
Vos expectant omnia tormentorum genera ;

Tantalus purgatus est; vester ejus locus est.
Et nocentum agmina cedunt vobis omnia.
Exion jam exilit ; rotam vobis deserit :
Saxumque volubile, vos oportet volvere.
Stupet mundi machina ; pavent Ditis abdita.
Horrent cœli sidera tam nefanda scelera,
Et nos exhorrescimus, unde finem facimus,
Ne sordescant sæcula talium memoria ! [1]

D'autres Dithyrambes ou Complaintes ont été insérés par les Bollandistes à la suite des chroniques de Walter et de Gualbert. Les voici :

Lamentations du XIIᵉ siècle sur la mort de Charles le Bon.

Première lamentation.

Pro dolor ! Ducem Flandriæ,
Bonum tutorem patriæ,
Traditorum versutia,
Plena gravi invidia
O infelix Flandria !
Quæ te cepit dementia ?
Ut ducem tuum sperneres,
Et laqueos prætenderes,
Ac per cum florueras,
Primatum obtinueras,
Sed quia fornicata es,
Et non audenda ausa es,
O infelix ! o misera !
Cur intulisti vulnera,

---

1. *Chronique de Baldéric*, édition A. Le Glay. Append. p. 668.

Cur hoc scelus perpetrasti,
Justitiam violasti,
Quid vobis deerat, impii
Tanti sceleris conscii,
Non aurum, vestes, prœdia,
Ergo pro multa copiâ
O mœrore plena dies,
Quâ finitur nostra quies,
Omni privanda lumine,
Quo patriæ munimine
Impudens luge Flandria,
Tibi manent supplicia
Prius eras præcipua,
Exigente culpâ tuâ,
Et defensorem Ecclesiæ,
Et cultorem justitiæ,
Impiorum nequitia,
Peremit pro justitiâ.
O crudelis! o impia!
Quæ perversa nequitia?
Mortem illius quæreres,
Protectorem perimeres?
Et decorem indueras,
Multis honore præeras.
Prævaricatrix facta es,
Præ cæteris spernenda es,
Crudelis et pestifera!
Patris fundendo viscera,
Pacis jura conturbasti,
Patrem tuum jugulasti?
Crudelitatis filii,
Timoris Dei nescii,
Non equorum subsidia:
Perpetratis flagitia,

Nostri luctus materies !
Per malignas progenies,
Tetro fuscanda turbine,
Privatur et regimine,
Gravi digna miseriâ,
Mortis inscrutabilia.
Modo facta es fatua,
Strages reddetur mutua.

Deuxième Lamentation.

Karoli, gemma comitum,
Te dolemus immeritum
Cujus prudens modestia,
Solicite pro patriâ
Te exhorrebant impii,
Bonis locus refugii,
Te luget dulcis Gallia,
Et proxima Britannia,
Quæ lacrymarum flumine
Flet vacua regimine,
Dux inclyte, flos militum,
Pertulisse interitum.
Et solers vigilantia,
Tuta servabat omnia.
Amabant pacis filii,
Malis eras supplicii.
Pro te gemit Burgundia,
Insuper nostra patria.
Exhuberans sine fine,
Privata et munimine,
O quam bona constantia,
Moritur pro justitiâ,

Cum esset in ecclesiâ,
Orans Deum mente piâ;
Mox exeruntur gladii,
Perimuntur innoxii
Junguntur amore pio,
Eorum internecio
Hic cum duobus filiis
Qui eruti ab impiis
Mox istorum cognatio
Luget, gemit corde pio,
Cesset amodo luere,
Constat animos quærere,
Pia Dei clementia
Transfert ad cœli gaudia,
Quam constans patientia !
Per quem constabat patria,
Intentus in psalmodia,
Emersit cohors impia.
Iugulant patrem filii,
Una quatuor socii,
Mortis dantur exitio,
Ut exigit conditio
Studeat preces fundere
Juvari precem munere,
Cæsos pro tua gratia
Ut tecum sint in gloriâ. Amen.

TROISIÈME COMPLAINTE SUR LA VENGEANCE DE LA MORT DU COMTE.

Descripta morte consulis,
Lacrymis flenda sedulis,
Describuntur crudelia
Quæ pro sua nequitia

Appendices.

Justa Dei potentia
Suppliciis obnoxia
Mittit ab Austro indicem,
Et nequitiæ vindicem,
Venit igitur Franciæ
Inimicus nequitiæ,
Ferit grande consilium,
Puniat, quod dissidium.
Cum principibus loquitur,
Consilium revolvitur,
Hortantur mentem regiam,
Punitura nefariam.
Rex fretus hoc consilio,
Hoc daturus exitio
Hoc audientes noxii
Quærunt locum refugii,
Intrant castrum tutissimum,
Cor habentes promptissimum.
Sed Isaac sublatus est,
Ovina pelle tectus est,
Captus fatetur peccasse,
Mortem comitis tractasse,
Ore suo convincitur,
Sic in altum suspenditur.
Intrat ergo Rex Flandriam,
De his per Dei gratiam
Venit potestas regia,
Aggreditur palatia,
Utrimque bellum geritur,
Alter mucione cæditur,
Istis dat vires caritas,
His animum dat æquitas,
Qui privati consilio,
Tanto pro homicidio

Caput hujus nequitiæ
Per fenestram maceriæ
Dum desperat de veniâ
Fugit nequam per devia,
Huc et illuc progreditur,
Sed latere non fruitur,
Conspertum est præpositum,
Fugisse, ne interitum
Passim per terras quæritur,
Ad judicium trahitur.
Tortores tenentes eum,
Trahitur ad equuleum,
In equuleo ponitur,
Sæva flagella patitur
Cunctis invisa populis
inauditâ sæculis;
Impiorum supplicia,
Pertulerunt in Flandriâ,
Voleret tanta flagitia,
Puniri cum justitia,
Justitiæ opificem,
Qui impiis reddat vicem,
Rex provisurus patriæ,
Et amicus justitiæ :
Qualiter agmen impium
Fecit per homicidium.
De nefandis conqueritur :
Sanum tandem suggeritur ;
Ut transeat ad Flandriam,
Nefandam nequitiam,
Illucit cum confortio,
Opere pro nefario,
Iniquitatis filii,
Vim timentes imperii

Ad bellandum aptissimum,
Tueri nefas pessimum.
Monachus simulatus est,
Qui ferox lupus intus est,
Tantum scelus perpetrasse,
Cum debuit honorasse,
Ad tormentum deducitur,
Quod meruit assequitur.
Cohortem quærens impiam,
Expleturus justitiam.
Machinis vallat moenia,
Quibus latet gens impia.
Hostis hostem aggreditur,
Alter jaculo figitur.
Illis crescit debilitas ;
Illis tollit iniquitas,
Desperant de auxilio,
Dari timent exitio.
Nullius dignum veniæ
Dimittitur ab acie.
Cogente conscientiâ,
Mortis timens exitia,
Fugere mortem nititur,
Qui hoc scelere præmitur.
Sic latenter expositum
Subeat propter meritum.
Tandem repertus capitur,
Quod promeruit patitur,
Ponunt in collo laqueum,
Talis poena decet reum.
Pugnis, fustibus cæditur,
Sic cruciatus moritur.
Iste postquam mortuus est,
Ita tractari dignus est.

Redeamus ad alios
Proditionis conscios.
Audite fama miseri
Non cessant intus conqueri,
Burgardus mox exponitur,
Captus ut mortem trahitur.
Audiens cohors impia,
Desperando de venia,
Intrat castrum Rex inclytus
De consule sollicitus.
Adducit tradi tumulum,
Flet, plangit gemmam consulum.
Hic expletis doloribus
Alligantur cum pedibus.
Tractatus de supplicio,
Placet vultui Regio.
Ruunt ab arcis solio,
Placet vultui Regio,
Hoc sunt digni supplicio.
Patibulo suspensus est,
Qui proditor probatus est.
Iniquitatis filios,
Præ omnibus nefarios,
De capite sic fieri,
Sic intuentes conteri ;
Fugiens errat, capitur,
Rotæ suspensus moritur.
Et hunc pati supplicia,
Reddit castelli mœnia.
Et ipsius exercitus,
Currit fundendo gemitus,
Gemitum promens querulum
Bene regentem populum.
Et captis proditoribus,
Mancipandi tortoribus,

> Exquiritur confusio,
> Hos mori præcipitio,
> Mortis dantur exitio,
> Quibus placet proditio (¹).

Comme on le voit, ces complaintes sont d'un style plus rustique encore et plus naïf que celle que nous a transmise Baldéric. Dans leur latinité semi-barbare, elles n'en reflètent pas moins l'indignation générale qui s'était emparée des contemporains lorsqu'ils apprirent le martyre du prince qui avait su conquérir par ses hautes vertus publiques ou privées une renommée qui n'eut point d'égale au douzième siècle. Les lamentations rimées étaient à n'en point douter, destinées, comme la plupart des productions poétiques de cette époque, à être psalmodiées dans les monastères, sous le porche des églises et aussi dans les salles d'armes des manoirs féodaux où elles entretenaient, avec les sentiments de la douleur publique, l'admiration de l'auguste victime en même temps que l'exécration de ses bourreaux. On remarquera que dans la dernière de ces homélies, l'auteur en rappelant les supplices infligés aux meurtriers du Comte, s'est inspiré des récits de Gualter et de Galbert qui ont servi de thème à la partie de notre histoire qui se rapporte à la dernière période de la vie du martyr.

---

1. Rhytmus antiquus ex M. J. Jacobi Sirmundi Soc. Jesu, apud Bolland. Mense Marti, T. I, p. 219.

Epitaphia antiqua a J. Meiero, ex mss edita.

I.

Hic pupillorum pater, adjutor viduarum,
  Salvator patriæ, Zelator et Ecclesiarum,
Pax et vita suis, formido et mors inimicis.
  Rebus pace suis undique compositis,
Flandrorum consul, Danorum regia proles,
  Carolus hic obiit, innocuus periit.
In prece prostratus, Domini mactatus ad aram,
  Fit pro justitiâ victima grata Deo.
Quâ vivus viguit, defunctus pace quiescat.

II.

Carolus excessit Comes ense doloque suorum
  Ultio successit, mors dura gravisque reorum

Trouvée dans un monastère sur le Rhin près d'Andernach :

III.

Per te viventem tua Flandria, Carole fulsit
  Famâ, pace, bonis, clara, beata, potens.
Te moriente perit pax, fama jacet, bona quisque
  Raptor habet, passim vis sine lege furit.
Militis officium non judicis evacuavit
  Miles, judexque fortis et æquus eras.
Templa, Deum, viduas, reparando, colendo, cibando,
  Martha, Maria, pius Samaritanus eras.

> Armis, lege, minis, hostesque tuosque domabas.
>   Corripiens poenâ facta, futura metu.
> Dona bonis, veniam miseris, poenam sceleratis,
>   Largus, mansuetus, jura tuenda dabas.
> Armorum, pacis quia fortiter et sapienter
>   Res pertractasti, Caesare major eras.
> Servus, justitia, templum, Martisque secunda
>   Caesa, caussa, locus, lux tibi mortis erant.

On ne peut se dissimuler que ces épitaphes, malgré l'incorrection du style, résument avec une énergique concision les vertus de l'auguste victime et les regrets universels, nous le répétons, que sa fin lamentable avait inspirés, au point d'en faire une légende dont la tradition n'a cessé de garder, sous toutes les formes le religieux reflet.

Mais le culte de Charles le Bon perpétué depuis sa mort à travers les âges et précieusement conservé en Flandre même au milieu des malheurs publics à la fin du dernier siècle, devait recevoir une consécration suprême par la confirmation obtenue du Saint Siège, grâce à la haute intervention de Mgr l'évêque de Bruges et de l'épiscopat Belge, et à la piété des fidèles de cette catholique contrée.

Voici le texte français, des actes émanés à ce sujet de la chancellerie pontificale.

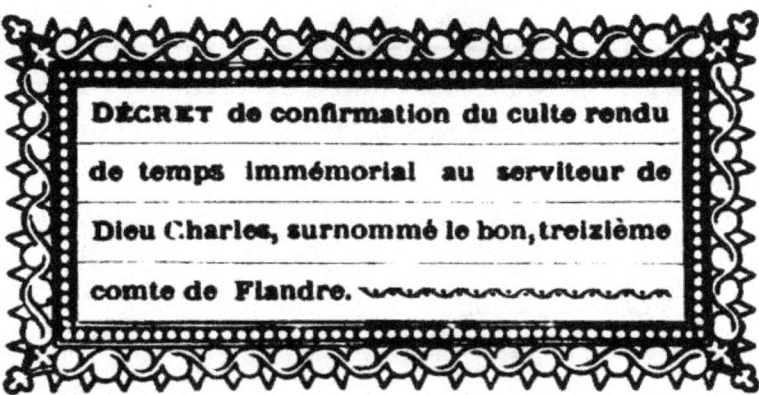

DÉCRET de confirmation du culte rendu de temps immémorial au serviteur de Dieu Charles, surnommé le bon, treizième comte de Flandre.

SUR les instances du R. P. Auguste Negroni, prêtre de la compagnie de Jésus, constitué postulateur de la cause susdite, l'Émin. et R. cardinal Raphaël Monaco La Valetta, ponent de la cause, a proposé, dans la séance ordinaire de ce jour de la Sacrée Congrégation des Rites tenue au Vatican, la question de savoir : « Si la sentence portée par le R^{me} Évêque de Bruges — sur le culte rendu de temps immémorial au susdit serviteur de Dieu, c.-à-d. sur le cas d'exception aux décrets d'Urbain VIII de sainte mémoire — doit être confirmée dans le cas spécial et pour l'effet dont il s'agit. — Les Éminentissimes et Révérendissimes Pères préposés à la garde des Rites sacrés, après avoir mûrement examiné toutes choses et entendu le R. P. Laurent Salvati, promoteur de la sainte Foi, ont été d'avis de répondre que la sentence doit être confirmée, si le Très Saint Père le trouve bon. — Le 4 février 1882.

Le tout ayant été fidèlement rapporté à Notre T. S. P. le pape Léon XIII par le secrétaire soussigné, Sa Sainteté a ratifié et confirmé le rescrit de la Sacrée Congrégation, le 9 février de la même année.

Card. Bartolini,
Préfet de la S. C. R.

Placide Ralli,
Secrétaire de la S. C. R.

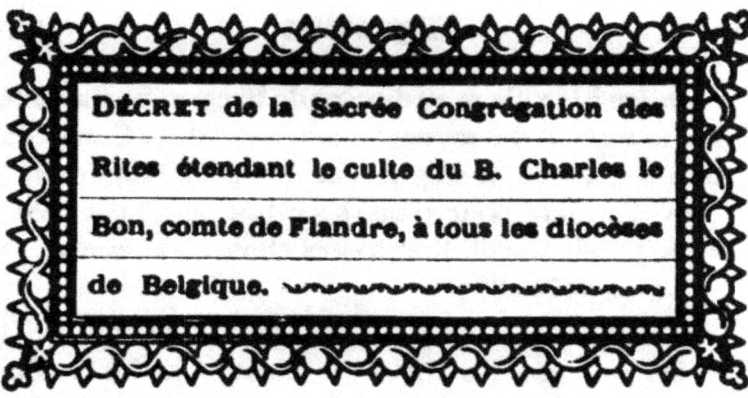

Décret de la Sacrée Congrégation des Rites étendant le culte du B. Charles le Bon, comte de Flandre, à tous les diocèses de Belgique.

LE 14 août dernier, la S. Congrégation des Rites a fait droit à la demande que lui avaient adressée unanimement les évêques de Belgique. Elle a rendu le décret suivant, qui sera sans doute accueilli avec reconnaissance par tous les catholiques de notre pays.

« Pour la Province Ecclésiastique de Malines.

« Afin que les exemples de grandeur d'âme et de constance chrétienne donnés dans sa vie et dans sa mort par l'illustre martyr, le B. Charles, surnommé le Bon, XIIIe comte de Flandre, soient un nouvel encouragement aux fidèles de Belgique dans la lutte glorieuse qu'ils soutiennent pour la liberté de l'Église et les engagent à recourir avec plus d'ardeur à son intercession auprès de la Divine Clémence, les révérendissimes Évêques de la province de Malines ont unanimement demandé à N. T. S. Père, Léon XIII, que la fête en l'honneur du bienheureux martyr pût être célébrée dans l'archidiocèse de Malines et les diocèses suffragants de Gand, de Namur, de Liège et de Tournai, avec l'office et la messe propres, sous le rite double majeur, comme il a été accordé l'année dernière à la ville et au diocèse de Bruges. Sa Sainteté, sur le rapport du soussigné secrétaire de la Congrégation des Rites, a daigné bénignement faire droit à cette demande, pourvu que les rubriques soient observées, et cela nonobstant toutes choses contraires.

Le 14 août 1883.

Laurent Salvati.

On sait que les restes du comte Charles le Bon furent heureusement sauvés lors du sac et de la destruction de l'église de Saint-Donat en 1794. Ils sont déposés dans un reliquaire à l'église Saint-Donat où l'on voit même vis-à-vis de la châsse un portrait du martyr.

Un comité s'est formé sous le patronage de l'élite de la société catholique de Bruges et des autres villes de la Belgique à l'effet de recueillir les offrandes d'une souscription ouverte, sous l'inspiration de la religion et du patriotisme tout à la fois, pour offrir à la mémoire du bienheureux Comte de Flandre une châsse digne de la gloire immortelle dont il est aujourd'hui couronné.

La reconnaissance nationale a déjà répondu à ce généreux appel, et l'écho qu'il a trouvé dans tous les cœurs chrétiens est de ceux qui ne s'affaiblissent pas.

Puisse le livre qu'on vient de lire le raviver encore!

FIN.

Avant propos. . . . . page I

CHAPITRE PREMIER.

Origine et jeunesse du comte Charles le Bon. — La Croisade. . . . . page 1

Remarquable analogie qui se révèle entre la destinée de Charles le Bon et celle de son père saint Kanut, roi de Danemark. — Indices d'une prédestination providentielle.— Résumé de la vie et de la mort du monarque danois. — Sa veuve Adèle de Flandre, fille du comte Robert le Frison, se réfugie avec le prince royal son fils à la Cour de ce dernier. — Publication de la première croisade, le jeune Charles de Danemark se croise en 1096 avec son oncle Robert II et toute la noblesse flamande. — Tableau des grandes scènes religieuses et guerrières auxquelles il participe. — Les impressions qu'il en rapporte. — Associé aux guerres de son oncle Robert de Jérusalem il est armé chevalier en 1105. — Il fait entre les années 1107 et 1111 un nouveau pèlerinage en Terre-Sainte.— Revenu en Flandre, il prend part de nouveau aux entreprises guerrières de son oncle et du fils de ce dernier, Bauduin à la Hache. — Sa valeur et ses rares vertus lui concilient la faveur du souverain flamand qui, à défaut d'héritier direct, l'adopte comme son successeur et le fait investir du comté de Flandre.

CHAPITRE DEUXIÈME.

Avènement de Charles le Bon au comté de Flandre. — État social et politique du pays au début de son règne. . . . . page 58

Admirable sagesse qu'il montre dans l'exercice du pouvoir au milieu des éléments d'anarchie existant alors en Flandre.— Son inébranlable amour de la justice et sa prédilection pour les malheureux et les pauvres. Après avoir, avec autant de bravoure que d'habileté, assuré l'indépendance de son pays contre des prétentions hostiles, il se voue à l'œuvre de réparation que le déplorable état social de la Flandre réclamait. — Causes et nature des difficultés qu'il avait à résoudre, et qu'avaient créées les abus du régime féodal. — Des calamités viennent les aggraver encore. — Son amour du bien public et son ardente charité finissent par les conjurer. — Sa renommée devient universelle. — On lui offre tour à tour le titre de roi des Romains et le trône de Jérusalem. — Il refuse ces honneurs suprêmes pour se consacrer uniquement à la mission que lui a confiée la Providence. — Son inébranlable résolution de remplir même au prix de sa vie, malgré toutes ses amertumes et ses périls, cette œuvre de réparation sociale qu'il considère comme son premier devoir. — Sourde agitation d'une faction odieuse que sa politique exaspère parce qu'il en veut réprimer les excès. — Premiers indices du complot contre sa vie au sein de la ville de Bruges. — Tableau de cette ville, futur théâtre du drame qui devait bientôt s'accomplir.

CHAPITRE TROISIÈME.

Conspiration ourdie contre la vie du comte. — Sa cause et ses effets. . . . . page 87

Bertulphe, prévôt de Saint-Donat, chancelier de Flandre et sa famille. — Leur origine et leur scandaleuse fortune malgré la condition servile dont ils n'avaient jamais été affranchis. — Orgueilleux, violents et rapaces, le comte n'avait jamais consenti à les tirer du servage, car il les en croyait indignes, surtout depuis qu'il avait fait saisir en leur logis de grandes quantités de grains au temps de disette qui affamait alors la population flamande. — Bertulphe et ses parents continuant leurs déprédations et se livrant à mille excès contre la famille rivale des Tancmar de Straeten, le comte ému par des plaintes aussi justes qu'unanimes, traite ces malfaiteurs avec une juste sévérité. — Ils feignent d'implorer la clémence, le comte la leur promet, mais ils conservent un ressentiment d'autant plus vif qu'ils ne peuvent plus espérer leur affranchissement tant que le souverain vivra. — Sa mort est alors décidée. — Conciliabule où l'exécution du meurtre est résolue. — C'est dans l'église même de Saint-Donat qu'il doit s'accomplir.

CHAPITRE QUATRIÈME.

Le martyre de Charles le Bon. — Ses conséquences immédiates . . . . page 98

Détails sur les habitudes du comte. — Sa première œuvre pour les malheureux auxquels à son réveil il distribue chaque matin de nombreuses ressources avant d'aller entendre la messe dans une galerie de l'église de Saint-Donat attenante à son palais. — Le 2 mars 1127, après l'accomplissement de son œuvre de charité quotidienne, Charles le Bon se rend à sa chapelle, et se prosterne devant l'autel de la sainte Vierge tandis que ses serviteurs, suivant sa volonté habituelle, le laissent seul pour s'en aller prier séparément dans l'intérieur de l'église. — Les conjurés avaient épié sa venue et mis des gardes aux issues. — Les dispositions étaient prises et les rôles distribués. — Burkhard, fils de Lambert Knap et neveu du prévôt Bertulphe, suivi d'un karl nommé Georges, pénètre sans bruit derrière le comte en oraison et lui fend la tête d'un coup d'épée. — Le karl Georges l'achève. — Le martyre est consommé!... — Tandis que le comte expire, les conjurés se précipitent dans l'église tuant et massacrant tous les serviteurs du prince. — La terreur dans Bruges est à son comble. — Elle glace d'abord tous les cœurs et les peuples. — Miracle de l'enfant perclus et autres prodiges. — Bientôt le sentiment de la vengeance prédomine et ne tarde pas à éclater formidable et acharné.

CHAPITRE CINQUIÈME.

Soulèvement populaire contre les meurtriers du comte. — Ils sont assiégés dans le Bourg, puis dans l'église Saint-Donat. . . . . page 115

Quatre jours se sont écoulés depuis l'horrible sacrilège de Saint-Donat, la faction de Bertulphe a imposé l'épouvante aux

Brugeois. — Deux hommes cependant ont résolu d'exposer leur vie pour venger leur maître bien-aimé. — Gervais Van Praet, camérier du comte, s'est échappé de la ville à cheval et au milieu du tumulte et de la confusion il a porté au sein des populations environnantes la sinistre nouvelle. — De son côté Johann, un des autres serviteurs du prince, a gagné la ville d'Ypres où l'on connaît bientôt le malheur qui frappe le pays. — Dès le 5 mars, l'héroïque Gervais arrive aux environs de Bruges en tête d'une foule de fidèles Flamands armés jusqu'aux dents et avides du sang des assassins. — La petite ville de Ravenschot, où les conjurés avaient envoyé des hommes d'armes, est d'abord prise, brûlée, détruite de fond en comble ainsi qu'un château voisin, appartenant à Wilfrid Knap, frère du prévôt, et l'un des chefs de la conspiration. — Les forces de Gervais s'accroissent d'heure en heure, il ne tarde pas à s'approcher du Bourg, après avoir coupé toutes les communications avec le dehors. — Odieuse conduite de Guillaume de Loo, qui dès le premier moment avait cherché à s'allier aux assassins. — Cependant à l'intérieur de Bruges les cœurs s'étaient raffermis en apprenant l'approche de Gervais et des troupes qui le suivaient. — En attendant qu'il pût, avec l'accord des bourgeois, pénétrer dans la ville, il commence à piller les coupables en brûlant tous les riches domaines qu'ils possédaient dans la campagne. — Burkhard sortant de Bruges avec Isaac de Reninghe, dans l'espoir de sauver son château et les richesses qu'il contenait, est obligé de rebrousser chemin devant les forces de Gervais qui le poursuivent l'épée dans les reins, et pénètrent dans la ville dont les habitants avaient tenu les portes ouvertes. — Soulèvement général du peuple qui se précipite sur le Bourg, où les rebelles s'étaient réfugiés. — Plusieurs de ceux-ci, tombés au pouvoir des assaillants, sont massacrés. — Subterfuges employés par Bertulphe pour détourner les soupçons. — Assauts infructueux donnés au Bourg. — Des renforts arrivent. — Les Gantois surviennent de leur côté. — La comtesse de Hollande se présente avec son fils, mais dans l'unique espoir de faire élire ce dernier comte de Flandre. — Reprise du siège. — Les meurtriers du comte sont atterrés. — Plusieurs essaient de se sauver. — Bertulphe fait vainement implorer sa grâce par Hacket. — Il parvient à s'échapper du Bourg. — Divers incidents dramatiques. — Horribles scènes à l'intérieur de l'église de Saint-Donat, où le corps du martyr reste abandonné au milieu de ses bourreaux.

CHAPITRE SIXIÈME.

Émotion universelle causée par le sacrilège de Saint-Donat. — Intervention du roi de France.
page 136

L'effroyable anarchie régnant en Flandre soulève d'unanimes lamentations. — Ébranlement des âmes. — Prodiges imaginaires. — Devant la gravité de la situation, le roi de France Louis le Gros se dirige vers la Flandre. — Il appelle à Arras les principaux barons du pays afin de se concerter avec eux sur l'élection d'un nouveau comte. — Des prétentions rivales se produisent alors. — Intrigues diverses. — Le siège du Bourg se continue. — Les Gantois essaient vainement d'enlever de l'église, où il est toujours abandonné, le corps du comte qu'ils considèrent comme la plus précieuse des reliques. — Retour des députés envoyés à Arras. — Ils rapportent une proclamation du roi de France annonçant l'élection d'un commun accord de Guillaume de Normandie et invitant les Flamands à ratifier ce choix. — Le roi et le nouveau comte arrivent à Bruges. — Réception solennelle.

CHAPITRE SEPTIÈME.

L'avènement d'un nouveau comte et reprise des hostilités. — Supplice du prévôt Bertulphe et autres . . . . page 150

Cérémonies de l'inféodation. — Le siège du Bourg, un moment suspendu, est repris avec une vigueur nouvelle. — On parvient à en chasser les rebelles dont quelques-uns sont obligés de se rendre à merci et d'autres se précipitent de désespoir du haut des murs. — Mise au pillage des palais existant à l'intérieur du Bourg. — Les assassins se sont réfugiés à l'intérieur de l'église. — Accomplissant la vieille coutume germanique de la dadsisa, ils mangent et boivent sur le cadavre du comte, dans l'espoir d'apaiser ses mânes. —Discorde entre les Gantois et les gens de Bruges au sujet de la possession des reliques du martyr. — Plusieurs des principaux rebelles, qui étaient parvenus à s'échapper, sont repris, entre autres le prévôt Bertulphe, chef du complot. — Horrible châtiment qui lui est réservé. — Extrêmes sentiments de contrition qu'il manifeste dans les prisons d'Ypres. — Détails donnés à ce sujet par le prêtre qui l'assistait. Supplice affreux que lui fait infliger Guillaume de Loo, afin de se réhabiliter des soupçons de complicité qu'avait soulevés son odieuse conduite au début du crime de Saint-Donat. — Duel judiciaire qui suit cette exécution. — Nouveaux détails émouvants. — Le roi de France s'occupe dans Bruges des moyens de réduire enfin les coupables. — Défense désespérée de ces derniers. — La tour de l'église devenue leur dernier refuge, est sapée par la base, menaçant de s'écrouler en les entraînant dans sa chute. — Les conjurés au nombre de vingt-sept consentent enfin à se rendre. — L'église de Saint-Donat est purifiée. — Le corps de l'illustre martyr est, suivant la coutume du temps, enveloppé d'une peau de cerf et enfermé dans une tombe; et en présence du roi, des barons de sa cour et des principaux seigneurs de Flandre, les obsèques sont célébrées solennellement par l'évêque de Tournai et tout le clergé de Bruges.

CHAPITRE HUITIÈME.

Conséquences politiques et sociales de la mort de Charles le Bon. . . . . page 172

Réception à Saint-Omer de Guillaume Cliton ou le Normand en qualité de comte de Flandre. — Scène des mœurs féodales du temps à cette occasion. — Le roi de France se porte à la tête de nombreux gens d'armes sur Ypres, afin de réduire à l'obéissance Guillaume de Loo toujours hostile au nouveau souverain de la Flandre. — Il s'empare de ce rebelle et l'envoie prisonnier au château de Lille. — Il réduit également à l'obéissance Baudouin IV comte de Hainaut, qui lui aussi élevait des prétentions au comté de Flandre. — Au retour à Bruges du roi et du nouveau comte, le peuple assiège le Bourg, réclamant à grands cris la punition des meurtriers de son seigneur bien-aimé.

CHAPITRE NEUVIÈME.

Expiation suprême des meurtriers du comte. — Incidents divers. . . . . page 178

Les conjurés sont condamnés à être tous précipités les uns après les autres de la haute tour de Saint-Donat. — Incidents dramatiques de cette exécution. — La présence du roi n'étant plus nécessaire après l'intronisation du nouveau comte et le châtiment exemplaire infligé aux coupables, il rentre en France. — Guillaume Cliton, loin d'imiter la sagesse de son prédécesseur, s'aliène ses nouveaux sujets par des mesures arbitraires et tyranniques. — Révoltes à ce sujet et graves symptômes d'une guerre civile générale.

CHAPITRE DIXIÈME.

Rivalité armée entre Guillaume Cliton et Thierri d'Alsace. — Triomphe de ce dernier. . page 187

A la faveur des troubles de nouveaux prétendants arrivent en Flandre. — Thierri d'Alsace se présente à Gand, tandis que dans la Flandre wallonne, les habitants introduisent dans leurs murs Arnould de Danemark, neveu du comte Charles le Bon. — Guillaume Cliton se porte sur Saint-Omer et contraint Arnould à renoncer à ses prétentions. — Gand et Bruges cependant ont proclamé Thierri. — Abandonné par tout le monde et n'ayant avec lui que ses hommes d'armes normands, Guillaume se trouve comme un étranger au milieu de la Flandre en révolte. — Il en est réduit à mettre Guillaume de Loo en liberté dans l'espoir de s'en faire un auxiliaire, puis Guillaume revenu dans sa châtellenie d'Ypres, ayant été chassé par ses propres vassaux, le Normand est obligé de recourir au roi de France. — Louis le Gros revient à Arras et adresse vainement une proclamation aux Flamands révoltés. — Il ne reste plus d'autres ressources que de recourir à la force des armes.—Le roi de France assiège Lille où Thierri d'Alsace s'était enfermé, et se trouve contraint à lever le siège.—Guillaume Cliton, incapable d'attaquer les bourgs importants du pays, se borne au sac des châteaux et au pillage des campagnes. — Le duc de Louvain lui prête son concours armé. — Thierri d'Alsace, que la faveur populaire seconde de plus en plus, assiège aux environs de Thielt, le château-fort d'un puissant baron resté fidèle au parti du Normand ; celui-ci, malgré l'infériorité de ses forces, vole au secours de son allié. — Pénitence qu'il s'impose avant l'attaque ; contraint d'abord à se replier, il se précipite avec ses réserves sur les gens d'armes de Thierri qu'il arrête brusquement et finit par mettre en pleine déroute. — Thierri, vaincu dans cette rencontre, se réfugie à Bruges, où son arrivée subite au milieu de la nuit répand la consternation.—Il reprend bientôt après les hostilités, mais encore une fois la fortune lui est d'abord contraire au siège d'Alost. — Cependant Guillaume Cliton, dans un combat près des retranchements de cette ville, tombe frappé à mort. — On cache cette mort à Thierri d'Alsace, mais tous ceux qui ne se battaient que pour Guillaume en avaient été témoins. — La lutte devait cesser puisque celui en faveur de qui elle se continuait, n'existait plus. — Le duc de Louvain lui-même, allié du Normand, annonce l'événement à Thierri d'Alsace, lequel, unanimement reconnu alors, inaugure l'avènement de la dynastie nouvelle qui devait succéder au noble martyr, mais sans jamais produire un prince capable de le faire oublier.

CONCLUSION.

Conséquences morales et enseignements à tirer de la vie et de la mort du bienheureux Charles le Bon. . . . . page 199

APPENDICES.

I.

Les sources historiques de la vie de Charles le Bon. . . . . page 207

II.
Extraits de la Chronique de Galbert. — Thème initial de la légende de Charles le Bon . . . page 213

III.
Grandes familles Gallo-Belges qui ont participé à la première croisade . . . . page 292

IV.
Le château de Winendale où s'est écoulée la jeunesse de Charles le Bon. . . . . page 295

V.
La Cour des comtes de Flandre sous Charles le Bon. . . . . page 297

VI.
Description des lieux où s'accomplit le martyre du bienheureux Charles le Bon. . . . . . page 302

VII.
Hommages rendus à la mémoire de Charles le Bon. . . . . page 305

Complaintes, cantilènes et épitaphes, inspirées au XIIᵉ siècle par le martyr de Saint-Donat. — Observations sur la nature et l'esprit de ces témoignages de la reconnaissance publique. page 317

VIII.
Décret de confirmation du culte rendu de temps immémorial au serviteur de Dieu Charles, surnommé le Bon, treizième comte de Flandre. page 320

IX.
Décret de la Sacrée Congrégation des Rites étendant le culte du B. Charles le Bon, comte de Flandre, à tous les diocèses de Belgique . page 322

Dernier témoignage de la reconnaissance nationale de la Belgique consacré à la mémoire de Charles le Bon.

www.ingramcontent.com/pod-product-compliance
Lightning Source LLC
Chambersburg PA
CBHW060502170426
43199CB00011B/1300